浙江音乐学院提供出版支持（编号：2022KC002）

艺术美学的传统绵延与中西镜鉴

徐 承 著

人民音乐出版社·北京

YISHU MEIXUE DE CHUANTONG MIANYAN Yü ZHONGXI JINGJIAN

图书在版编目(CIP)数据

艺术美学的传统绵延与中西镜鉴/徐承著. —北京:
人民音乐出版社,2023.11
ISBN 978-7-103-06647-8

Ⅰ.①艺… Ⅱ.①徐… Ⅲ.①比较美学—中国、西方国家 Ⅳ.①B83

中国国家版本馆 CIP 数据核字(2023)第 198118 号

责任编辑:朱文蕾

人民音乐出版社出版发行
(北京市东城区朝阳门内大街甲 55 号 邮政编码:100010)
Http://www.rymusic.com.cn
E-mail:rmyy@rymusic.com.cn
人民音乐出版社(上海)有限公司策划
(上海市虹口区广纪路 838 号 C 座 5 楼 邮政编码:200434)
编辑部 E-mail:rymusicsh@qq.com
新华书店北京发行所经销
北京隆昌伟业印刷有限公司印刷
787×1092 毫米 16 开 14.75 印张
2023 年 11 月北京第 1 版 2023 年 11 月北京第 1 次印刷
定价:78.00 元

读者服务部联系电话:(010)58110591
如有缺页、倒装等质量问题,请与出版部联系调换。电话:(010)58110533

序言

对艺术美学的当代建构而言，如何认识传统、理解传统并从各种传统中汲取尚有生命力的因子是一个重要课题。研习传统并不是要“复古”，也不是要皈依某一个特定的传统。每一个生活在当下中国的审美个体，无不身处古今中外、大小远近各种文化传统的纵横交错之中；而每一个文化传统都有其自身的优长，也有其不足之处，有促进当下审美生活的潜能，也可能包含着消极、负面的内容。学术研究如能帮助人们辨识这些传统的来龙去脉，领略其各自的特点，从中汲取能充实当下审美生活的积极经验，远离其陈腐、朽坏的部分，则功莫大焉。

本书的各个篇章主要对艺术美学领域中的一些重要文化传统给予辨析，并在中西比较的视野下对这些文化传统中的美学经验加以研判，从而在对照中获取思想的镜鉴。其中着墨最多者，是中国古典美学的所谓“抒情传统”，以及“五四”以降“抒情传统”的现代言说谱系。有关抒情美学传统及其中西学术话语的是是非非，构成了本书上编的论述内容。中编则以抒情美学为镜，对叙事艺术尤其是戏剧艺术的抒情血脉给予情理之辩，并尝试做出价值判断。下编更把研究范围扩展至美育这一颇具实践性和现实关怀的领域，辨析、对比了中西多个美育传统，并在叙述过程中澄清了一些观念和立场。上中下三编，既有写作方式、语言风格方面的一致性，也有理念的递嬗和关注点的逐步转移。读者如能在跟随笔者的文字一起思考的同时体会到笔者思想的一些发展变化并有所共鸣，那笔者在茫茫人海、滚滚红尘中也就不乏知音了。

是为序。

目录

上编 抒情传统的是与非

中编 叙事作品的情与理

下编　美育话语的言与诠

上编　抒情传统的是与非

“五四”学人的中国文学史观与“抒情诗正统论”的形成轨迹

学者龚鹏程在谈到“五四”新文学革命时说：“文学革命则扭转了以文字为中心的哲学，打破了中国整个文化传统的核心，对中国文化进行一次‘解构’：文的优位性丧失了……也就是说：五四运动所进行的变革，从根本上动摇了传统‘文字—文学—文化’的具体结构。”①我们可以不同意龚鹏程对中国文化传统所下的以文字、文学为中心的判断，但我们不得不承认，“五四”新文学革命所引入的西方文学现代性，重塑了中国人看待传统文化的视域，促使人们对古代文学的认同，不再从文字的层面出发，而是从作品蕴含的人文精神以及创作者主体的思想感情出发。正是这一现代文学观为中国文艺界输入了建基于人文主义的抒情主义思潮。关于中国文学的抒情诗传统的论题，就是由“五四”学人在新文学运动的推动下初步形成的。本书专注于几位重要的“五四”学人在“文学革命”浪潮下建构中国文学史的努力，尝试揭橥他们的文学史观，并由此入手追踪“中国文学以抒情诗为正统”这一观念的形成轨迹。

一、胡适的“活文学”观与文学正统论

1917年初，《新青年》先后发表胡适的《文学改良刍议》与陈独秀的《文学革命论》等文章，掀起了中国现代文学史上具有划时代意义的新文学运动。其中，陈独秀的《文学革命论》倡导“建设平易的抒情的国民文学”，并几次三番对举使

① 龚鹏程：《文化符号学》，台北：学生书局1992年版，第419页。

用“抒情写事”“抒情写世”“抒情写实”,[①]表明前述王国维对“抒情”一词的新用法此时已获中国学界通用,此“抒情”即为明确的与叙事文体对立的用于表现主体情感的诗性文体。胡适 1918 年发表于《新青年》的《建设的文学革命论》一文中对中国古典文学所作的文体分类,也同样具有后王国维时代的意义:

> 中国文学……以体裁而论……韵文只有抒情诗,绝少纪事诗,长篇诗更不曾有过。[②]

这一论述将抒情诗与纪事诗、长篇诗对立,对西方文体分类办法的袭用已经让人感觉非常自然甚至理所当然。而其表达的比较文学观念,承认了中国文学在叙事体裁方面的落后,也与王国维比较接近。

再来细察胡适的文学思想。胡适的《文学改良刍议》如战斗檄文一般提出了新文学革命的八条纲领性主张:“一曰,须言之有物。二曰,不摹仿古人。三曰,须讲求文法。四曰,不作无病之呻吟。五曰,务去滥调套语。六曰,不用典。七曰,不讲对仗。八曰,不避俗字俗语。”[③]其中第一条“须言之有物”下陈述了情感之于文学的重要性:

> 吾所谓“物”,约有二事:(一)情感。《诗序》曰:“情动于中而形诸言。言之不足,故嗟叹之。嗟叹之不足,故咏歌之。咏歌之不足,不知手之舞之,足之蹈之也。”此吾所谓情感也。情感者,文学之灵魂。文学而无情感,如人之无魂,木偶而已,行尸走肉而已(今人所谓“美感”者,亦情感之一也)。(二)思想。……质者何? 情与思二者而已。[④]

在《建设的文学革命论》中,胡适又提出:

> 一切语言文字的作用在于达意表情;达意达得妙,表情表得好,便是文学。[⑤]

---

① 陈独秀:《文学革命论》,载《胡适文集》第 2 卷附录一,北京:北京大学出版社 1998 年版,第 15—18 页。
② 胡适:《建设的文学革命论》,载《胡适文集》第 2 卷,北京:北京大学出版社 1998 年版,第 55 页。
③ 胡适:《文学改良刍议》,载《胡适文集》第 2 卷,北京:北京大学出版社 1998 年版,第 6 页。
④ 胡适:《文学改良刍议》,载《胡适文集》第 2 卷,北京:北京大学出版社 1998 年版,第 6—7 页。
⑤ 胡适:《建设的文学革命论》,载《胡适文集》第 2 卷,北京:北京大学出版社 1998 年版,第 46 页。

胡适对情感在文学中的作用的推重，似不亚于王国维，甚至直追后期梁启超。然而他对中国古代文学又持什么态度呢？

倡导"全盘西化"的胡适当然对中国古代文学不会有很高的评价，他反复表示："中国文学的方法实在不完备，不够作我们的模范。……西洋的文学方法，比我们的文学，实在完备得多，高明得多，不可不取例。"[①]这一中西比较的文学评价，要求取例西洋文学方法以改革中国落后的旧文学，其态势似乎又回到了梁启超倡导晚清文学革命的时代。但胡适毕竟是新式文人，系统的西学训练使他在中国文学研究领域有可能做出比旧式文人更为夺目的成就，从而产生更为广泛的影响。

胡适常以龚自珍的诗句"但开风气不为师"自况，在中国文学史研究方面，胡适也是开风气者。众所周知，晚清学人对古典文学的探讨，形式上仍以点评或散论为主。民国建立以后学者渐始以成熟的西方现代学术方法对古典文学的统绪进行考察与总结。[②] 骆玉明指出："'民国'者，本是中国历史上没有过的东西，是'西化'的产物。"[③]顺理成章地，以系统性、逻辑性、普遍性为主要特征的西方"学术研究"方法也在民国时期渐为中国学者所熟练掌握并获通用。胡适的《白话文学史》（1928年，新月书店）便是民国早期最有代表性的采用西学范式的中国文学史著作。在这部只完成了上卷的学术著作中，胡适把浩繁的符合西方"文学"观念的中国古代文字材料归纳为两个互为对立的类型——"白话文学"和"古文文学"，其中，"白话文学"被认为是进步的、富有生命活力和创造力的，"古文文学"被认为是落后的、僵死的，中国文学史即被视为这两条路线相互争斗并终将由前者通过"自然的演进"乃至人为的"革命"战胜并取代后者的

---

① 胡适：《建设的文学革命论》，载《胡适文集》第2卷，北京：北京大学出版社1998年版，第55—56页。

② 晚清林传甲的《中国文学史》（1910年出版），一般被认为是最早由中国人撰写的"中国文学史"，但这本书其实是"京师大学堂国文讲义"，主要介绍国文科的语文知识与经史子集的基础知识，只是在出版时被冠以《中国文学史》的标题，郑振铎等认为还算不上是真正的文学史。王国维的《宋元戏曲考》是少数写作于晚清时期的试用西方现代学术方法的中国古典文学史著作之一，该书成书恰在1912年，但只是一部以单一体类为考察对象的断代史。刘师培于1917年撰成《中国中古文学史讲义》，或可算是最早的中国各体文学断代史。鲁迅在1923年12月至次年6月分上下册出版的《中国小说史略》作为我国第一部小说通史，则是民国时期以西方现代学术方法与文体观念写作的专门文学史的范例。

③ 骆玉明：《关于胡适的〈白话文学史〉》，载胡适《白话文学史》，上海：上海古籍出版社1999年版，第3页。

历史进化过程。[①] 这一简单的历史进化论思维曾饱受诟病，今天已不再为大多数学者所认可，其内容也通常不被作为信史采用。但胡适当年写作《白话文学史》实有其文学运动的现实背景，黎锦熙称其含有“托古改制”的意味，[②]说明胡对文学历史的研判主要出于“新文学革命”的现实考量，偏离史实乃是其“革命”的目标过于鲜明、单一所致。这一点其实与晚清文学革命的倡导者没有实质性的差别。

那么，胡适及其朋辈的“新文学革命”的中心目标究竟是什么呢？他在20世纪30年代回顾、总结新文学运动时所写的《中国新文学运动小史》中指出：“现在我们可以叙述中国新文学运动的理论了。简单说来，我们的中心理论只有两个：一个是我们要建立一种‘活的文学’，一个是我们要建立一种‘人的文学’。前一个理论是文字工具的革新，后一种是文学内容的革新。中国新文学运动的一切理论都可以包括在这两个中心思想的里面。”[③]关于“人的文学”，我们在稍后论周作人相关内容中再展开论述，这里先分析胡适“活的文学”的观念。

胡适自述：“1915年夏季……这时候我已承认白话是活文字，古文是半死的文字。……9月20日，我离开绮色佳，转学到纽约去进哥伦比亚大学……1916年……我已仿佛认识了中国文学问题的性质。……文字形式是文学的工具；工具不适用，如何能达意表情？从2月到3月，我的思想上起了一个根本的新觉悟。我曾彻底想过：一部中国文学史只是一部文字形式（工具）新陈代谢的历史，只是‘活文学’随时起来替代了‘死文学’的历史。文学的生命全靠能用一个时代的活的工具，来表现一个时代的情感与思想。工具僵化了，必须另换新的，活的，这就是‘文学革命’。”[④]这段话表达了胡适“活的文学”观念所由形成的两个要点：第一，文字形式是文学的工具；第二，活的文字工具造就的活的文学将实现新旧更替的文学革命。查考胡适留美的时间表，可以发现，1915—

① 在胡适看来，革命是对自然演进的正面推动，所以现代文学革命是顺应古代白话文学自然演进趋势的有意识的促进。他说：“历史进化有两种：一种是完全自然的演化；一种是顺着自然的趋势，加上人力的督促。前者可叫做演进，后者可叫做革命。……其实革命不过是人力在那自然演进的缓步徐行的历程上，有意地加上了一鞭。”见胡适：《白话文学史》，上海：上海古籍出版社1999年版，第4页。

② 黎锦熙：《〈国语文学史〉代序》，载胡适《胡适文集》第8卷，北京：北京大学出版社1998年版，第5页。

③ 胡适：《中国新文学运动小史》，载《胡适文集》第1卷，北京：北京大学出版社1998年版，第124页。

④ 胡适：《中国新文学运动小史》，载《胡适文集》第1卷，北京：北京大学出版社1998年版，第143—146页。

1916年确实是他思想的重要转折期，他的“新觉悟”的产生与他求学经历的转变极其相关。出于对实验主义哲学大师杜威的向往，胡适于1915年9月由康奈尔大学转学至哥伦比亚大学，师从杜威学习哲学。[①] 此时杜威的工具主义思想已经在美国学界引起极大反响，胡适认为“文字形式是文学的工具”显然是受此派思想的影响。而杜威在1916年出版了《民主与教育》，该书开篇便陈述了他关于经验的活体进化论思想：“生物体无法胜任无限期自我更新的重任，一段时间之后它们就会屈服而死亡。但是生命过程的延续并不依靠任何单一个体的生存的延长，其他生物的繁殖依然生生不息。尽管地质研究表明，不仅是个体而且连物种也会消亡，但生命过程却总在更加复杂的生物形态中延续下去。当一些物种因无法战胜障碍而灭绝，就会有能够更好地适应、利用这些障碍的物种继起。……我们在同样丰富的意义上使用‘经验’一词。通过更新而延续的原则既适用于纯粹生理意义上的生命，也同样适用于‘经验’。”[②]胡适此时刚转为杜威的学生，一定仔细阅读了老师这本新著的书稿，并充分汲取了“活的经验”的进化论思想。《白话文学史》中所说“‘古文传统史’……乃是死文学的历史；我们讲的白话文学史……乃是活文学的历史。……国语文学的进化，在中国近代文学史上，是最重要的中心部分。换句话说，这一千多年中国文学史是古文文学的末路史，是白话文学的发达史”[③]，正是杜威的经验进化论在中国文学史研究领域中的具体应用。

于是，在杜威的工具主义哲学和“活的经验”思想的影响下，胡适形成了白话文学、平民文学是“活的文学”，是最善于“表情达意”，最能够“表现一个时代的情感与思想”的文学史观。不仅如此，他还要为白话文学树立正统地位，他说：

---

① 胡适在转学哥伦比亚大学以前就已经开始系统阅读杜威的著作。胡适自述：“杜威教授当然更是对我有终身影响的学者之一。在我进哥伦比亚之前，我已读过约翰·杜威、查理·皮尔士和威廉·詹姆士等实验主义大师的著作。……在聆听这些批杜的讨论和为着参加康大批杜的讨论而潜心阅读些杜派之书以后，我对杜威和杜派哲学渐渐地发生了兴趣，因而我尽可能多读实验主义的书籍。在1915年的暑假，我对实验主义作了一番有系统地阅读和研究之后，我决定转学哥大去向杜威学习哲学。”见胡适：《胡适口述自传》，载《胡适文集》第1卷，北京：北京大学出版社1998年版，第263页。

② John Dewey: *Democracy and Education: An Introduction to the Philosophy of Education*, New York: Macmillan, 1916, p. 1.

③ 胡适：《白话文学史》，上海：上海古籍出版社1999年版，第3页。

> 从文学史的趋势上承认白话文学为"正宗"。这就是正式否认骈文、古文、律诗、古诗是"正宗"。这是推翻向来的正统,重新建立中国文学史上的正统。①

要在中国文学史上树立一支正统,这一思维方式,后世抒情传统论者与他如出一辙。② 但令人颇觉吊诡的是,尽管胡适对待文学的基本看法接近一种情感表现的工具论——这一点与后期梁启超初看相似,但他却认为最善于"表情达意"、最能够"表现一个时代的情感与思想"的文学是白话文学、平民文学,而非骈文、古文、律诗、古诗等文人文学。这一取向,却又与后世抒情传统论者南辕北辙。在抒情传统论者眼中,文人化的古诗尤其是律诗才是最为典型的抒情文学,而这些文学根深蒂固的"贵族趣味"以及由此带来的"摹仿古人""讲求文法""用典""对仗"等形式手段,正是胡适的白话文学革命所要反对、革除的腐朽落后之物。

这一奇特的现象背后反映出两个重要事实:其一,后世抒情传统论者所持并非情感表现的工具论,而是一种表现主义与形式主义相综合的美学观。这就是为什么胡适的文学取向与抒情传统论者南辕北辙,而在后期由文学致用主义转向指向个体内在的审美功利主义、对唯美主义持同情态度的梁启超则与抒情传统论者在趣味上更为接近的原因所在。其二,对于究竟什么才是真正的"表现情感"或曰"抒情"的文学经验,其实晚清以降的中国学人并没有形成一以贯之的看法,胡适不同于梁启超,梁启超也不完全同于后来的周作人、朱自清、闻一多、林庚,乃至海外华人中国抒情传统学派。之所以有这种不同,其中很重要的一点在于上述学人皆在西方文艺思想中攫取"抒情"的概念,用于返观中国文学,而事实上即使在西方,"抒情诗"的本质内涵也是随着文艺思潮的变化而变化的。取法的源头不同,实际应用的效果随之更不相同。

二、周作人的"诗言志"源流说与"人的文学"思想

骆玉明指出:"在'五四'前后的新文学运动中,主要的理论家除了胡适,当

① 胡适:《中国新文学运动小史》,载《胡适文集》第1卷,北京:北京大学出版社1998年版,第126页。

② 胡适与海外华人中国抒情传统论的首倡者陈世骧颇有渊源,据夏志清回忆:"胡适校长、文学院院长汤用彤那时都希望他返北大执教,因为他是北大的优秀毕业生。"见夏志清:《序二——悼念陈世骧并试论其治学之成就》,载陈世骧《陈世骧文存》,沈阳:辽宁教育出版社1998年版。

数周作人。他们的意见各有偏重,每有相互补充之处。大抵胡适对语言工具的变革看得最重,而周作人多强调文学所传达的人文精神。与胡适的《文学改良刍议》相对应,周作人有《人的文学》;与胡适的《白话文学史》相对应,周作人有《中国新文学的源流》。"[①]这段话充分表明了周作人在"五四"新文学运动中所起到的重要理论作用。

从抒情传统学派前史的角度看,周作人的《中国新文学的源流》是一本承上启下的重要理论著作。一方面,该书学习胡适《白话文学史》的写法,从中国古代文学中寻找新文学运动的源流,并同样把中国文学的发展视为两条不同路线的起伏与斗争,而文学革命的种子则被认为隐藏在其中一条更具先进性(胡适索性称之为"正统")的路线当中;另一方面,该书提出"诗言志"的潮流是代表文学革命先进性的路线,这就为朱自清在《诗言志辨》中辨析中国文学观念由"诗言志"至"诗缘情"的历史演变铺设了前提。

《中国新文学的源流》(1932 年,人文书店)是周作人对前一阶段新文学运动所作的回溯性的、更进一步的理论说明。受胡适影响,周作人也投身到古代文学中去挖掘新文学革命的历史合法性。当然,他提供了一个与胡适《白话文学史》结构类似而内容不同的中国文学史大纲:

> 文学最先是混在宗教之内的,后来因为性质不同分化了出来。分出之后,在文学的领域内马上又有了两种不同的潮流:
>
> (甲)诗言志——言志派
>
> (乙)文以载道——载道派
>
> 言志之外所以又生出载道派的原因,是因为文学刚从宗教脱出之后,原来的势力尚有一部分保存在文学之内,有些人以为单是言志未免太无聊,于是便主张以文学为工具。再借这工具将另外的更重要的东西——"道",表现出来。
>
> 这两种潮流的起伏,便造成了中国的文学史。……中国文学始终是两种互相反对的力量起伏着,过去如此,将来也总如此。[②]

① 骆玉明:《关于胡适的〈白话文学史〉》,载胡适《白话文学史》,上海:上海古籍出版社 1999 年版,第 13 页。

② 周作人:《中国新文学的源流》,上海:华东师范大学出版社 1995 年版,第 17—18 页。

周作人的意思是说，中国古代文学的传统有两支，其中提倡“诗言志”的“言志派”是先起的，它以表现创作者自身的思想情感为目的；而提倡“文以载道”的“载道派”则是派生的，它以文学为表现外在的“道”的工具。如胡适般，周作人亦将这两条路线予以鲜明的对立，并将“言志派”对“载道派”的反动，刻画成古已有之的规律性的文学运动，从而说明新文学革命其来有自：

> 他们（引者按，指桐城派及其影响下的严复、林纾等人）的基本观念是“载道”，新文学的基本观念是“言志”，二者根本上是立于反对地位的。

> 我认为凡是载道的文学，都得算作遵命文学，无论其为清代的八股，或桐城派的文章，通是。对这种遵命文学所起的反动，当然是不遵命的革命文学。于是产生了胡适之的所谓“八不主义”，也即公安派的所谓“独抒性灵，不拘格套”和“信腕信口，皆成律度”的主张的复活。所以，今次的文学运动和明末的一次，其根本方向是相同的。①

尽管周作人声称“中国文学始终是两种互相反对的力量起伏着，过去如此，将来也总如此”，但在这两股力量之间，周作人显然把言志派当作是正面的文学革命的理想。② 换言之，周作人所理解的文学的本质，在他看来是和“诗言志”这个古老的中国诗学命题相一致的。事实上，《中国新文学的源流》结构上的一个特殊的安排，就是在展开文学史源流叙述之前，先在第一讲中安排了关于文学本质的解说，从而为后文的史述设置了一个前提——言志派的主张符合文学的“普遍”本质：

---

① 周作人：《中国新文学的源流》，上海：华东师范大学出版社 1995 年版，第 49、50—51 页。

② 龚鹏程曾批评这种做法说：“‘五四’新文学运动以后，文学史之写作，不但小说，戏曲、俗文学大举纳入，甚且还要强调文学出于民间。相较于以前，整个文学史论述更要显示它是现代民族国家文学。认为我们对文学可以获得确定的、本质性的整体掌握；而文学整体的动向，则是单向度、决定论式的进化历程。如何进化呢？先进与落后、正确与错误、革命与反动、新生与腐朽等一连串的二元对立等级观念即构作了历史的进化，例如魏晋的自觉，革新了汉儒的腐朽；明七子的复古又被公安派独抒性灵所改革那样，革命者代表了启蒙的价值——理性、自觉、浪漫、个我主体，等等。于是一部中国文学史的论述，就变成了对新时代国民意识教育之一环。”见龚鹏程：《中国文学史》上册，北京：世界图书出版公司 2009 年版，第 2—3 页。

> 文学是用美妙的形式，将作者独特的思想和感情传达出来，使看的人能因而得到愉快的一种东西。

> 《诗序》上说："情动于中而形于言，言之不足，故嗟叹之；嗟叹之不足，故咏歌之；咏歌之不足，不知手之舞之，足之蹈之也。"我的意见，说来是无异于这几句话的。文学只有感情没有目的。若必谓为是有目的的，那么也单是以"说出"为目的。……只是很单纯的说出自己的感觉罢了。①

在这两段话中，周作人把《诗大序》中关于"诗言志"的言论与源于西方现代文艺思潮的情感表现自足论等同、融合起来了，②以至于在后文的史述中，"诗言志"被阐释成自古以来便即如此的个体情感表现。后来朱自清撰写《诗言志辨》，起因之一便是不满于周作人的这一简单化的文学史处理方法，而寻求在更客观的历史语境下重新考证、辨析"诗言志"在不同时代的含义。此处暂且按下不表，还是先围绕周作人的文艺思想展开阐说：从上引第一句话看，周作人的文学本质观是一种形式与内容相结合的情感表现论。尽管这一文学思想显得过于粗疏，③周作人自己也承认这样的定义"失之于太笼统""人云亦云"④，但毕竟，在中国文学现代化之初，以内容、形式相统一的艺术自足论观点看待文学仍属革命性的思想。周作人似乎接受了王国维以降的艺术自足的文学观，强调："文学是无用的东西。因为我们所说的文学，只是以表达出作者的思想感情为

---

① 周作人：《中国新文学的源流》，上海：华东师范大学出版社1995年版，第2、13页。

② 无独有偶，前一节所引胡适《文学改良刍议》论述文学需有情感的一段话中，也是援引了《诗大序》中的这段文字来说明什么是文学的情感。见胡适：《文学改良刍议》，载《胡适文集》第2卷，北京：北京大学出版社1998年版，第6页。

③ 韦勒克、沃伦在他们著名的《文学理论》（初版于1948年）中批评了将内容与形式简单叠加来定义文学本质的做法："文学上的'内容与形式的统一'这一说法，虽然使人注意到艺术品内部各种因素相互之间的密切关系，但也难免造成误解，因为这样理解文学就太不费劲了。此说容易使人产生这样的错觉：分析某一人工制品的任何因素，不论属于内容方面的还是属于技巧方面的，必定同样有效，因此忽略了对作品的整体性加以考察的必要。'内容'和'形式'这两个术语被人用得太滥了，形成了极其不同的含义，因此将两者并列起来是没有助益的；但是，事实上，即使给予两者以精细的界说，它们仍是过于简单地将艺术一分为二。现代的艺术分析方法要求首先着眼于更加复杂的一些问题，如艺术品的存在方式（mode of existence）、层次系统（system of strata）等。"见〔美〕韦勒克、沃伦：《文学理论》，刘象愚、邢培明、陈圣生、李哲明译，北京：文化艺术出版社2010年版，第18页。

④ 周作人：《中国新文学的源流》，上海：华东师范大学出版社1995年版，第3页。

满足的，此外再无目的之可言。”[①]事实上，西方的艺术自足论的核心是审美自足论，其所强调的艺术之“无目的”，发展到极端甚至连情感表现的目的也要排除，唯余形式审美作为“无目的的合目的性”。周作人则在亚里士多德“净化”论的意义上保留了文学的“无用之用”，他说：“不过，即这使人聊以快意的一点，也可以算作一种用处的：它能使作者胸怀中的不平因写出而得以平息……关于读者所能得到的益处……便是一种祓除作用。”[②]由此可见，周作人并不赞成“为艺术而艺术”的形式主义，而是倾向于“为人生而艺术”的表现主义——这也是后世抒情传统论者的基本美学立场，尽管周作人在话语表述中常强调他是提倡两派思想之结合的：

> 从来对于艺术的主张，大概可以分作两派：一是艺术派，一是人生派。艺术派的主张……重技工而轻情思，妨碍自己表现的目的，甚至于以人生为艺术而存在，所以觉得不甚妥当。人生派……容易讲到功利里边去，以文艺为伦理的工具，变成一种坛上的说教。正当的解说，是仍以文艺为究极的目的；但这文艺应当通过了著者的情思，与人生有接触。换一句话说，便是著者应当用艺术的方法，表现他对于人生的情思，使读者能得艺术的享乐与人生的解释。这样说来，我们所要求的当然是人生的艺术派的文学。[③]

从理论上说，艺术派与人生派相结合，其实质仍是人生派的，因为艺术派可以是不作人生导向的形式主义，而人生派却必须在一定艺术形式基础上指点人生，不然也就不成其为文学艺术了。正因如此，周作人话锋一转，到底还是由两相结合的“人生的艺术派”转向了“我相信人生的文学实在是现今中国唯一的需要”。[④] 同时他也相信，艺术形式的好坏就在于能否增进有关人生的思想感情的表达，亦即能否更好地“言志”：“因为要言志，所以用白话——我们写文章是想将我们的思想和感情表达出来的。能够将思想和感情多写出一分，文章的艺

① 周作人：《中国新文学的源流》，上海：华东师范大学出版社 1995 年版，第 14 页。
② 周作人：《中国新文学的源流》，上海：华东师范大学出版社 1995 年版，第 14 页。
③ 周作人：《新文学的要求——一九二〇年一月六日在北平少年学会讲演》，载《艺术与生活》，石家庄：河北教育出版社 2002 年版，第 18—19 页。
④ 周作人：《新文学的要求——一九二〇年一月六日在北平少年学会讲演》，载《艺术与生活》，石家庄：河北教育出版社 2002 年版，第 19 页。

术分子即加增一分,写出得愈多便愈好。"[①]

论述至此我们可以明白,周作人之所以将中国文学史勾勒为言志派与载道派的对立式发展,并以一种情感表现自足论来阐释言志派,其根由在于他"为人生而艺术"的文学观念,即所谓"人的文学"。

前文已经引述过,胡适把新文学运动的中心理论概括为两点:一是"活的文学",二是"人的文学"。胡适自己的理论论述主要侧重于文字工具的革新,所以全力提倡"活的文学",而周作人则是"人的文学"的最主要的倡导者。1918 年 12 月,周作人在《新青年》上发表了著名的《人的文学》一文,在这篇被胡适誉为"当时关于改革文学内容的一篇最重要的宣言""一篇最平实伟大的宣言"[②]的文章中,周作人表明了他——同时也代表新文学革命——人道主义文学立场:

> 我们现在应该提倡的新文学,简单地说一句,是"人的文学"。应该排斥的,便是反对的非人的文学。

> 用这人道主义为本,对于人生诸问题,加以记录研究的文字,便谓之人的文学。[③]

人道主义或曰人文主义思想是西方现代文明的基础。从字面上理解,西文"humanism"的要义在于"以人为本",这个"人"可以是个体的人,也可以是人类整体,因此从中又可以区分出个人主义和人类中心主义。周作人对人道主义的理解同样考虑到这两层含义:

> 我所说的人道主义,并非世间所谓"悲天悯人"或"博施济众"的慈善主义,乃是一种个人主义的人间本位主义。[④]

> 人生的文学是怎么样的呢?……一、这文学是人性的……二、这文学是人类的,也是个人的……原始的文学都是表现一团体的感情的作

① 周作人:《中国新文学的源流》,上海:华东师范大学出版社 1995 年版,第 60 页。
② 胡适:《中国新文学运动小史》,载《胡适文集》第 1 卷,北京:北京大学出版社 1998 年版,第 136、137 页。
③ 周作人:《人的文学》,载《艺术与生活》,石家庄:河北教育出版社 2002 年版,第 8、12 页。
④ 周作人:《人的文学》,载《艺术与生活》,石家庄:河北教育出版社 2002 年版,第 11 页。

> 品……古代的人类的文学，变为阶级的文学；后来阶级的范围逐渐脱去，于是归结到个人的文学，也就是现代的人类的文学了。……这样的大人类主义，正是感情与理性的调和的出产物，也就是我们所要求的人道主义的文学的基调。这人道主义的文学，我们前面称他为人生的文学……就是个人以人类之一的资格，用艺术的方法表现个人的感情，代表人类的意志，有影响于人间生活幸福的文学。①

通过个体的情感表现来代表普遍人性，这种人文主义理想已不同于欧洲文艺复兴时期的早期人文主义，而更接近于18—19世纪欧洲浪漫主义文艺思潮的个人主体性思想。就此而言，不妨把周作人看成是一位西方浪漫主义人文理想的传播者。②

周作人当然并非将西方人文主义理想引入中国文学领域的开山鼻祖。读者或许还记得，早在王国维就已提出过，中国叙事文学相对西欧叙事文学之幼稚，主要在于不知人格描写为何物。③ 这是中国近现代历史上较早采用西方人文主义思想进行文学批评的案例。"五四"新文学运动的几位主将几乎都站在民主主义和人道主义的立场上，他们倡导文学革命的目的，本是为了反对封建道德的训诫与说教，让文学话语权落到更为个体化同时也更为广泛化的"国民"身上。④ 但因当时与桐城派古文家及其追随者（吴汝纶、严复、林纾等人）在文学样式问题上展开了论战，故而特别针对其"文以载道"的文学思想大加挞伐，并将"文以载道"说成了宣扬封建道德的代名词。如胡适《文学改良刍议》就说："吾国近世文学之大病，在于言之无物。……吾所谓'物'，非古人所谓'文以载

① 周作人：《新文学的要求——一九二〇年一月六日在北平少年学会讲演》，载《艺术与生活》，石家庄：河北教育出版社2002年版，第19—23页。

② 龚鹏程曾指出："采汲于西方的观念，是启蒙运动以降之现代意识。此种意识，强调理性精神与人的发现……用在中国文学史上，就是鲁迅描述魏晋是人的醒觉之时代，周作人说要建立人的文学，等等。……连小说戏曲都拉出其宗教社会环境之外，朝个别作者抒情言志方向去解释……此外，当时写中国文学史，还深受浪漫主义影响，把'诗缘情而绮靡'之缘情，或'独抒性灵'之性灵都想象成浪漫主义……"见龚鹏程：《中国文学史》下册，北京：世界图书出版公司2012年版，第448页。

③ 王国维：《文学小言》，载《王国维文集》第1卷，北京：中国文史出版社1997年版，第28页。

④ 朱自清指出："大清帝国改了中华民国，新文化运动、新文学运动配合着五四运动画出了一个新时代。……反封建解放了个人，也发现了民众，于是乎有了个人主义和人道主义……在那个阶段上，我们是接受了种种外国标准，而向现代化进行着。……用欧化的语言表现个人主义，顺带着人道主义，是这时期知识阶级向着现代化的路。"见朱自清：《文学的标准与尺度》，载《朱自清古典文学论文集》上册，上海：上海古籍出版社1981年版，第11页。

道'之说也。吾所谓'物',约有二事:(一)情感……(二)思想……"①陈独秀《文学革命论》更是直斥:"昌黎……误于'文以载道'之谬见。文学本非为载道而设,而自昌黎以迄曾国藩所谓载道之文,不过抄袭孔孟以来极肤浅极空泛之门面语而已。余尝谓唐宋八家文之所谓'文以载道',直与八股家之所谓'代圣贤立言',同一鼻孔出气。"②与胡适、陈独秀统一战线的周作人,自然也在共同的目标下作出了相似的文学史判断:"中国文学中,人的文学本来极少。从儒教、道教出来的文章,几乎都不合格。"③

如此看来,"文以载道"其实是被策略性地树立成了"人道主义"这一革命要素的对立面,从而充当了"五四"新文学革命的靶子——颇具讽刺意味的是,"文以载道"与"人道主义"其实共用一个"道"字,如今却被分化成背道而驰的天道(被理解为封建礼教、伦理纲常)与人道。回过头去看,在中国古代的儒家思想中,"言志"和"载道"原本并不矛盾,因为主观的"志"与客观的"道"往往可以是相通的,甚至人性被认为就来源、秉承自天道。周作人所阐说的言志派与载道派的区别,仔细辨来其实并非作为儒家文艺思想的"诗言志"和"文以载道"的区别(这在正统儒家看来只不过是诗与文的文体之别),而是西方浪漫主义文学的崇尚个性、张扬情感与古典主义文学的道德说教之间的区别。

从文体选择的角度看,周作人正是因为要倡导西方浪漫主义的人文理想,所以才会特别标举与浪漫主义文学的核心文体——诗歌相对应的中国文艺理论命题——"诗言志"。于是,"诗言志"与"文以载道"这两个原本分属诗学和文章学领域的思想颇为一致的命题,突然遭到了相反的待遇,被分别归为"人的文学"与"非人的文学"而褒贬各异。诗(抒情诗)这一文体由此被赋予了代表普遍文学理想的特殊地位,而事实上,这一文学理想源自特定的西方浪漫主义文艺思潮。以此为前提,周作人提出了现代文学革命中新诗的改革方向:

> 正当的道路恐怕还是浪漫主义——凡诗差不多无不是浪漫主义的,而象征实在是其精意。这是外国的新潮流,同时也是中国的旧手法。④

---

① 胡适:《文学改良刍议》,载《胡适文集》第2卷,北京:北京大学出版社1998年版,第6页。

② 陈独秀:《文学革命论》,载胡适《胡适文集》第2卷附录一,北京:北京大学出版社1998年版,第17页。

③ 周作人:《人的文学》,载《艺术与生活》,石家庄:河北教育出版社2002年版,第12—13页。

④ 周作人:《扬鞭集序》,载《谈龙集》,石家庄:河北教育出版社2002年版,第41页。

周作人在此亮出了他文学思想的底牌——浪漫主义。他介入文学革命的思路之一，就是把西方浪漫主义的写作手法——象征，演绎成中国文学旧有的手法，从而为新诗所用。海外华人中国抒情传统学派的理论思路与此相似——象征理论构成了高友工抒情美学体系的基石，而对象征理论的阐释，则需接上中国诗学中“比兴”“情景交融”等所谓核心范畴。而这样的做法早在周作人就已经熟稔了，不过他的目的却不是研究古代诗学，而是促进新诗改革：

> 我只认抒情是诗的本分，而写法则觉得所谓“兴”最有意思，用新名词来讲或可以说是象征。让我说一句陈腐话，象征是诗的最新的写法，但也是最旧，在中国也“古已有之”，我们上观《国风》，下察民谣，便可以知道中国的诗多用兴体，较赋与比要更普遍而成就亦更好。①

在此，周作人索性宣称抒情是诗的本分——无论古诗、新诗或是外国诗。这一普遍主义的做法是典型的浪漫主义态度。结合周作人对言志派与载道派两条文学发展路线的刻画，我们不难发现，他所说的“诗言志”的潮流是就文学功能而言的，若就写作手法而言，这其实就被看成了中国古诗的“兴”的传统。综合周作人的意见，这可以说是一条以所谓象征手法来表现主体情意的路向，一个被认为在中国文学史中未必占据主流却至少代表了先进发展方向的准“抒情传统”。而这一“抒情传统”的原始形态所以被勾勒出来，并非出于客观学术态度的文献爬梳与辨析，而是以西方浪漫主义人文理想为目的、为标尺进行主观建构的结果。

夏志清指出：“在西方文学史上，浪漫派诗人的出现，是随着法国大革命的浪潮而引发出来的，而中国青年在‘五四’期间所表现的热忱和乐观精神，与此差堪比拟。”②可见浪漫主义思潮进入中国文坛并由此对国人的文学史观产生影响，有其时代的、社会的因素。对此，年轻的梁实秋保持着超越多数同时代人的清醒和警觉，他 1926 年尚在美国留学时就已撰文指出了“五四”新文学运动的浪漫主义趋向及其来源于西方文学观念的本质特点：

---

① 周作人：《扬鞭集序》，载《谈龙集》，石家庄：河北教育出版社 2002 年版，第 41 页。
② 夏志清：《中国现代小说史》，上海：复旦大学出版社 2005 年版第 13 页。

> 我这篇文章的主旨即在说明"新文学运动"的几个特点,以证明这个运动之趋向于"浪漫主义"。

> 我曾说,文学并无新旧可分,只有中外可辨。旧文学即是本国特有的文学,新文学即是受外国影响后的文学。我先要说明,凡是极端的承受外国影响,即是浪漫主义的一个特征。

> 全部影响之最紧要处乃在外国文学观念之输入中国。换言之,我们自经和外国文学发生接触之后,我们对于文学的见解完全变了。我们本来的文学观念可以用"文以载道"四个字来包括无遗;现在的文学观念则是把文学当作艺术。①

梁实秋这篇文章虽言辞激烈,但他对新文学运动趋于浪漫主义、受西方文学观念影响而以艺术的标准评判中国旧文学等特点的概括,堪称一针见血。在这个问题上,周作人尽管坦承自己欣然接受了外国的浪漫主义、象征手法等新潮流,但他并不认为他是在以西方文学的标准塑造中国文学史,反而坚持认为他对中国文学的各种见解均系中国"古已有之"的旧手法、固有的传统。他曾这样说:"新的时代所以还不能即时产生者,则是如《三国演义》上所说的'万事齐备,只欠东风'。所谓'东风'在这里却正应改作'西风',即是西洋的科学、哲学和文学各方面的思想。到1912年,那些东西已渐渐输入得很多,于是而文学革命的主张便正式地提出来了。"②显然,依据周作人所讲的意思,"西风"只是敦促"五四"文人开展文学革命的一种外在的助力,而不是根本的推动力,更不是他们用于刻画中国文学史的标尺——中国文学自身的传统中本就有着要求如此革命的内在根由。这样的说辞,如果不是出于有意为之的主观的革命策略,便只能说是有些"当局者迷"的情形了。③

---

① 梁实秋:《现代中国文学之浪漫的趋势》,载《梁实秋批评文集》,珠海:珠海出版社1998年版,第32、33、38页。

② 周作人:《中国新文学的源流》,上海:华东师范大学出版社1995年版,第56—57页。

③ 关于对西方文学观念的接受,梁实秋也提出过自己的看法,可供参考:"承受外国影响,须要有选择的,然后才能得到外国影响的好处。这一点是一般浪漫主义者所不暇计的。……浪漫主义者的特性即是任性,他们把外国以日常语言作文的思想传到中国,只从反面的效用着眼,用以攻击古文文体……"见梁实秋:《现代中国文学之浪漫的趋势》,载《梁实秋批评文集》,珠海:珠海出版社1998年版,第34—35页。

还是梁实秋能为我们清晰明了地指出，抒情主义、浪漫主义和人道主义，其实是三位一体的架构。这样的架构正是周作人文学思想的基本结构：

> 现代中国文学，到处弥漫着抒情主义。

> “抒情主义”的自身并无什么坏处，我们要考察情感的质是否纯正，及其量是否有度。从质量两方面观察，就觉得我们新文学运动对于情感是推崇过分。

> 情感在量上不加节制，在作者的人生观上必定附带着产出“人道主义”的色彩。人道主义的出发点是“同情心”，更确切些应是“普遍的同情心”。这无限制的同情在一切的浪漫作品都常表现出来，在我们的新文学里亦极为显著。……重情感的浪漫主义者，因情感的驱使，乃不能不流为人道主义者。[①]

所以说，周作人是接受了西方浪漫主义文艺思潮及其人文主义理想，并予以普世化的理解，才在中国力推凸显个人主体价值的现代文学革命；为了达到新文学创作的革命目标，他对中国古代文学中的一些现象进行了理论的重塑，提出“载道”的文学是人道主义的对立面，只有“言志”的抒情文学，更确切地说是以“兴”或其他象征手法来表现个人思想感情的诗体文学，才始终代表着中国文学史上进步的、革命性的一端。这就是周作人提出近似于“抒情传统”的创造性意见的思想轨迹。

与之前的胡适，之后的朱自清、闻一多、林庚等人相比，周作人并没有投入大量精力专门从事中国古代文学的文献与史料研究，而只是出于现代文学创作及其革命的需要，对中国文学史提出了一些归纳和批评意见。正是这些看起来缺乏翔实的材料支撑与严密的理论论证的意见，为后世关于中国抒情传统的论说辟出了原初的路径。

---

① 梁实秋：《现代中国文学之浪漫的趋势》，载《梁实秋批评文集》，珠海：珠海出版社 1998 年版，第 39、40、42 页。

三、朱自清对抒情诗传统的辨析

除了梁实秋以外，朱自清也对周作人的文学史观提出过批评意见。不过与梁实秋不同，朱自清并不站在与抒情主义截然对立的立场上，而是在一定程度上持守抒情主义的基本立场，试图寻找中国文学中抒情诗传统的存在可能以及存在方式。

朱自清在西南联大中文系1945—1946学年“中国文学批评研究”课程的第一堂课上开宗明义地指出：

> 近来文学批评里常把言志与载道对言，以为言志是个人的抒情，而载道是文以载道。载道，为“五四”以来所反对。……但是，言志实即载道，二者不应对立。……从历史看，知言志与缘情相对。①

朱自清这段话的矛头直指周作人的“言志”说。他反对将“诗言志”与“文以载道”对立起来并以个体抒情为标准贬抑载道派、抬高言志派，而是认为，“言志”与“载道”同样都以公共性的政治教化为宗旨，只有“诗缘情”的命题才是对个人抒情式的文学创作的首肯。尽管周作人是朱自清的批评对象，但从某种意义上说，也正是因为对周作人的批评，才迫使朱自清在研究中国文学时，将关注的焦点集中到诗这一文体的历史地位、脉络及其抒情问题上面来。

朱自清在处理相关问题的时候，比周作人更具有理论上的自觉。他清醒地认识到，所谓“抒情”的提法其实是出于西方现代文学的观念：“西方文化的输入改变了我们的‘史’的意念，也改变了我们的‘文学’的意念”，“‘抒情’这词组是我们固有的，但现在的涵义却是外来的。”②然而就如中国人已经接受了西方的“文

① 刘晶雯整理：《朱自清中国文学批评研究讲义》，天津：天津古籍出版社2004年版，第1页。另外在《诗言志辨》的序言中，朱自清也同样不点名地批评了周作人的文学思想：“现代有人用‘言志’和‘载道’标明中国文学的主流，说这两个主流的起伏造成了中国文学史。‘言志’的本义原跟‘载道’差不多，两者并不冲突；现时却变得和‘载道’对立起来。……‘比兴’的解释向来纷无定论；可以注意的是这个意念渐渐由方法而变成了纲领。”见朱自清：《诗言志辨》，载《朱自清古典文学论文集》上册，上海：上海古籍出版社1981年版，第190页。

② 朱自清：《诗言志辨》，载《朱自清古典文学论文集》上册，上海：上海古籍出版社1981年版，第187、230页。

学”概念，把旧有的诗歌、小说、词曲、民谣故事等雅俗各异的文类都当作“文学”来同等对待一样，朱自清也并不拒斥西方现代文学意义上的“抒情”概念。他做了一项与周作人梳理中国文学(观念)史以凸显“抒情”一脉源流相类似的工作，但却比周作人更耐心地爬梳材料，更客观地还原历史语境，更谨慎地辨析概念的原初含义及其发生转义的轨迹——这便是《诗言志辨》(1947 年，开明书店)的著述。

《诗言志辨》由四篇论文组成，分别研究“诗言志”“比兴”“诗教”“正变”四个中国古代文学批评概念。朱自清通过整理这四个批评概念在各代文献中的不同用例，来阐释、辨析其本义和变义，由此凸显中国文学批评史的发展轨迹。通过历史意义的还原，朱自清向读者揭示了至少“诗言志”和“比兴”这两个批评概念，尽管其原初含义并不包含后世所谓抒情的因素，但在发生转义之后，却最终导引出了一条接近于抒情的线索。

朱自清首先肯定了“诗言志”是中国诗学“开山的纲领”[①]，然后开始追寻这一纲领性概念的转义轨迹，以考察抒情诗的理念究竟何时以及在何种程度上存在于中国古代文学批评的历史中。他将“诗言志”在古代文献中的用例分为四类，分别代表古人理解“诗言志”的四个不同发展阶段——“献诗陈志”“赋诗言志”“教诗明志”“作诗言志”。朱自清同意闻一多的说法[②]，把早期的“诗言志”中的“志”理解为“怀抱”，并提出，在“献诗陈志”的阶段，公卿列士为了讽谏而献诗，其“志”是与政治、教化紧密结合在一起的，虽涉及内心的“怀抱”，却远非个人化的缘情，而仅仅是某种集体意志的表达。到了“赋诗言志”的阶段，贵族、士大夫把“言志”用于外交等政治场合，以断章取义的办法用诗，“言志”仅仅是为了“表德”，也与后来“诗缘情”的含义相距甚远。值得注意的是，在前两个阶段中，诗、乐尚未分家[③]，“献诗”和“赋诗”都只看重听歌的人，诗歌作者本人的个体情状是不被关注的，这在朱自清看来是“诗缘情”的理念尚不可能出现的一个客观原因。到了秦汉的时候，诗、乐分家了，孔、孟学派采取“教诗明志”的办法，使《诗经》以读为主，以义为用。他们虽然仍以教化为目的，不承认“诗缘情”的价值，但已经意识到作诗人的存在，已经发现了缘情诗这一诗歌类别的作用。

---

① 朱自清：《诗言志辨》，载《朱自清古典文学论文集》上册，上海：上海古籍出版社 1981 年版，第 190 页。

② 闻一多指出：“志与诗原来是一个字。志有三个意义：一记忆，二记录，三怀抱，这三个意义正代表诗的发展途径上三个主要阶段。”见闻一多：《诗与乐》，载《闻一多全集》第 10 卷，武汉：湖北人民出版社 1993 年版，第 8 页。

③ 参见顾颉刚：《论诗经所录全为乐歌》，载《古史辨》第 3 册，上海：上海古籍出版社 1982 年版，第 608—657 页。

魏晋以后进入了“作诗言志”的时代，西晋陆机提出了“诗缘情”的观念；而“诗言志”亦经历了歌咏一己穷通出处和“诗以明道”的引申与扩展，但其含义仍不离政教，并一直掩蔽着“诗缘情”的新传统。直到清代袁枚才将“诗言志”的意义与“诗缘情”并为一谈，“这样的‘言志’的诗倒跟我们现代译语的‘抒情诗’同义了。‘诗缘情’那传统直到这时代才算真正抬起了头”。[①]

“比兴”是“诗言志”传统最重要的技术手段，周作人直接把“兴”等同于西方修辞学中的“象征”。而朱自清追溯了“比兴”的历史含义，提出“比兴”虽然在修辞上具有比喻和象征的含义，但在早期文献中除修辞的用法以外，更多用作“风化”“美刺”“谲谏”等政教用途。至少在唐代以前，“比兴”是被用作证史而不是说诗的。直到唐代以后，诗论家才把“比兴”理解成表示“言外之义”的“兴象”和表现“象外之境”的“意兴”“兴趣”，这才终于脱离诗教而开始言情。

朱自清的这些历史考证，虽然也是以现代西方的抒情诗理念为导引，重新梳理中国古代文学批评观念史，但却做到了小心求证，对历史文献及其含义、语境给予了充分的尊重。根据他的结论进行理解，中国文学批评史上确实存在着一条与现代抒情诗理念接近的“诗缘情”或“言情”的线索，但这一线索系由“诗言志”和“诗教”的政教传统派生而出，直到古代的中后期才逐渐占据比较显豁的位置，能否作为主流与正统，乃至整个文化的理想，却未成定论。

《诗言志辨》关注的是中国文学批评观念的演变轨迹。中国古代的批评文字尤其是正统经学或蔽于政教话语，不能完全反映文学创作的实际情况。对于此，朱自清同样在1947年发表了《论“以文为诗”》一文，在论证宋人以风诗为正宗的同时从作品着眼，勾勒出一个中国文学史中的抒情诗传统的轮廓：

> 赋……抒情的不多。晋以后的发展，才渐渐转向抒情一路，到六朝为极盛。……乐府以叙事为主，但其中不缺少抒情的成分。它发展到汉末，萌芽了抒情的五言诗。可是纯粹的抒情的五言诗，是成立在魏、晋间的阮籍的手里；他的意境却几乎全是《楚辞》的影响。
>
> 《诗大序》说诗是“吟咏情性”的，《礼记·经解》说“温柔敦厚”是“诗

① 朱自清：《诗言志辨》，载《朱自清古典文学论文集》上册，上海：上海古籍出版社1981年版，第229—230页。

> 教”。这里面虽含着政教的意味,史的意味,但三百篇中风诗及准风诗的《小雅》既占了大多数,宋代又是经学解放的时代,当时人不管注疏里史的解释,只将自己读风诗的印象去印证那两句话,而以含蓄蕴藉的抒情诗为正宗,也是自然的。再说还有选体诗作他们有力的例子。选体诗的意境是继承《楚辞》的抒情的传统的。……抒情诗的传统这样建立起来,足为“吟咏情性”和“温柔敦厚”两句话张目。

> 宋人的风诗正宗论却大大地影响了元、明两代……李梦阳的各体诗定格说正是时势使然。但……其实也已经不纯是抒情的传统,与那两句古话不尽合了。到了清代中晚期……章炳麟……胡适之……他们都是或多或少皈依那抒情的传统的。

> 新文学运动以来,我们输入了西洋的种种诗文观念。宋人的诗文分界说,特别是诗的观念,即使不和输入的诗文观念相合,也是相近的。……后来的格律诗和象征诗便走上新的纯粹抒情的路。这该是宋人理想的实现。①

《诗经》中的风诗、《楚辞》、魏晋五言诗、南朝的选体诗、现代的新诗等,构成了一个被许多读诗者所体认的抒情的传统。朱自清在此反复申说“抒情的传统”“抒情诗的传统”,或可算得上是最早的对抒情传统的明确称呼。结合他在《诗言志辨》《正变》一篇中“新诗以‘抒情’为主,多少合于所谓‘高风远韵’,大概可以算得变而‘归于正’罢”②的说法,可以认为,朱自清还是谨慎地认可抒情诗传统在中国文学史上所具有的某种正宗地位的。应该说,这一思想是从他所批评的周作人的“诗言志”说中改造地继承而来——将“诗言志”这一批评观念还原到政治教化的背景中,而将个人的抒情的意义及与之相关的文学史脉络单独剥离出来。同时这一思想,尤其是这样的提法,也有可能是从他的同事兼老友闻一多的著述与交流中得来。下文我们将论及闻一多在 1943 年的《文学的历

---

① 朱自清:《论“以文为诗”》,载《朱自清古典文学论文集》上册,上海:上海古籍出版社 1981 年版,第 93、95、96、98 页。

② 朱自清:《诗言志辨》,载《朱自清古典文学论文集》上册,上海:上海古籍出版社 1981 年版,第 353 页。

史动向》中所提出的“抒情诗,始终是我国文学的正统的类型”[①]的观念。1932年,朱自清、闻一多共同任教于清华大学中文系,自此包括迁至西南联大一直是同事和论学的密友,朱自清常常得以阅读闻一多的文学史研究手稿。闻一多于1946年7月遇难,当年11月,朱自清被聘请担任四卷本《闻一多全集》的编委会负责人,全集于1948年8月由上海开明书店出版。朱自清在1947年文章中所称的“抒情诗的传统”,也完全有可能源自他所熟谙的闻一多的思想。

四、闻一多对海外华人中国抒情传统学派的多方沾溉

香港学者陈国球认为,海外华人抒情传统论首倡者陈世骧提出“中国抒情传统”的命题,是受到其大学同窗林庚的文学史观影响的结果。[②] 笔者则倾向于认为,陈世骧与林庚的文学史观虽有类同,但其思想方法却与闻一多有更多相似之处,鉴于林庚曾为闻一多之学生与助教,且陈世骧亦极有可能直接或间接受教于闻一多,[③]似乎,陈世骧和林庚应是分别从闻一多那里接受了沾溉,以至于所见略同。不惟如此,闻一多的中国文学研究还与后来海外华人中国抒情传统学派之理论奠基人高友工的研究路向有许多一致的地方。可以说,闻一多是海外华人中国抒情传统学派在现代学术史上当仁不让的一位思想先驱,他对该学派的深刻影响至少表现在以下四个方面。

(一)比较文学视野与民族文化心理

陈世骧《中国的抒情传统》一文,是海外华人中国抒情传统学派的开山纲领。该文以一种慷慨的文化自信心,道出了中国抒情文学传统的命题,宣布了该学派的基本学术立场:

---

① 闻一多:《文学的历史动向》,载《闻一多全集》第10卷,武汉:湖北人民出版社1993年版,第17页。

② 参见陈国球:《“抒情传统论”以前——陈世骧早期文学论初探》,载《淡江中文学报》2008年第18期;《“抒情传统论”以前——陈世骧与中国现代文学及政治》,载《现代中文学刊》2009年第3期;《诗意的追寻——林庚文学史论述与“抒情传统”说》,载《北京大学学报》(哲学社会科学版)2010年第4期。

③ 闻一多于1932年赴清华大学中文系任教,同时在北京大学兼课,1937年因抗战爆发赴昆明西南联大任教,1946年遇害。陈世骧1932年毕业于北京大学,1936年起任北京大学讲师(陈国球认为,陈世骧是在1935年毕业于北京大学并留校任讲师),抗战爆发后赴湖南大学任教,1941年赴美。林庚1933年毕业于清华大学并任朱自清、闻一多的助教,抗战爆发后赴厦门大学任教。

> 以字的音乐做组织和内心自白做意旨是抒情诗的两大要素。中国抒情道统的发源,《楚辞》和《诗经》把那两大要素结合起来,时而以形式见长,时而以内容显现。此后,中国文学创作的主流便在这个大道统的拓展中定形。所以,发展下去,中国文学被注定会有强劲的抒情成分。在这个文学里面,抒情诗成了它的光荣,但是也成了它的限制。①

在这段被反复征引的文字里,至少包含了四个海外华人中国抒情传统学派的研究向度:第一,取比较文学的视野;第二,视抒情诗为一种超越文类的典范;第三,将抒情诗的形式本质归结为"以字的音乐做组织",亦即格律化;第四,将抒情诗的功能特点归结为"内心自白",从而强调其不同于日常交流语言的诗性功能。

我们稍后将以上述四个研究取向为线索追查闻一多与海外华人中国抒情传统学派之间的思想联系。在这之前,笔者想首先举出闻一多发表于 1943 年的《文学的历史动向》中的一段文字,来表明陈世骧之文学史观系源出于闻一多:

> 中国,和其余那三个民族一样,在他开宗第一声歌里,便预告了他以后数千年间文学发展的路线。《三百篇》的时代,确乎是一个伟大的时代,我们的文化大体上是从这一刚开端的时期就定型了。文化定型了,文学也定型了,从此以后二千年间,诗——抒情诗,始终是我国文学的正统的类型,甚至除散文外,它是唯一的类型。②

闻一多把抒情诗视为中国文学的正统的类型,并认为中国文学的形态自《诗经》(《三百篇》)开始便已定型。在上引陈世骧的那段话中,他同样认为中国文学的传统始于《诗经》,并且进一步提出,抒情传统是中国文学的"主流",甚至"道统"。尽管陈世骧把用词上升到了"道统"的高度,但其表述所流露出的受闻

---

① 陈世骧:《中国的抒情传统》,杨铭涂译,载《陈世骧文存》,沈阳:辽宁教育出版社 1998 年版,第 2 页。
② 闻一多:《文学的历史动向》,载《闻一多全集》第 10 卷,武汉:湖北人民出版社 1993 年版,第 17 页。

一多影响的痕迹，却是显而易见的。闻一多的学生林庚也曾分别述说"中国的文学传统不是戏剧性的，而是诗意的"[①]，"中国的诗歌一开始就走上了一条抒情的道路，而不是叙事的道路"[②]，但仔细推敲文辞可以发现，陈世骧直接许抒情传统为中国文学之道统的自信心与自豪感，确乎与闻一多那果敢、决断的口吻更为接近。

当然，方法论上的相似，是陈世骧直接受闻一多沾溉的更重要的证据，首当其冲的便是取比较文学的视野。陈世骧《中国的抒情传统》一文开篇便从比较文学的要务入手予以论述，进而提出：

> 我们要是说中国的抒情传统各方面都可代表东方文学，那么我们就已经把它拿来和西方在做比较了。我们所以发现中国的抒情传统相当突出，所以能在世界文学的批评研究中获致更大的意义，就是靠这样的并列比较……中国文学和西方文学传统（我以史诗和戏剧表示它）并列，中国的抒情传统马上显露出来。[③]

《中国的抒情传统》一文正是在比较文学方法的指导下展开论述，并专门述及，西欧文学批评以史诗和戏剧为对象，着重对冲突与张力进行分析，与之相对，中国文学批评以抒情诗为主要对象，关注对意象、情感、音响、气势等要素的点悟与经验感应。这一比较文学的视野也与闻一多的论述方式极为相似：

> 印度、希腊是在歌中讲着故事，他们那歌是比较近乎小说戏剧性质的，而且篇幅都很长，而中国、以色列则都唱着以人生与宗教为主题的较短的抒情诗。……所以我们的文学传统既是诗，就不但是非小说戏剧的，而且推到极端，可能还是反小说戏剧的。[④]

从文化大环境看，闻一多和陈世骧之所以采取比较文学的视野，是有其相

① 林庚：《谈文学史研究》，载《林庚诗文集》第9卷，北京：清华大学出版社2005年版，第276页。

② 林庚：《漫谈中国古典诗歌的艺术借鉴——诗的国度与诗的语言》，载《林庚诗文集》第7卷，北京：清华大学出版社2005年版，第171页。

③ 陈世骧：《中国的抒情传统》，杨铭涂译，载《陈世骧文存》，沈阳：辽宁教育出版社1998年版，第1页。

④ 闻一多：《文学的历史动向》，载《闻一多全集》第10卷，武汉：湖北人民出版社1993年版，第16—18页。

类似的原因的。闻一多早年曾赴美留学，亲历西方文艺创作与研究的盛况，回国后致力于中国文学研究，力图抉发中国文学之特长，从而在世界文学中为之定位。[①] 陈世骧则早年在北大主修英国文学，赴美后专攻中西文学理论，学成以后任教于加州大学伯克利分校东方语文学系，主讲中国古典文学和中西比较文学，并协助筹建该校比较文学系，他的教学任务就是把中国文学的优长介绍给西方学生。所以，他们都自觉地把中国文学与西方文学的戏剧、史诗传统作并列比较，欲由此发见中国文学不亚于西洋文学的美学价值：

> 人们惊异伟大的荷马史诗和希腊悲喜剧，惊异它们造成希腊文学的首度全面怒放。其实，有一件事同样使人惊奇，那便是，中国文学以其毫不逊色的风格自纪元前十世纪左右崛起到和希腊同时成熟止，这期间没有任何像史诗那类东西醒目地出现在中国文坛上。不仅如此，直到二千年后，中国还是没有戏剧可言。中国文学的荣耀并不在史诗；它的光荣在别处，在抒情的传统里。[②]

读者不难发现，陈世骧的文化自信心背后其实暗含着一个纠结的疑问：中国文学史上为什么没有发达的史诗与戏剧？对这一疑问的解答是陈世骧在比较文学视野下发明中国抒情传统的动力所在。这一疑问对闻一多而言同样是令人焦虑不安的，所以他才强调，中国以抒情诗为正统类型的文学传统“不但是非小说戏剧的，而且推到极端，可能还是反小说戏剧的”。无疑，民族文化的心结令这些优秀的现代学者难以释怀。缘于此，闻一多在《中国文学史稿(一)》手稿中，辟专章讨论“史诗问题”，用文学考据法证明中国古代并不是全然没有史诗的；[③]又曾撰写《歌与诗》一文，说明中国诗歌所以向抒情诗发展，是因为诗最初的记史、记事功能在“诗”(本质是记事)与“歌”(本质是抒情)的合流中被抒情

① 尽管闻一多赴美留学是在芝加哥美术学院修习西洋画，但他一早就立下归国后从事中文教育的志向，并曾为所学专业与所欲就业行当的不对口而心生纠结：“我在此习者，美术也，将或以美术知名于侪辈。归国后孰肯延我教授文学哉？求文学教员者又孰肯延留学西洋者教中文哉？”见闻一多：《致父母亲》，载《闻一多全集》第 12 卷，武汉：湖北人民出版社 1993 年版，第 49 页。

② 陈世骧：《中国的抒情传统》，杨铭涂译，载《陈世骧文存》，沈阳：辽宁教育出版社 1998 年版，第 1—2 页。

③ 闻一多：《中国上古文学》，载《闻一多全集》第 10 卷，武汉：湖北人民出版社 1993 年版，第 43—47 页。《中国上古文学》的标题系由本版《闻一多全集》整理者根据手稿内容所改。

功能融入直至取代了,从而宣告《诗经》以前曾有一个诗即是史的独立阶段,因此"那恼人的问题'我们原来是否也有史诗'也许就有解决的希望"[①]。不妨说,陈世骧能在比较文学视野下发明中国抒情传统,相当程度上在于他延续了闻一多对中国文学阙失史诗之现象的迫切思虑。

需要指出的是,闻一多与陈世骧的比较文学立场也有一些内在的差别。陈世骧的想法是:"把本国和他国相对共相的实际例子排在一起,能使各个共相的特色产生格外清楚,格外深远的意义;这种意义是光用一种传统的目光探讨不出的。"[②]换言之,陈世骧进行中西文学比较的目的是给予中国文学传统以新的解释和评价,从而提高中国古典文学及其批评理论的现有地位。而闻一多开展中西文学比较,则是为了"在世界文学中定中国文学之地位",[③]进而认识到"四大文化二大系的渐次混合,又是历史的必然发展",[④]最终以极大的勇气使中国现代文学接受西方的小说与戏剧,[⑤]顺应世界文学的大融合。所以在这个问题上,闻一多不仅仅站在古典文学研究者的立场,更透露出其作为现代文学家对中国文学未来发展态势的关注与思考。在他看来,中国的抒情诗发展到近古以后,"可能的调子都已唱完了",唯余"徒劳无益"的、"失败"的"挣扎",至此"中国文学史可能不必再写",唯一的出路是"在一个小说戏剧的时代,诗得尽量采取小说戏剧的态度,利用小说戏剧的技巧,才能获得广大的读众"。[⑥] 如果说,后来海外华人中国抒情传统学派的学者们所欲强调和推广的是中国古典文艺异于西方文艺的自身特色,那么闻一多较关注的,则是中国文学在异于西方文学数千年以后,该如何与之"求同""合流"。闻一多的文化理想是:"中国、印度、以色列、希腊……四个文化慢慢的都起着变化,互相吸收、融合,以至总有那么一天,四个的个别性渐渐消失,于是文化只有一个世界的文化。这是人类历史发展的必然路线,谁都不能改变,也不必改变。"[⑦]"理想的艺术的想象,这个艺术

---

① 闻一多:《歌与诗》,载《闻一多全集》第10卷,武汉:湖北人民出版社1993年版,第15页。

② 陈世骧:《中国的抒情传统》,杨铭涂译,载《陈世骧文存》,沈阳:辽宁教育出版社1998年版,第1页。

③ 闻一多:《中国上古文学》,载《闻一多全集》第10卷,武汉:湖北人民出版社1993年版,第37页。

④ 闻一多:《四千年文学大势鸟瞰》,载《闻一多全集》第10卷,武汉:湖北人民出版社1993年版,第32页。

⑤ 闻一多:《文学的历史动向》,载《闻一多全集》第10卷,武汉:湖北人民出版社1993年版,第21页。闻一多在这篇文章里提出,中国文学要经历这样一个发展阶段,即"真正勇于'受'。让我们的文学更彻底地向小说戏剧发展",这样才能顺应世界文学的时代主潮。

⑥ 闻一多:《文学的历史动向》,载《闻一多全集》第10卷,武汉:湖北人民出版社1993年版,第18—20页。

⑦ 闻一多:《文学的历史动向》,载《闻一多全集》第10卷,武汉:湖北人民出版社1993年版,第16页。

不是西方现有的艺术，更不是中国的偏枯腐朽的艺术的僵尸，乃是融合两派的精华的结晶体。”[①]今天看来，关于中国文化的发展应该保持自身特色还是顺应全球化的大势，应该如何协调“求同”与“存异”之间的矛盾，仍是聚讼纷纭的问题，但中国现当代文学的实际发展轨迹（叙事性文类逐渐占据主流，新诗也告别了旧诗的体貌而融入了小说戏剧的技巧），则确实是近于闻一多当年的“预测”的。[②]

（二）以抒情诗作为理想文类建构传统

之所以将闻一多视为中国抒情传统学派的思想先驱，不仅因为他通过中西比较，提出中国文学传统是以抒情诗为特色和主流的，更因为他在跨越文类的视野下，将抒情诗看作是唯一具有典范性质的正统类型——这一思想方法被陈世骧、高友工所直接继承，后者正是依此法则建构起了中国抒情美学的理论间架。

上引闻一多论述中国文学历史动向的文字尚有下文：

> 《三百篇》的时代，确乎是一个伟大的时代……从此以后二千年间，诗——抒情诗，始终是我国文学的正统的类型，甚至除散文外，它是唯一的类型。赋、词、曲是诗的支流，一部分散文，如赠序、碑志等，是诗的副产品，而小说和戏剧又往往以各自不同的方式夹杂些诗。诗，不但支配了整个文学领域，还影响了造型艺术，它同化了绘画，又装饰了建筑（如楹联，春贴等）和许多工艺美术品。……诗似乎也没有在

---

① 闻一多：《征求艺术专门的同业者底呼声》，载《闻一多全集》第 2 卷，武汉：湖北人民出版社 1993 年版，第 15 页。

② 当然，笔者绝无意把闻一多描述成一个文化一元论者，而更愿意表明，闻一多其实并不反对中国文学在未来发展中保持自身的传统特色，他的“求同”方案中亦含有可贵的“存异”的思想。闻一多曾撰文批评郭沫若《女神》的欧化倾向，指出：“我总以为新诗径直是‘新’的，不但新于中国固有的诗，而且新于西方固有的诗；换言之，他不要做纯粹的本地诗，但还要保存本地的色彩，他不要做纯粹的外洋诗，但又要尽量地吸收外洋诗底长处；他要做中西艺术结婚后产生的宁馨儿。……真要建设一个好的世界文学，只有各国文学充分发展其地方色彩，同时又贯以一种共同的时代精神，然后并而观之，各种色料虽互相差异，却又相互调和。”（见闻一多：《〈女神〉之地方色彩》，载《闻一多全集》第 2 卷，武汉：湖北人民出版社 1993 年版，第 118—123 页。）他甚至建议郭沫若从律诗中汲取中国艺术之特质，从而在改造中国诗的时候保存而非摒弃其自身特色。（参见闻一多：《律诗底研究》，载《闻一多全集》第 10 卷，武汉：湖北人民出版社 1993 年版，第 166 页。）可见，闻一多所追求的世界文学大融合，是要在共同时代精神引领下充分发挥地方特色，是“同”与“异”的辩证式结合。

> 第二个国度里，像它在这里发挥过的那样大的社会功能……诗支持了那整个封建时代的文化。此后，在不变的主流中，文化随着时代的进行，在细节上曾多少发生过一些不同的花样。诗，它一面对主流尽着传统的呵护的职责，一方面仍给那些新花样忠心地服务。[1]

之后，闻一多又在《中国文学史稿》中的《四千年文学大势鸟瞰》一文里，描述了中国文学史上抒情诗由兴起而强盛，对多种文体予以沾溉、濡染，最后在近现代因欧洲文化强势侵入而渐趋消沉的漫长历程。陈世骧《中国的抒情传统》一文的主体部分，几乎是以更新的思考和语汇重现了闻一多曾经作过的各体文学史论述：

> 抒情传统始于《诗经》……《诗经》之后，在中国文学上是动人心魄的《楚辞》，或称楚的悼亡诗。这种悼亡诗呈现给我们很多抒情诗的不同的类型。……紧接而来的是汉朝两类创作文学，乐府和赋。……以抒情诗当统御，乐府和赋就那样地拓广加深中国文学道统的这支主流。它风靡六朝，绵延过唐朝以及以后的世代和新演化的(叙述性或戏剧性的)他种主流在一起，或立于旁支上，或长期失调难长，或被包摄或被并吞。……当戏剧和小说的叙述技巧最后以迟来的面目出现时，抒情体仍旧声势逼人，各路渗透，或者你可说仍旧使戏剧小说不能立足。元朝的小说、明朝的传奇，甚至清朝的昆曲。试问，不是名家抒情诗品的堆砌，是什么？至于小说，虽然在小说里抒情诗体乍隐乍现，不好捕捉，试问，哪个人读小说不被充塞全篇的抒情诗感动？[2]

在此，陈世骧同样以抒情诗为主线统贯中国文学史的主要历程。由上面这两段文字在思路上的高度相似性可见，陈世骧应是读过或听讲过闻一多的此番论述的。当然，陈世骧与闻一多也有些微不同，闻一多的史观是，中国文学在晚近终将转向以小说、戏剧为主要形式的世界文学大势，而陈世骧则强调，即使在晚近的叙事性文类中，抒情诗的影响和特质显现仍然是其美学价值所在。不难

---

① 闻一多：《文学的历史动向》，载《闻一多全集》第10卷，武汉：湖北人民出版社1993年版，第17页。

② 陈世骧：《中国的抒情传统》，杨铭涂译，载《陈世骧文存》，沈阳：辽宁教育出版社1998年版，第2—3页。

看出，造成这一差异的原因正在于前文所述的两人文学立场的不同。

陈世骧从创作的角度刻画了中国文学的抒情传统之后，又对中西文学的批评理论进行了比较，指出中国文学的批评方法也因为以抒情诗为主要对象而呈现出一种独有的特征。他说：

> 西欧拿史诗和戏剧为主要探讨对象，它着重冲突，着重张力，因而演成后世酷爱客观地分析布局、情节和角色的癖好……至于中国，它的正派批评则拿抒情诗为主要对象。它注意诗法中各个擘肌分理、极其纤巧的细节。它关注意象和音响挑动万有的力量。①

无独有偶，闻一多也曾经对中西批评方法的特色做过比较：

> 中国批评多论技巧，不及思想，与西方观念大异：
>
> 西——心灵秘密、思想、内容、性情、严肃、感情的激荡与冲突、戏剧。
>
> 中——门面套头、言语、形式、才华、娴雅、感情的排除与解脱（移情、忘情）、音乐。②

这两段文字同样都论述中西批评方法之不同，同样把中西文学批评的差异归结为对音乐性和戏剧性的各自注重。尽管陈世骧论说的具体内容与闻一多并不完全雷同，但其基本的思路显然是一致的。综合各种证据，应该说陈世骧的《中国的抒情传统》确实带有深刻的闻一多的思想烙印。

以抒情诗为典范性文类结撰中国文学艺术与美学史，自陈世骧以降，一直是海外华人中国抒情传统学派的学术努力方向。其中，高友工的美学体系最能体现这一思想方法。高友工发明了“体类批评”的美学史研究方法，并把抒情诗的美学理想概括为一种“抒情美典”（意为抒情美学经验的典式，以强调其典范性和可传承性），分别从先秦乐论、汉魏六朝文论、唐代诗论与书论、宋代画论，乃至宋词、戏曲、小说等文体中考察“抒情美典”的诸多表现形式，以此进行中国

---

① 陈世骧：《中国的抒情传统》，杨铭涂译，载《陈世骧文存》，沈阳：辽宁教育出版社 1998 年版，第 5 页。

② 闻一多：《诗的唐朝》，载《闻一多全集》第 6 卷，武汉：湖北人民出版社 1993 年版，第 121 页。

抒情美学的历史建构。[①] 高友工所构筑的美学架构可谓宏阔且精细，所以宏阔，端赖其横跨多个领域开展"体类批评"的雄心，所以精细，则有赖于"抒情美典"在各种艺术体类间穿针引线、深入辨析；而无论是"体类批评"的方法或是"抒情美典"的概念，其滥觞都应追溯自闻一多把抒情诗作为一种跨越文类的理想典范的思想观念，因为"体类批评"就意味着要跨越文类，"抒情美典"则是对抒情诗理想的概念化称谓。此外，高友工还撰有《中国叙述传统中的抒情境界——〈红楼梦〉与〈儒林外史〉读法》[②]一文，专门阐述文学传统中的跨文类问题，表明即便在叙事文体较为发达的时代，抒情诗理想也依然能以独特的形式存在于文人小说之中。其理论假设，其实也近于闻一多所说的，"诗，它一面对主流尽着传统的呵护的职责，一方面仍给那些新花样忠心地服务"。

把抒情诗作为跨越多种艺术体类的理想典范，这一思想方法的形成，从其理论结构上看，至少需要两重观念上的准备：一是把文学与其他艺术门类视作相互间具有类同性与可比性的"审美艺术"；二是认为抒情诗作为"审美艺术"之一种，具有超乎一般艺术之上的典范意义。关于这两点，闻一多都有过直接的论述。众所周知，中国古代并没有关于"审美艺术"的概念，各种现代意义上的艺术门类，彼时并不被认为具有近似的功能与地位，不会被放在同一层面上予以考量。"审美艺术"的观念肇端于17—18世纪西方的现代性思潮，中间经由日本的转手，在20世纪初通过王国维等人的译介才开始为中国人所了解。到了20世纪二三十年代，闻一多的文艺思想逐步发展成熟的时候，这一观念似乎已被比较普遍地认可和接受了。闻一多在论述殷周时期铜器艺术的时候指出："国人美术观念畸形发展，故无认识。西人态度正确。近时史学家又多偏重政治社会，对文学美术无认识。当时人美感集中于此。美之观念出于图案。"[③]很明显，闻一多是在"审美艺术"的观念层次上将文学与美术等而观之的，联系到闻一多早年在实行美式教育的清华学校[④]和芝加哥美术学院学习西洋美术，同时热衷于文学的成长经历，应该不难想见他这一认识的形成。所以他在谈及比

① 参见高友工：《中国美典与文学研究论集》，台北：台湾大学出版中心2004年版；高友工：《美典：中国文学研究论集》，北京：生活·读书·新知三联书店2008年版；徐承：《高友工与中国抒情传统》，北京：中国社会科学出版社2009年版。

② 参见高友工：《中国叙述传统中的抒情境界——〈红楼梦〉与〈儒林外史〉读法》，载《中国美典与文学研究论集》，台北：台湾大学出版中心2004年版，第353—370页。

③ 闻一多：《中国上古文学》，载《闻一多全集》第10卷，武汉：湖北人民出版社1993年版，第39页。

④ 清华大学的前身为清华学堂，始建于1911年，1912年，即闻一多入学的这一年，更名为清华（转下页）

较文学话题的时候，是在"审美艺术"各门类的大视野下进行的："将艺术各部门及中外艺术进行比较，以求要点，即在世界文学中定中国文学之地位和在整个文化中定中国文学之要点。"[①]与此同时，在诸多艺术门类中，抒情诗被闻一多赋予典范性的地位。他援引西人的话说："别种的诗若是可以离形体而独立，抒情诗是万万不能的。Walter Pater 讲了：'抒情诗至少从艺术上讲来是最高尚最完美的诗体，因为我们不能使其形式与内容分离而不影响其内容之本身。'"[②]这段话表明，闻一多肯认抒情诗具有超乎一般艺术之上的典范意义，是因为他看到了抒情诗将形式与内容浑然一体的审美质素。这就牵扯出闻一多的形式美学观，以及由此而产生的对于律诗形式的关注与推崇。

（三）抒情诗的形式问题与律诗美学

形式美学观是闻一多对于抒情诗理想所秉持的基本信念。他曾斩钉截铁地宣称："我不能相信没有形式的东西怎能存在，我更不能明了若没有形式艺术怎能存在！"[③]正因为如此，闻一多要从语言形式出发，分析中国文学尤其是抒情诗的独有特征：

> 中国语的单纯性：（一）单音词占优势；（二）比较富于孤立性；（三）最富于分析性；（四）以声调为词汇的成分；（五）元音占优势。
>
> 因为孤立，没有语尾变化，而由词的位置决定词性，所以词的位置非常固定，一经易位，词即变性，于是形成中国语的绝大弹性，与文章的简练。
>
> 中国语的刚瘠性、保守性，不容有形式上的变化，遂直接使古代造字者因势利导，只用一简单固定的形体，以代替一个完全的意义。
>
> 语言给予文艺的影响：简洁、骈偶、旋律、声调铿锵。声调、助词注定语调的姿态，增加其妩媚（朗诵，吟哦）。[④]

（接上页）学校。作为由美国退还的部分庚子赔款建立的留美预备学校，清华学校开展的是一种美式教育。闻一多1922年赴美留学。清华学校于1928年更名为国立清华大学。闻一多留学归国后于1932年到清华大学任教。

① 闻一多：《中国上古文学》，载《闻一多全集》第10卷，武汉：湖北人民出版社1993年版，第37页。

② 闻一多：《泰果尔批评》，载《闻一多全集》第2卷，武汉：湖北人民出版社1993年版，第129页。

③ 闻一多：《泰果尔批评》，载《闻一多全集》第2卷，武汉：湖北人民出版社1993年版，第128页。

④ 闻一多：《中国上古文学》，载《闻一多全集》第10卷，武汉：湖北人民出版社1993年版，第37—38页。

在这段话中,闻一多把中国文字语言的特点概括为由字词的孤立性而造成的语言弹性以及独立的表意功能,并指出,这些语言特征,使中国文学具有三个重要的形式要素:简洁、骈偶、旋律——不难辨认,此三者恰恰是律诗的形式要素。无独有偶,高友工曾撰有《中国语言文字对诗歌的影响》一文,以丰富的西方语言学理论,在更为深刻的层面上反映了闻一多这段话所表达的中心思想。正如闻一多的这番论述其实隐含着一个比较语言学和比较文学的视域一样,高友工的论文也是从比较语言学入手,首先指出,印欧语系属于屈折语型,其特点在于以多音节词为主,具有复杂的语态变化,文字为"代音符号";与之相反,汉语系属孤立语型,以单音节词居多,多音节词也多半限于双音节,语态变化相对简单,文字为"表意符号"。在此基础上,高友工进一步推究汉语特点对诗歌形式意义的影响,论证了中国诗如何在汉字的孤立性特征的驱动下,形成了音律(即节奏化的旋律)和对仗(即骈偶)的形式原则。[①] 诚然,高友工所达到的理论的深度和广度远非闻一多所及,他所论及的内容也并非三言两语可以涵盖,但他这篇文章的思考轨迹,却是近于闻一多的思想脉络的。

行文至此,应该可以预见,闻一多和高友工的抒情诗理想都将落脚于一个共同的话题——律诗的形式美学。在征引二人关于律诗美学的著述之前,我想先并置他们二位论述中国文字与中国文学之关系的两段话,来更好地体认他们在这方面的思想共识:

> 拼音文字折入另一途径,贴近语言;象形文字固守旧途径,始终保存其图案意味。故中国文字与美术关系密切——文字本身演为书法……文学发展之形态亦受美术之支配。中西文学之比较:中——图案——骈文——平面中之平面(静空);绘画——诗。[②]

> 中国单音的象意文字无形中又助长了这种形象的倾向,而且影响到整个形象世界的架构。形象世界是一个空间的架构。……这一方

① 高友工:《中国语言文字对诗歌的影响》,载《中国美典与文学研究论集》,台北:台湾大学出版中心2004年版,第165—208页。

② 闻一多:《中国上古文学》,载《闻一多全集》第10卷,武汉:湖北人民出版社1993年版,第40页。

> 面是在书法艺术得到全面的体现……(另一方面)律诗的形式正代表一种文字形成的空间架构。[①]

前一段话为闻一多所述,指出中国的象形文字与视觉艺术关系密切,所以中国文字本身能够发展出书法,而中国文学也朝着视觉化,即空间化的骈文和诗歌发展。与此相类似,高友工的后一段话也指出,中国的单音节的象意文字(强调文字作为表现媒介对物类性质的象征,与象形文字的意思略有不同)突显了空间的形象,这一形式特征最能体现于书法艺术,以及擅长表现视觉空间的律诗。可见,闻一多与高友工心目中抒情诗理想的代表,其实是同一个东西,那就是通过形式规则把时间性、音乐性的诗句组织为空间性、视觉性的意象结构的格律诗。

闻一多以比较文学的论调宣说道:"戏曲诗(Dramatic)中国无之。叙事诗(Epic)仅有且无如西人之工者。抒情诗(Lyric)则我与西人,伯仲之间焉。……至于抒情,斯唯律诗。……抒情诗所必需之四条件,律诗都有了。律诗实是最合艺术原理的抒情诗文。……律诗能代表中国艺术底特质,研究了律诗,中国诗底真精神,便探见着了。"[②]高友工更是在其抒情美学的理论视野下提出:"'抒情传统'是指这种'理想'最圆满的体现是在'抒情诗'这个大的'体类'之中……律体诗:抒情诗之一典型……'律体'的一种自有的'美典'(esthetics),我视之为抒情精神的核心。"[③]二人均对律诗的形式美学极力推崇,认为其最可代表抒情诗传统的艺术理想。为此,闻一多专门撰写了《律诗底研究》(1922年)、《诗的格律》(1926年)两篇长文,用以探讨律诗的形式特征,而高友工的《律诗的美学》(1986年)更是其抒情美学的重要代表作。这一前后相距六十余年的选题"撞车"事件恐怕并非全然出于巧合,而是有着逻辑上的必然联系。

闻一多《律诗底研究》开宗明义:

> 律诗是一种短练、紧凑、整齐、精严的抒情体的,合乎一种定格之

---

① 高友工:《中国语言文字对诗歌的影响》,载《中国美典与文学研究论集》,台北:台湾大学出版中心2004年版,第165—208页。

② 闻一多:《律诗底研究》,载《闻一多全集》第10卷,武汉:湖北人民出版社1993年版,第153—166页。

③ 高友工:《文学研究的美学问题(下):经验材料的意义与解释》,载《中国美典与文学研究论集》,台北:台湾大学出版中心2004年版,第95—98页。

> 平仄的五言或七言八句四韵或五韵诗——中间四句必为对仗。[①]

紧接着，闻一多追踪了中国诗由魏晋至初唐的律化过程，描述了律诗的章法、句法乃至声调一一形成格律，最后进化出完备的七律体制的历史。

高友工《律诗的美学》的结构安排也与之相似，他首先概括律诗的定义为：

> 律诗是一种高度格律化的诗歌形式……它包含长短一律的八个诗行，每行有五个字或七个字，而且要遵循一种被普遍接受的音韵与修辞的规则。[②]

接着，高友工也追踪了中国诗由汉末至初唐的律化过程。不过，高友工的论著更具有哲学的深度，格律规则的形成对他来说还只是律诗美学的基础，或曰"形式的空壳"，他的论述核心在于揭橥律诗的"潜在的美学"如何经过具体诗类的多种演变形态，最终在杜甫的晚期律诗中臻于"宇宙的境界"。

尽管如此，闻一多的论文所概括的有关于律诗的种种，仍然闪现出重要的学术价值，并被高友工的律诗理论所一一涵盖。

例如关于抒情的问题，闻一多一方面强调"律诗乃抒情之工具"[③]，"抒情之作，不容不用律体"[④]，另一方面则指出，"大概到六朝，作诗不独为抒写性情，且成为一种艺术了。……盖艺术必茁于优游侈丽的环境中，而绮靡如律诗之艺术为尤然"[⑤]。换言之，律诗的要义在于一则利于抒情，二则具有审美艺术的形式化特征，律化的过程正是这两项要义备于一体的诗歌历史进程。高友工也正是在这个意义上结合他的诗类研究提出："律诗最重要的成就是在其规划了一套可以作为象意基础的形式，这形式正是'咏物诗'所开拓的途径。律诗正是要以此种形式来容纳原有的'咏怀诗'的内容，而且是吸收了外向的'山水诗'的'咏怀'。因为有这个形式作为基础，所以这复杂的心境才能成为一种内

---

① 闻一多：《律诗底研究》，载《闻一多全集》第10卷，武汉：湖北人民出版社1993年版，第131页。

② 高友工：《律诗的美学》，黄宝华译，载《中国美典与文学研究论集》，台北：台湾大学出版中心2004年版，第209页。

③ 闻一多：《律诗底研究》，载《闻一多全集》第10卷，武汉：湖北人民出版社1993年版，第144页。

④ 闻一多：《律诗底研究》，载《闻一多全集》第10卷，武汉：湖北人民出版社1993年版，第147页。

⑤ 闻一多：《律诗底研究》，载《闻一多全集》第10卷，武汉：湖北人民出版社1993年版，第139页。

化的内容。”①

又如关于律诗章法的问题，闻一多说：“律诗之最正当的局势为颈腹两联平行并列，首尾各作一束。……盖起首及收尾底两句实是两读；须两读相合，才能完成一个意思——才能算一个句子。……至于其中两联，便是平行并列，各自成句了。”②这一章法其实也就是美国汉学家宇文所安所津津乐道的“三部式”。③ 高友工也结合西方美学理论概括了律诗的这一整体格式：“两类措辞方式分别倾向于两种表述模式——描写性的与表现性的。即便这样的区分不是绝对的，前者也是偏好连续性的诗联，而后者则倾向并列性的诗联。……（律诗的）这一格式，简言之，就是使两个外部的诗联成为连续性的，而两个内部的诗联成为并列性的。”④律诗对仗联句的平行并列结构是高友工的研究重心，他曾援引雅各布森的结构主义理论解释其语言学成因，⑤后又通过具体诗类的演绎阐说其实现“印象”与“表现”之整合的历程——这些深入的研究，其基础正在于对律诗的基本格局章法的认识。

再如律诗的美学特征问题，闻一多将律诗在形式上的特征概括为“短练”“紧凑”“整齐”“精严”，将律诗所代表的中国艺术的精神特质概括为“均齐”“浑括”“蕴藉”“圆满”。⑥ 可见在闻一多，律诗的形式特征与其所代表的中国艺术的精神特质是有着明显分别的两个层面的内容。而这一区分在高友工那里表现得更为显豁，他说：“‘律体’在它的‘声调’与‘语义’的规律外有一种结构上的原则真确地反映了它更深的一层‘理想’与‘价值’的意义。……形式上，‘声调’‘语义’的对仗原则处处都体现了‘孤立’‘并列’‘等值’、均衡而对称的‘构形’与‘节奏’，也象征了一种‘和谐圆满’的精神。在内容上，这‘形式’的圆满正反映

---

① 高友工：《中国文化史中的抒情传统》，载《中国美典与文学研究论集》，台北：台湾大学出版中心 2004 年版，第 147 页。

② 闻一多：《律诗底研究》，载《闻一多全集》第 10 卷，武汉：湖北人民出版社 1993 年版，第 145—146 页。

③ 这位与高友工有密切学术交流的哈佛教授如此论述中国诗的“三部式”：“首先是开头部分，通常用两句诗介绍事件。接着是可延伸的中间部分，由描写对偶句组成。最后部分是诗篇的‘旨意’……较基本的三部式先于律诗形成，并超越了律诗的范围……成为诗歌变化和发展趋向的标准。……律诗形成的过程，是普通的八句诗、音调和谐的一定规律及三部式结构逐渐融合的过程。”见宇文所安：《初唐诗》，贾晋华译，北京：三联书店 2004 年版，第 183—184 页。

④ 高友工：《律诗的美学》，黄宝华译，载《中国美典与文学研究论集》，台北：台湾大学出版中心 2004 年版，第 234 页。

⑤ 参见徐承：《穿透结构的自在圆满：论高友工在抒情传统建构中对结构主义的中国化改造》，载《浙江大学学报》（人文社会科学版），2007 年第 4 期。

⑥ 闻一多：《律诗底研究》，载《闻一多全集》第 10 卷，武汉：湖北人民出版社 1993 年版，第 145—146 页。

了诗人所要表现的自足圆满的理想世界。"[①]在高友工的思想中,律诗"和谐圆满"的精神与理想的实现,有赖于"形式被把握住了,表象转化成了深刻的意蕴"[②]这一过程。易言之,律诗美学形式层面与精神层面的关系,其实是一种"蕴藉"或曰"象征"。显然,相对于闻一多,高友工的律诗美学思想有着更深远的发展,但其中似亦涵括了闻一多思想的基因。

再举一个微观的例子。闻一多认为精严的律诗形式能够将具体意象普遍化、抽象化为一个概念:"精严的艺术能将丑恶的实象普遍化了,然后读者但觉其为人类同有的一个抽象的经验,即一个概念;而非为某人某地确有的事实。"[③]另外,闻一多从语言学的角度发现:"凡排偶之句总宜摒弃虚字,而以名、动、形容、状等词构之。盖虚字无意义,何以属对?实字则易于骈物比事矣。"[④]这两句话在闻一多的论文中分处不同的章节,彼此间没有什么思想联系。然而高友工关于对偶的实词构成及其抽象性的思想,却把闻一多这两句话中的意思都包含进去了。高友工把物类的抽象性质称作"通性",他说:"语言中的'通性'当然是在'性质词'中最为明显。大体说来有对比性的形容词……有系统性的形容词……还有形容性的动词……中文中的'实词'即是'语义词',也就是包含至少一种通性的词。……'名词'的'类属'自是一'类名',它结合了(也可以说'包含了')它的独特性质,即是它的'类义'。"[⑤]意思是说,实词当中包含了物类的抽象性质和意义。这种实词的抽象类性被高友工认为是构成对仗的核心要素:"对仗特别强调了一个字与同联的同位字的关系——'同类'而'异字',所以每个字与字组都要逗留不前,照顾与它对应的字,每个对仗中的字自然就特别突出它与对应字所共有的类性和二者之间不同的类性。"[⑥]概而言之,对仗即上下联句同位实词之间"同类"而"异字"的平行并列关系。在此,对仗句最宜由实词构成,其原因就在于实词具有抽象的类性,可供"同类"而"异

---

① 高友工:《文学研究的美学问题(下):经验材料的意义与解释》,载《中国美典与文学研究论集》,台北:台湾大学出版中心 2004 年版,第 98 页。

② 高友工:《律诗的美学》,黄宝华译,载《中国美典与文学研究论集》,台北:台湾大学出版中心 2004 年版,第 257 页。

③ 闻一多:《律诗底研究》,载《闻一多全集》第 10 卷,武汉:湖北人民出版社 1993 年版,第 158 页。

④ 闻一多:《律诗底研究》,载《闻一多全集》第 10 卷,武汉:湖北人民出版社 1993 年版,第 154 页。

⑤ 高友工:《文学研究的美学问题(下):经验材料的意义与解释》,载《中国美典与文学研究论集》,台北:台湾大学出版中心 2004 年版,第 72—73 页。

⑥ 高友工:《中国文化史中的抒情传统》,载《中国美典与文学研究论集》,台北:台湾大学出版中心 2004 年版,第 145 页。

字”的对比选择。闻一多关于律诗形式具有抽象性和实词最易于对仗的两个观念，在高友工那里已被贯通为一个思想。

最后谈谈律诗的音乐性与视觉性的问题。通常研究抒情诗尤其是律诗的学者，特别重视诗句所体现的音乐性和时间性，如陈世骧把“以字的音乐做组织”作为抒情诗的两大要素之一，并撰有《时间和律度在中国诗中之示意作用》一文探讨中国诗的时间性和音乐性问题。然而闻一多却别出手眼地对格律的视觉性产生了浓厚兴趣。他一方面承认“诗的所以能激发情感，完全在它的节奏；节奏便是格律”，一方面郑重指出：“从表面上看来，格律可从两方面讲：(一)属于视觉方面的，(二)属于听觉方面的。……属于视觉方面的格律有节的匀称，有句的均齐。属于听觉方面的有格式、有音尺、有平仄、有韵脚……但是在我们中国的文学里，尤其不当忽略视觉一层，因为我们的文字是象形的……原来文学本是占时间又占空间的一种艺术。既然占了空间，却又不能在视觉上引起一种具体的印象——这本是欧洲文字的一个缺憾。……诗的实力不独包括音乐的美(音节)，绘画的美(辞藻)，并且还有建筑的美(节的匀称和句的均齐)。”[①]闻一多对律诗视觉性的概括主要限于诗节与联句的匀称均齐。巧合的是，律诗在视觉性与空间性上的表现力同样引起了高友工的注意，他的挖掘与阐释展示出远为深刻的西方美学的影响：“由平仄形成的节奏不是像由字数章节形成的节拍只是推动向前，而是一种回旋反复的调式。……因此它整个看来实是一种图案。图案正是空间具体化结果，与节奏是时间具体化正是相反相成。……如果说平仄相辅的图案造成一种反复不前的节奏感，那么对仗的图案更使诗的时间前冲，转为空间的平行拓展。……整个律体是奠基于一个象征的形式空间之上，在这个空间中诗人的‘意’才能展示。这个空间取代了一般语言交流时的现实状况，成为用文字表现内心心境的形式架构。”[②]这一象征性的形式空间在高友工看来正是“意境”所由安顿之所。高友工此说的深刻性在于，诗的音乐组织一旦有了形构，其审美经验就会专注于回环往复的空间形式，个中道理其实和西方古典音乐的形式要用曲式和织体的空间结构来予以分析非常相似。恰如闻一多所说：“没有格式，也就没有节的匀称，没有音尺，也就没有句

① 闻一多：《诗的格律》，载《闻一多全集》第2卷，武汉：湖北人民出版社1993年版，第138—141页。

② 高友工：《中国文化史中的抒情传统》，载《中国美典与文学研究论集》，台北：台湾大学出版中心2004年版，第144—145页。

的均齐。"[①]律诗的视觉性乃是以其音乐性为基础的，其本质是音乐的形构，或曰时间形式的空间化体验。

(四) 抒情诗的诗性功能

在闻一多看来，视觉性是抒情诗的高级形态——格律诗的特点之一，但是，抒情诗的最基本的要素，则仍是其音乐性。或者说，音乐性关乎某种艺术是否抒情的问题，而视觉性则关乎某种抒情艺术是否具有充足的形式特征或审美特征的问题；前者是根本，后者是理想。所以，闻一多是从音乐性的获得入手，来说明中国抒情诗的初祖——《诗三百》的诞生的。这就是闻一多发表于1939年的《歌与诗》一文。该文的论证过程是这样的：首先，原始的中国歌以发泄情绪的感叹字为核心，"歌的本质是抒情的"。其次，"诗"字在汉字中初出现时被训为"志"，在"志"的三种含义中，前两种是"记忆"和"记录"，所以"'诗'的本质是记事的"。再次，"在记事的课题上，它(诗)打头就不感真实兴趣，所以时时盼着散文的来到，以便卸下这份责任，去与歌合作，现在正好如愿以偿了。……诗与歌合流真是一件大事。它的结果乃是《三百篇》的诞生。……歌诗的平等合作，'情''事'的平均发展，是诗第三阶段的进展，也正是《三百篇》的特质"；歌诗合流，诗获得了音乐的抒情性，于是"诗"训为"志"的第三种含义——"怀抱"，便可以被应用于诗，这就是《诗三百》所具有的将情感"停止在心上""蕴藏在心里"的抒情特质。[②]

《歌与诗》是目前笔者所见唯一被陈世骧所直接引用的闻一多的论著。陈世骧引闻一多，是为了撰写与《歌与诗》理论目标颇为相近的一篇论文——《中国诗字之原始观念试论》。文中，陈世骧为了表明中国诗较早地具有了抒情性，即音乐性的特质，同样作了文字学的考证，并提出，闻一多把"诗"字所训的"志"解为"停止在心上"，是一种"片面的解释"，更全面的解释应充分考虑到古字意义的相反相成，解为"'志'为意念之停蓄又为向往……("志"的古文字形象)不但是足之停，而又是足之往，之动。……足之动与停，在此为这一综合艺术(诗乐舞)基本因素的节奏之原始意象"，所以"中国'诗'字之成形得意……即是'蕴止于心，发之于言，而还带有与舞蹈歌咏同源同气的节奏的艺术'"。[③] 可见，陈

---

① 闻一多：《诗的格律》，载《闻一多全集》第2卷，武汉：湖北人民出版社1993年版，第140页。

② 闻一多：《歌与诗》，载《闻一多全集》第10卷，武汉：湖北人民出版社1993年版，第5—15页。

③ 陈世骧：《中国诗字之原始观念试论》，载《陈世骧文存》，沈阳：辽宁教育出版社1998年版，第21—23页。

世骧对抒情诗的理解其实与闻一多相当一致，那就是一种音乐性的诗体；所不同的仅在于，闻一多以为“诗”的原初含义是将情感“蕴藏在心里”，而陈世骧则强调不仅要“蕴止于心”，还要发之于舞蹈歌咏的动态节奏。

陈世骧对抒情诗的定义是：“所谓‘抒情诗’……特指起源于配乐歌唱，发展为音乐性的语言，直抒情绪，或宜译称为‘乐诗’。”[①]此说与闻一多在《歌与诗》中所揭示的中国抒情诗的几点根本特质可以完全匹配。当陈世骧在宣言式的《中国的抒情传统》中阐明“以字的音乐做组织和内心自白做意旨是抒情诗的两大要素”[②]时，我们发现，无论音乐性还是内心意旨都曾是闻一多所推重的抒情诗要义。不过，这里要提请注意的是，陈世骧所说的抒情诗要素之一，特别强调了是以内心“自白”做意旨；而闻一多所说的“蕴藏在心里”的内心意念，却并没有“自白”这层意思，这是陈世骧思想之于闻一多的重要发展。

陈世骧关于抒情诗两要素的另一个说法是：“中国古代对文学创作的批评和对美学的关注完全拿抒情诗为主要对象。他们注意的是诗的音质，情感的流露，以及私下或公众场合中的自我倾吐。”[③]同样强调抒情诗的音乐性和内心自白功能。那么，“自白”对诗歌而言究竟意味着什么？这一问题，笔者尚不敢断定陈世骧自己是否有非常明确的自觉意识——至少目前并未见他有直接的阐述。要理解“自白说”的美学意义，需援引高友工的一段话来说明：“抒情诗呈现于我们面前，就仿佛是诗人为他的一位享有特权的听者而写的，此人或和诗人待在一起，或远在他方，而我们只是偷听到它罢了。”[④]这就是抒情诗的“偷听说”，英国思想家约翰·斯图亚特·密尔、加拿大批评家诺思罗普·弗莱、英国现代诗人 T. S. 艾略特、美国文论家乔纳森·卡勒等人都曾在各自的意义上提出过这一说法。[⑤] 无论是“偷听说”还是“自白说”，其实都暗示了同一个意思：

---

① 陈世骧：《原兴：兼论中国文学特质》，杨牧译，载《陈世骧文存》，沈阳：辽宁教育出版社 1998 年版，第 144 页。

② 陈世骧：《中国的抒情传统》，杨铭涂译，载《陈世骧文存》，沈阳：辽宁教育出版社 1998 年版，第 2 页。

③ 陈世骧：《中国的抒情传统》，杨铭涂译，载《陈世骧文存》，沈阳：辽宁教育出版社 1998 年版，第 5 页。

④ 高友工：《律诗的美学》，黄宝华译，载《中国美典与文学研究论集》，台北：台湾大学出版中心 2004 年版，第 218 页。

⑤ 参见 John Stuart Mill: “Thoughts on Poetry and Its Varieties”, in *Collected Works of John Stuart Mill: Volume I*, Toronto and Buffalo: University of Toronto Press, 1981, pp. 348 - 349；〔加〕诺思罗普·弗莱：《批评的解剖》，陈慧等译，天津：百花文艺出版社 2006 年版，第 6 页；T. S. Eliot: *The Three Voices of Poetry*, London: Cambridge University Press, 1955, p. 4；〔美〕乔纳森·卡勒：《结构主义诗学》，盛宁译，北京：中国社会科学出版社 1991 年版，第 245—246 页。

抒情诗主体并不欲与外界作信息交流，其功能截然不同于日常生活中的语言。高友工正是在这一意义上提及"偷听说"，而关于抒情诗的语言功能，他曾以俄国结构主义诗学家雅各布森关于话语事件六要素的功能理论予以说明。[①] 雅各布森这一思想的大意是，诗的语言具有一种诗性功能，在一个话语事件中并不强调信息的传达，而是把注意力集中于语料本身的形式展开。[②] 当然高友工的抒情美学极大地突破了雅各布森的形式主义立场。但我们还是可以说，陈世骧的"自白说"在高友工那里得到了进一步深化和理论化，后者正是以此为起点展开其抒情美典的形式分析。这些内容，皆是海外华人中国抒情传统学派在闻一多诗学思想的基础上，所作出的重要的理论发展和发明。

朱自清曾在 1948 年开明书店版《闻一多全集》的序言中如此评价闻一多的中国文学史研究："他们想不到他是在历史里吟味诗，更想不到他要从历史里创造'诗的史'或'史的诗'。……他创造的是崭新的现代的'诗的史'或'史的诗'。……正统的学者觉得这些不免'非常异义，可怪之论'，就戏称他和一两个跟他同调的人为'闻一多派'。这却正见出他是在开辟着一条新的道路；而那披荆斩棘，也正是一个斗士的工作。"[③]虽然我们已不能确切知道朱自清所说的这一两个"跟他同调"的"闻一多派"是谁，但我们确信，无论林庚或陈世骧都是闻一多学脉的继承者，他们在闻一多所开辟的"诗的史"或"史的诗"的新道路上继续前行，陈世骧更循此开创了具有重要影响的一派学说。

五、林庚的抒情传统史观

学者陈国球认为，陈世骧在海外提出"中国抒情传统"的论题，很有可能是受到了他早年在北京求学时的同学林庚的影响。从两人的生平交往来看，陈与林于 20 世纪 30 年代分别就读于北京大学和清华大学，在不同的场合都有共同活动，陈世骧也曾在自己编选的《中国现代诗选》中选入林庚的诗作，并在晚年接受访问时提及林庚的《楚辞》研究，称他为"我的同学"；从两人的文学史观来

---

① 高友工：《文学研究的美学问题(下)：经验材料的意义与解释》，载《中国美典与文学研究论集》，台北：台湾大学出版中心 2004 年版，第 45—46 页。

② Roman Jakobson: "Linguistics and Poetics", in David Lodge and Nigel Wood (ed.): *Modern Criticism and Theory*, New York: Pearson Education, Inc. 2000, pp. 34 - 37.

③ 朱自清：《闻一多先生怎样走着中国文学的道路——〈闻一多全集〉序》，载《论雅俗共赏》，桂林：广西师范大学出版社 2004 年版，第 97 页。

看，他们都在比较文学的框架下提出，相对于西方文学而言，中国文学最大的特点是以抒情诗作为主流传统。①

笔者认为，林庚所提出的关于中国文学以抒情诗传统为中心的论述，多数内容已为闻一多所论及；而林庚的文学史观尤其是研究方法，也主要沿承了周作人、闻一多两人的思路。他在通向海外华人抒情传统论的进路上并没有太多新的质的突破，但或许正是他的影响，使陈世骧与闻一多建立起了思想联系，从而使海外华人中国抒情传统学派的谱系，直接与"五四"的学脉联结起来。

1985 年，林庚在《社会科学战线》上发表文章，论及他的文学史观。尽管此时陈世骧、高友工等华人学者早已在海外提出了完整的抒情传统论并影响到台湾中文学界，但林庚似乎是心有灵犀地独自在中国大陆表达出了一些极其近似的观点：

> 中国的诗歌一开始就走上了一条抒情的道路，而不是叙事的道路。因为同样的缘故，中国的戏剧也产生得很晚。……就文学史来说，这的确是一个很大的损失，并且没有含有神话的悲剧和史诗，古代完整的神话保留下来的自然也就较少。付出了这么大的代价，得到的是什么呢？那就是以十五国风为代表的抒情传统。……中国的诗歌是依靠抒情的特长而存在和发展的，并不因为缺少叙事诗，诗坛就不繁荣。相反，正因为走了抒情的道路，才成其为诗的国度。

> 诗简直成了生活中的凭证，语言中的根据，它无处不在，它的特征渗透到整个文化之中去。中国的文化就是以诗歌传统为中心的文化，因此才真正成为诗的国度。②

上述文字中，至少有如下几个要点与陈世骧的文学思想相一致：其一，中国文学以诗为中心，而中国诗歌以抒情为特长，从《诗经》以降构成了抒情传统，没

---

① 参见陈国球：《诗意的追寻——林庚文学史论述与"抒情传统"说》，载《北京大学学报》（哲学社会科学版），2010 年第 4 期；《"比兴"与"抒情"——谈"中国抒情传统"论述与"比兴"研究》，载《情迷家国》，上海：上海书店出版社 2007 年版，第 332—337 页。

② 林庚：《漫谈中国古典诗歌的艺术借鉴——诗的国度与诗的语言》，载《林庚诗文集》第 7 卷，北京：清华大学出版社 2005 年版，第 171—172、174 页。

有走西方所走的叙事的道路;其二,中国古代没有产生悲剧和史诗,乃是因为中国文学以抒情诗为特长;其三,抒情诗的传统渗透在中国文化的方方面面。

陈世骧与林庚在20世纪30年代同在北大、清华就学并任教,[①]抗战爆发后分别赴湖南大学与厦门大学任教,其间陈世骧于1941年赴美留学并任教,于1971年发表堪称海外华人中国抒情传统论宣言的《中国的抒情传统》。对于林庚在20世纪80年代以后所发表的类似抒情传统的观点,陈国球认为:"我们不能证明林庚在80年代的说法与陈世骧在70年代发表的宣言有直接关系;然而,我们似乎也不能仅仅用'巧合'来解释这同一词汇的运用。我们注意到林庚与陈世骧早期学术训练和时代熏染的共同背景……"[②]言下之意,林庚20世纪30年代与陈世骧交往的时候,或就已相互影响,产生了对中国抒情传统的共同体认。

正如本书上文所引述的,林庚文学思想中与陈世骧的这几处一致,同样存在于闻一多20世纪三四十年代的著述中,甚至闻的表述在层次上更为丰富。所以笔者认为,陈与林更可能是分别从闻一多那里接受了沾溉,以至于所见略同。当然,我们同时也不能排除陈世骧与林庚相互交往所带来的思想上的相互影响。

林庚是"五四"新文学运动中年轻一辈的新诗作家,同时也是文学史家,除1947年在厦门大学出版《中国文学史》以外,1949年后还出过不止一版《中国文学简史》。其中,1947年的《中国文学史》距离新文学运动时间最近,离与陈世骧在抗战爆发后各奔东西也只有十年时间,它所反映的林庚的文学史观或许可以说明更多问题。

"五四"新文学运动以后,已有多部中国文学通史问世,[③]林庚的《中国文学史》则是特有的以诗体文学为中心内容的文学史著作。因为在他看来,"中国文学史事实上乃是一个以诗歌为中心的文学史"[④],"中国的文学传统不是戏剧性的,而是诗意的。……中国还是诗的国度,所以我写文学史,也是拿诗为核

① 参见前文论闻一多时对三人交往时间的较详细的注释。

② 陈国球:《诗意的追寻——林庚文学史论述与"抒情传统"说》,载《北京大学学报》(哲学社会科学版),2010年第4期,第146页。

③ 其中较著名的,有郑振铎的《插图本中国文学史》(1932年,北平朴社)、刘大杰的《中国文学发展史》(上卷1941年、下卷1949年,上海中华书局)等。诗歌专史则有陆侃如、冯沅君的《中国诗史》(1931年,大江书铺)等。

④ 林庚:《谈古典文学研究和新诗创作》,载《林庚诗文集》第9卷,北京:清华大学出版社2005年版,第241页。

心"[①]。从书中所述以及林庚在1949年后的相关著述来看,此"诗"即为中国的抒情诗。以抒情诗为撰著中国文学史的核心内容,体现了林庚对中国文学史的独特的思考与解答,也体现了他对老师闻一多的继承与发扬。闻一多早就说过:"我们这大半部文学史,实质上只是一部诗史。"[②]但闻一多的《中国文学史稿》终究由于历史的遗憾而未能成书,这本该是一部煌煌大著,现在则由他的学生林庚来弘扬其文学史思想。

在《中国文学史》自序中,林庚表明了他撰写这部文学史所欲解决的一些重大理论问题:

> 我因此开始注意中国文学史上许多没有解决过的问题。例如中国何以没有史诗?中国的戏剧何以晚出?中国历来何以缺少悲剧?[③]

对于这个自梁启超、王国维、胡适起就已被广泛认识到的文学现象,闻一多曾专门把它论题化,并撰文研究中国上古时期曾存在的史诗遗迹与诗的记史、记事功能,宣称一旦找到那个诗即是史的独立阶段,"那恼人的问题'我们原来是否也有史诗'也许就有解决的希望"[④]。身为闻一多后学的陈世骧所以能开海外华人中国抒情传统学派一派之学说,则在于他放弃了从正面论证中国是否曾有史诗,而从反面提出"中国文学的荣耀并不在史诗;它的光荣在别处,在抒情的传统里"[⑤]。林庚对这一问题的解决,还是如他的老师闻一多般从正面加以论证,但更关注语言文字的客观条件,他的结论是:"中国文字创造的困难,实在千万倍于西方国度。……文字的增多与文法的进步,需要一个漫长的时间,而别方面的情形,已早超过了最适于产生史诗的时期。……所以那史诗时期不但没有史诗留给我们,并且连一点短短的诗歌都不见了。"[⑥]既然中国在最适于产生史诗的时期没有产生史诗,是由于汉语文字与文法具有独特性,那么再进一步往下推究,换一种相反的思路,自然就可以得出没有史诗正是中国文学自身特色之体现的结论,这就离陈世骧的思想不远了。

---

① 林庚:《谈文学史研究》,载《林庚诗文集》第9卷,北京:清华大学出版社2005年版,第276页。
② 闻一多:《文学的历史动向》,载《闻一多全集》第10卷,武汉:湖北人民出版社1993年版,第18页。
③ 林庚:《中国文学史》,北京:清华大学出版社2009年版,第5页。
④ 闻一多:《歌与诗》,载《闻一多全集》第10卷,武汉:湖北人民出版社1993年版,第15页。
⑤ 陈世骧:《中国的抒情传统》,杨铭涂译,载《陈世骧文存》,沈阳:辽宁教育出版社1998年版,第1—2页。
⑥ 林庚:《中国文学史》,北京:清华大学出版社2009年版,第21页。

学者龚鹏程曾在著作中批评前人纠结于中国文学何以缺乏西方文学之代表性文体的做法："文学史家们把传统的文体论抛弃了，改采西方现代文学的四分法：小说、戏曲、散文、诗歌。这真是件悲惨的事。……他们开始拼命追问：为什么中国没有西方有的文类，例如中国为何没有神话、中国为何没有悲剧、中国为何没有史诗，然后理所当然以此为缺陷。逼得后来许多笨蛋只好拼命去找中国的史诗、悲剧或神话，以证明人有我也有，咱们不比别人差。可是没人敢问中国有的文体，西方为何没有。反倒是西方没有而我们有的，我们也就不敢重视了。"①虽然龚鹏程言语中对前辈学者不够尊敬，也没有在同情、体贴古人的历史语境的同时同情、体贴"五四"学人的历史语境，但他所提出的问题毕竟犀利而且深刻，值得我们予以深思。

再来看林庚《中国文学史》的主体内容及其结构安排。林庚在自序中说："把许多条线索拨成一根巨绳，这便是一个文学史上主潮的起伏；他虽在显示旧的，却正可以预言新的。我因此对于每一章，都用一个主题来写，借此使问题的核心得以更为清楚明白。我以为时代的特征，应该是那思想的形式与人生的情绪。……我们如果希望一个伟大文艺时代的来临，便必须从那错误的思想形式与错误的人生情绪中醒觉。"②林庚似乎把周作人、闻一多两人的文学史观和撰史方法糅合起来了。前文已论及，周作人《中国新文学的源流》的写作方法其实就是以"文学史上主潮的起伏"来"预言新的"。林庚把整部《中国文学史》按主潮的起伏分成四个部分："启蒙时代"（上古、先秦、秦汉）、"黄金时代"（汉末至盛唐）、"白银时代"（中唐至宋代）、"黑夜时代"（元明至清末民初）。这是明显以所谓抒情诗为核心的文学史线索。其中，"启蒙时代"的最后一章，是写建安文学的《苦闷的醒觉》，以迎接抒情诗的"黄金时代"；"白银时代"的第一章，是写中唐白话诗运动的《口语的接近》，作为抒情诗通俗化的开端；"黑夜时代"当然写元明清各种民间文学与通俗文学，但其最后一章却是《文艺曙光》，预示清末民初文学革命将带来抒情诗的新景象。类似的文学史架构也曾出现在闻一多为撰写《中国文学史稿》而作的《四千年文学大势鸟瞰》当中，该文同样把四千年中国文学大势分为四段八大期，其中，第一段第一大期为"黎明"，第三段第五大期为

① 龚鹏程：《中国文学史》下册，北京：世界图书出版公司 2012 年版，第 448 页。

② 林庚：《中国文学史》，北京：清华大学出版社 2009 年版，第 5 页。

“诗的黄金时代”，第四段为“未来的展望——大循环”。[①] 尽管林庚具体划分的时间段与之并不完全吻合，但其主体架构和思想方式却明显是从老师那里继承而来，即把汉末五言诗兴起至盛唐这一段所谓抒情诗的鼎盛时期看作是中国文学的“黄金时代”，而把新文学革命看作重返“黄金时代”的希望所在。

中国文学史本来是一个相对自主、自足的发展系统，不同时代、不同文化阶层均有各自的文学理想、美学趣味与文体喜好，如果用某一特定时代、特定阶层的偏好作为标准来评判、构撰整个文学史，则难免有失公允。朱自清正是在这个意义上批评周作人在《中国新文学的源流》中所提出的史观，因为后者以新诗的改革为目的、以欧洲浪漫主义诗歌的理想为标准来区分中国古代文学的不同价值。事情正如梁实秋所说：“中国文学本不该用西洋文学上的主义来衡量，但是，对现今中国文学则可，因为现今中国的新文学就是外国式的文学。以外国文学批评的方法衡量外国式的中国文学，在理论上似乎也是可通的。”[②]朱自清也曾告诫说，接受古文学“得弄清楚自己的立场，再弄清楚古文学的立场”。[③] 而林庚以所谓抒情诗为核心构筑中国文学史的主潮，甚至以此预言新的文学发展方向，其实质却正是以西化的新诗为标准去反向框定中国古代文学史。时至 1993 年，林庚在访谈中回忆他当初撰写《中国文学史》的情况时说：“‘五四’时期开始了反封建的新文学，文学又掀开新的启蒙的一页。历代研究古典文学的学者多着重在对过去的研究上，我写文学史着眼点却是在未来，是为新文学服务的。我曾经自经历了‘五四’以后的新文化运动，我是一个写新诗的人，我的主要兴趣是在新诗上。而中国文学史事实上乃是一个以诗歌为中心的文学史，研究它，对于探寻诗歌美学的奥秘，诗歌语言的形成过程，都是理想的窗口和例证。所以我总希望在研究古典文学的时候，为新文学，主要是新诗的发展找到一条可资借鉴的道路，借助古代的文化遗产丰富我们今天的创作。”[④]这番话把他以新推古的心迹表达得非常清楚。

朱自清曾给 1948 年开明书店版《闻一多全集》作序，称许闻一多的文学史

---

① 闻一多：《四千年文学大势鸟瞰》，载《闻一多全集》第 10 卷，武汉：湖北人民出版社 1993 年版，第 22—32 页。

② 梁实秋：《现代中国文学之浪漫的趋势》，载《梁实秋批评文集》，珠海：珠海出版社 1998 年版，第 51 页。

③ 朱自清：《古文学的欣赏》，载《朱自清古典文学论文集》上册，上海：上海古籍出版社 1981 年版，第 27 页。

④ 林庚：《谈古典文学研究和新诗创作》，载《林庚诗文集》第 9 卷，北京：清华大学出版社 2005 年版，第 241 页。

研究是“崭新的现代的‘诗的史’或‘史的诗’”。[①] 朱自清同样也曾给林庚1947年厦门大学版的《中国文学史》写序，称：“著者是诗人，所以不免一方面特别看重文学，一方面更特别看重诗……著者更用诗人的笔写他的书，虽然也叙述史实，可是发挥的地方更多……他写的是史，同时要是文学；要是著作也是创作。……这在普及中国文学史上是会见出功效来的，我相信。”[②]话语中虽满是赞誉，却也隐隐含有文学性的发挥多于学术性的史实考证之批评。我想，这不仅是一个文学史的写作风格问题，更是一个学术研究的方法论问题。

结　　语

“五四”新文学运动的本质是现代文学革命，“五四”学人的中国古代文学史研究，或多或少受到现代文学革命理想的影响。面对这一事实，不乏有识之士保持反思与警醒，在以现代文学视域返观中国古代文学的同时，十分注意尊重、还原古代文学的原初语境，尽量使文学史的结构呈现多层次化、细节化的特征。但这样的做法在“五四”学人中并非主流，那种直接以现代文学尤其是新诗创作的标准——主要源自西方浪漫主义文艺思潮——反向构建中国古代文学史，从而呈现一个单向度的历史轨迹的做法显然更能予人以知性的愉悦，更加深入人心。我们发现，中国抒情传统论往往与后一种做法具有更密切的亲缘关系。

陈独秀、胡适最初倡导“建设平易的抒情的国民文学”，本是为了反对封建道德的训诫与说教，让文学话语权落到更为个体化同时也更为广泛化的“国民”身上。在杜威经验进化论的影响下，胡适把最善于“表情达意”、最能够“表现一个时代的情感与思想”的白话文学、平民文学看作是活的文学、先进的革命性的文学，并将其树立为中国文学史的正统。周作人承袭了这一正统论的写作策略，他认可欧洲浪漫主义人文理想的普世价值，把中国文学中“诗言志”的传统举为个人单纯表现感情的正统派，而把“文以载道”的路线贬为反动的一方。朱自清延续了周作人对诗学的特别关注，他反对把“诗言志”与“文以载道”对立，其实是把这两者都推到了个人抒情的反面，然后举出“诗缘情”，认为正是这一

① 朱自清：《闻一多先生怎样走着中国文学的道路——〈闻一多全集〉序》，载《论雅俗共赏》，桂林：广西师范大学出版社2004年版，第97页。

② 朱自清：《什么是中国文学史的主潮？——林庚著〈中国文学史〉序》，载《标准与尺度》，桂林：广西师范大学出版社2004年版，第90—91页。

由“诗言志”的政教传统中派生出来的新传统，构成了中国诗学的抒情一脉。朱自清已开始明确称呼“抒情的传统”，并谨慎地认可它在中国文学史上的某种正宗地位。相比老朋友朱自清，闻一多更信心满满、直截了当地宣称：“抒情诗，始终是我国文学的正统的类型。”闻一多深湛的文学史研究对后世海外华人中国抒情传统学派产生了多方面的沾溉，堪称该学派的思想先驱。林庚出于为新诗创作服务的目的，以诗意的文学笔法撰写中国文学史，并继续周作人、闻一多的路子，以所谓抒情诗构筑中国文学史的主潮。海外华人中国抒情传统论的首倡者陈世骧作为闻一多的学生、林庚的同学，在思想与方法上都直接受惠于这一“五四”新文学运动的传统。

回顾晚清以降长期萦绕于中国学人心头的中西文学比较的话题，梁启超、王国维、胡适等学者都曾深切地认识到，与西方文学各种发达的文体相比照，中国仅有抒情的文学，而在叙事文学方面（尤其是史诗和戏剧）十分匮乏。其中，王国维、胡适均坦承中国文学在叙事文体上的落后是一大亟待弥补的缺憾；而梁启超则由早期痛责中国文学之落后，转而在晚年欣喜于中国文学表现情感之特长，甚至寄望其对西方文化有所救助。闻一多、林庚秉承了后期梁启超对于民族文化的特殊感情，一改新文学运动早期对于中国文学的过低评价，满怀信心地展示所谓抒情诗在中国文学史上的特出表现；但他们的内心依然纠结于中国没有史诗的事实，并专门在研究中考证中国史诗的遗迹和未能充分发展的原因。后来陈世骧在海外放弃了从正面论证中国是否曾有史诗的做法，而从反面提出“中国文学的荣耀并不在史诗；它的光荣在别处，在抒情的传统里”，从而以一种近似一元论的方式回答了这一比较文学的世纪难题。然而从历史的脉络来看，这一担当着中国文学荣耀的“抒情的传统”最初之所以被体认，却是新文学革命借取了西方浪漫主义文艺思潮的视域和理想，同时又一定程度上无视了西方抒情文学之发展水平的结果。

方东美、徐复观美学思想对观

——兼论海外华人中国美学研究的两种模式

方东美、徐复观是第二次世界大战结束后迁台的第一代美学家的代表，对台湾地区乃至整个华语文化圈的哲学、美学的发展产生了深远的影响。比较而言，徐复观的美学思想因有独立的论著（以《中国艺术精神》为代表）通行于世而获得了更为广泛的传播和接受，方东美的美学思想则因其论述大多混融于其哲学篇章之中而不易引起重视。但从学术发展的内在理路观察，方东美、徐复观俱在阐发中国古典美学精义的道路上树立起各具特色的典范，乃至为后世海外华人的中国美学研究提供了两个颇不相同的思想模型——遗憾的是，这后一点却为论者所轻忽。本书把方东美、徐复观置于比较的间架上予以对观，凸显两位美学家在思想形态尤其是价值论问题上所表现出的歧异，并追索和评述当代海外华人学者在建构中国美学时因循这两个相异的模型而发展出的两路不同的走向。

一、原天地之美：方东美论中国艺术意境的发生

论者常把方东美和徐复观一同归入台港新儒家这一学术群体，但实际上，方东美是否为新儒家之一员，在学界尚存有一些分歧。[①] 之所以会有论者将方东美列入其中，或因其弟子唐君毅等俱为台港新儒家之核心成员，而方氏的治学路径——在比较哲学视野下抉发中国传统文化的特色与价值，将重建中国文化的希望寄托于对儒释道文脉之会通与赓续——又与现代新儒家的治学主旨基本吻合。笔者无意纠缠于对方东美学术身份的厘定，但基本认同上述对方东

① 如陈鼓应、叶海烟、胡军等学者认为，方东美的哲学思想应被归为“新道家”才更恰当。参见（转下页）

美学术路向的描述。方氏对中国美学的发明，可以看作是他在此一学术路向上最特出的建树之一。

方东美的美学论述散见于其各种论文和讲稿当中，却具有鲜明而统一的思想内容。他早年任教于南京中央大学期间发表的成名作《生命情调与美感》（1931 年）和《哲学三慧》（1937 年），就已经对中国美学精神形成了比较完善的看法：

> 希腊人与近代西洋人之宇宙，科学之理境也；中国人之宇宙，艺术之意境也。①

> 一种意境，不论景象虚实如何，其神韵纾余蕴藉，其生气浑浩流衍者，名曰充量和谐，此在中国谓之同情交感之中道……此同情交感之中道正是中国文化价值之模范。②

今天看来，方东美对中西方宇宙观的对比性概括，未免显得简单化了。③ 但这不是重点。重点在于方东美对中国艺术意境之奥秘的探究。方东美与徐复观一样，其美学家身份的获得，并不是依靠对人类普遍的审美活动的研究（如康德般），而是缘于对中国艺术精神之独特性的阐发。在此，方东美将中国艺术的意境视为“同情交感”的产物。“同情”在中国现代美学史上是一个被广泛论及的概念，从梁启超开始，到方东美在中央大学的同事宗白华，以及与方氏几乎同龄的艺术家丰子恺，都在各自的意义上对艺术活动中的“同情”现象作出理论的阐说。而徐复观对中国艺术精神的概括，也落实在意义相近的“共

（接上页）陈鼓应：《道家思想在当代》，载《道家文化研究》第 20 辑，北京：生活 · 读书 · 新知三联书店 2003 年版，第 1—9 页；叶海烟：《方东美的新道家哲学》，载《道家文化研究》第 20 辑，北京：生活 · 读书 · 新知三联书店 2003 年版，第 126—144 页；胡军：《方东美的道儒释会通论及其庄学精神》，载《道家文化研究》第 20 辑，北京：生活 · 读书 · 新知三联书店 2003 年版，第 145—173 页。

有趣的是，同为方东美在台湾大学的学生，刘述先认为方东美是现代新儒家中“特立独行的人物”，刘自己也以现代新儒家第三代自居；陈鼓应、叶海烟则提出“新道家”之说，认为方东美应列入“新道家”，陈与叶自己也自然成为当代新道家的代表人物。可见方东美学术思想之深邃复杂。

① 方东美：《生命情调与美感》，载《生生之德》，台北：黎明文化事业股份有限公司 2005 年版，第 171 页。

② 方东美：《哲学三慧》，载《生生之德》，台北：黎明文化事业股份有限公司 2005 年版，第 192—193 页。

③ 高友工把中国抒情美典与西方叙事美典对举，并把“同情交感”的抒情境界作为中国文化的价值理想，确与方东美的思想有相似处。

感”一词上。这就有必要对方东美所谓艺术“同情”的发生机制予以清晰的交代，而这一审美机制的理论内涵实具有独一无二的方氏特色。

先看“同情交感”是如何发生的：

> 在中国哲学家看来，人与宇宙的观念，却是充满圆融和谐的。人的小我生命一旦融入宇宙的大我生命，两者同情交感一体俱化，便浑然同体浩然同流，绝无敌对与矛盾……①

在此，方东美预设了一个“宇宙的大我生命”，将“同情交感”看作是“人的小我生命”与“宇宙的大我生命”的一体俱化。征之于中国哲学话语，方东美又称其为“参赞化育”，即人类参与天地宇宙生生不息的生命创造活动。应该说，方东美是把柏格森的生命哲学、《周易》的宇宙论、《礼记》尤其是《中庸》篇的天人关系论糅合起来了。《周易》演述了天地万物不断发展变化的过程，原无“普遍生命”的观念，方东美将柏格森关于“生命冲动”的泛神论思想加诸其上，②视生生不已的宇宙为生命之流，于是，《中庸》提出的“参赞化育”一词，便被赋予了个体生命与普遍生命交融合流的意义。

问题是，个体生命和普遍生命的“同情交感”为何能产生美感呢？方东美的解释是，因为这两种生命均蕴含着精神价值，美感即产生于赋有精神价值的人对宇宙精神价值的遇合与发现：

> 中国人的宇宙，穷其根底，多带有道德性和艺术性，故为价值之领域。……一切至善尽美的价值理想，尽管可以随生命之流行而得着实现，我们的宇宙是道德的园地，亦即是艺术的意境。③

---

① 方东美：《中国人的人生观》，载《中国人生哲学》，北京：中华书局2012年版，第161页。

② 柏格森认为：“神并没有创造任何事物，神只是一个永不止息的生命力，是行动和自由。可见创造并不神秘。”（〔法〕柏格森：《创造进化论》，王珍丽、余习广译，长沙：湖南人民出版社1989年版，第196页。）方东美一生推崇柏格森哲学，在美国威斯康星大学攻读硕士学位时即以《柏格森生命哲学之评述》作为学位论文。在晚年的一次演讲中，他陈述了自己的形上学立场：“我不晓得各位对宗教情绪，是采取怎样的一个立场，遵守哪一个教派。但是兄弟采取的既不是deism（自然神论），也不是theism（一神论），而是pantheism（泛神论）。”（方东美：《中国哲学对未来世界的影响》，载《方东美先生演讲集》，台北：黎明文化事业股份有限公司2005年版，第62—63页。）方东美认为，一神论和自然神论都是超绝形态的形上学，是不可取的，哲学应该采取超越形态的形上学——泛神论。

③ 方东美：《中国人生哲学概要》，载《中国人生哲学》，北京：中华书局2012年版，第22—23页。

> 我们中国的宇宙，不只是善的，而且又是十分美的，我们中国人的生命，也不仅仅富有道德价值，而且又含藏艺术纯美。[①]

方东美的著述在方法论上的最大特点就是综合统会，这不仅表现在他善以己意综合儒释道各家学说，还表现在他对美善等价值内容不愿分别对待，而是给予统一的观照。[②] 在他看来，无论美与善，都为天人双方所共同拥有，故而艺术的意境便诞生于生命价值同情交感的“天人合德”：

> 天地之大美即在普遍生命之流行变化，创造不息。我们若要原天地之美，则直透之道，也就在协和宇宙，参赞化育，深体天人合一之道，相与浃而俱化，以显露同样的创造，宣泄同样的生香活意。……不论在创造活动或欣赏活动，若是要直透美的艺术精神，都必须先与生命的普遍流行浩然同流，据以展露相同的创造机趣，凡是中国的艺术品，不论他们是任何形式，都是充分的表现这种盎然生意。一切艺术都是从体贴生命之伟大处得来的，我认为这是所有中国艺术的基本原则。[③]

演述至此，方东美关于中国艺术意境的“同情交感”说，便已基本交代完整了——中国艺术的美感来自人通过自身生命潜能对天地创造精神之大美的照见。但是从逻辑上看，还有两个关键问题有待解决：其一，凭什么说宇宙的普遍生命先天具有美善之价值？其二，人的生命为什么先天具有美善之可能？对这两个问题的探寻将深入到方东美思想的根底处。

前文已说明，方东美常常是美善不分的，因此对于这两个重要的问题，方东美只论证了为什么天地宇宙以及人性先天就是善的，而不太理会为什么天地宇宙以及人性先天是美的。在他看来，美的问题不言自明，因为它与善同属价值

① 方东美：《中国人生哲学概要》，载《中国人生哲学》，北京：中华书局 2012 年版，第 58 页。

② 方东美对待中国哲学诸家，常以“广大和谐”“一以贯之”的原则予以无差别的统会，这一思想方法，既是受佛教华严学圆融之道的濡染所致，也似与宋明新儒家援佛道入儒的策略有师承关系。

③ 方东美：《中国人的人生观》，载《中国人生哲学》，北京：中华书局 2012 年版，第 196—201 页。

范畴，证明了善的先天性亦即证明了美的先天性。这也是方东美写作风格的一种体现：他喜欢文学化的含混多于科学性的分析(在这一点上，下文将要论及的徐复观恰与之相反)，尽管他完全具备逻辑思辨的能力。

天地宇宙，既然是生命的源泉和创造的本原，那么这种创生化育万物的行为便体现了一种仁、善的道德属性——这是方东美从《易传》及其历代解释中所悟得的道理，所以他反复征引“天地之大德曰生”“日新之谓盛德，生生之谓易”“一阴一阳之谓道，继之者善也”(《易·系辞传》)，以及“天地以生物为心者也”(朱熹《仁说》)、“生生，仁也”(戴震《原善》)等语，并把他最重要的一部论文集命名为《生生之德》。此为方东美对天地宇宙之价值禀赋的形上学论证，而他的人性价值论，正是从形上学论证中推演出来的，他说：

> 不难由天地生物之仁心以推测人心之纯善，更从人心之纯善以论人性之完美。[①]

> “性善论”是先将人之性追溯其本——也就是“心”，然后再向上追溯本原——也就是“天”，如此，以性承心，以心继天，天既以生物为心，生生为德，所以纯粹是善，而性顺承天心，所以也绝无恶理。[②]

性善论虽出于孟子，但这一套由形上学而至人性论的逻辑推演，其渊源恐怕不能断然上溯自原始儒家，而需从宋明以后的新儒家中进行查考。这是因为，从今天所掌握的文献来看，孔、孟等原始儒家并无明显的形上学色彩，更不用说将人性论的根由上溯自形而上的层面——当然方东美并不这么认为，在他看来孔、孟才是真正的形而上学家。事实上，将《周易》的宇宙论推向形而上的层面并由之导出孟子的性善论，是宋明新儒家及其后学的发明(在此意义上方东美也确可被归为现代新儒家)。即如程颢所言：“良能良知，皆无所由，乃出于天，不系于人。”[③]朱熹的形上学论证更接近方东美之说：“天地以生物为心者也，而人物之生，又各得夫天地之心以为心者也。……盖天地之心，其德有四……故人之为心，其德亦有四，曰仁义礼智……此心何心也？在天地则盎然

---

① 方东美：《中国人生哲学概要》，载《中国人生哲学》，北京：中华书局2012年版，第31页。

② 方东美：《中国人的人生观》，载《中国人生哲学》，北京：中华书局2012年版，第144页。

③ 程颢、程颐：《二程集》第1册，北京：中华书局1981年版，第20页。

生物之心，在人则温然爱人利物之心，包四德而贯四端也。”[①]清代戴震也曾回应程朱之说：“天德之知，人之秉节于内以与天地化育侔者也……天地之德，可以一言尽也，仁而已矣；人之心，其亦可以一言尽也，仁而已矣。”[②]此派学说即方东美价值形上学的思想渊源。

如此看来，观点确是由方法所造成的。方东美秉承宋明新儒家体系综合、价值统会的治学方法，这才得出了《周易》宇宙论与孔孟人性论可以用一套价值形上学予以贯通的观点，但事情的复杂之处在于，此综合统会方法的前提——哲学的文献学论证，恰恰是方氏思想中最易引起争议的部分之一。这就是《易传》(或称“十翼”)的宇宙论解释系统是否出于孔孟正宗的问题，对此方东美理所当然持肯定的态度：

> 本来在汉以前，符号和卦爻辞的系统属于古代的《易经》，而“十翼”则是孔子和商瞿一学派的成就……符号和卦爻辞的系统在古代也不是成于一代或一人之手，而是历史演变的一个结晶，在文王、周公时已形成，而“十翼”在当时还没有，那是从孔子起，孔孟学派贡献出来的。

> 整个《彖传》代表孔子一派的宇宙生命哲学。……孔子作《彖传》的时候，完全把人类外在的世界拉进来，在人类生命内部、心灵内部看世界，于是在《彖传》中产生了一个对于世界革命性的观念，就是把外在的自然界以艺术、道德的精神点化了，成为富有“美”“善”的价值世界。[③]

《易传》与《周易》本经之不同，在于将后者的自然宇宙论同人事道德引发联想，并由之发展出一套解释话语系统。方东美既相信《易传》出自孔子及其嫡传弟子之手，便也同宋明新儒家一样，把孔孟的人性论系于《周易》宇宙论之上并统之以价值形上学，其最终目的，在于说明孔孟的正统思想是将天道作为人性

---

① 朱熹：《仁说》，载《朱子全书》第 23 册，上海：上海古籍出版社、合肥：安徽教育出版社 2010 年版，第 3279—3280 页。

② 戴震：《原善》，载《戴震全书》第 6 册，合肥：黄山书社 1995 年版，第 15 页。

③ 方东美：《原始儒家道家哲学》，北京：中华书局 2012 年版，第 118—119、120 页。

的价值根源。但事实上,《易传》是否出自孔孟学派,学界历来聚讼纷纭。[①] 陈鼓应认为《易传》思想应归入道家系统,他指出:“传统的说法以为,《易传》是孔子所作。自从宋代欧阳修与清代崔述等指出《易传》不出于孔子之手以来,现代《古史辨》学派如冯友兰、李镜池、钱穆等学者,都提出许多有力的证据,证明《易传》并非孔子所作,并指出《易传》中的‘天’‘道’‘神明’等哲学范畴多与道家之旨相合。”[②]徐复观则认为《易传》虽属儒家,但系孔孟旁支——他与方东美思想分歧的根源实可追溯自此,下文将会详论。

在深入展开方东美、徐复观的比较以前,不妨再对前者的美学思想作一次概述:中国艺术意境的生成有赖于人对宇宙生命的同情交感,这一同情交感的过程相当于是天赋价值的再发现,所以方东美美学思想的价值论基础在于价值天定。只要奉行这一原则,无论孔子的“忠恕”、孟子的“上下与天地同流”,还是庄子的“原天地之美而达万物之理”,都能以天人同情的机制予以会通式的诠释。

二、天地有情化:徐复观论中国艺术精神

徐复观早年从政,第二次世界大战结束迁台后始专门从事学术研究,他的《中国艺术精神》(1966 年)虽常被视为台湾学者在美学方面的开山之作,但该书成书于 20 世纪 60 年代中期,与之相较,早在 20 世纪 30 年代即已形成思想体系并名动全国的方东美应该算是前辈了。迁台之后,方、徐曾分别执掌台湾大学哲学系与东海大学中文系。从文本观察,徐复观是熟悉方氏学说的,他的许多论点都与方东美的著述有针锋相对的意味。

如果说,方东美的论述是以热情洋溢的综合统会为主,那么徐复观的研究,则是以冷静细密的条分缕析见长。徐复观对中国艺术精神的考察,先后举出孔子与庄子两个典型,终认为孔子美善合一的至高的艺术精神在中国历史上不免曲高和寡、难得实现,唯庄子所开发的超越世俗道德的纯艺术精神才是中国美

---

① 司马迁《史记》、班固《汉书》皆肯定孔子为《易传》作者。北宋欧阳修以降陆续有学者提出质疑。至民国古史辨派学者纷纷撰文辨伪后,《易传》非孔子所作的主张逐渐占据上风。20 世纪末以来,又有不少学者根据出土的马王堆帛《易》而重新肯定传统旧说。但终未成定论。参见何泽恒:《孔子与〈易传〉相关问题覆议》,载《周易研究》,2001 年第 1 期;《孔子与〈易传〉相关问题覆议(续)》,载《周易研究》,2001 年第 2 期。

② 陈鼓应:《〈易传·系辞〉所受老子思想的影响——兼论〈易传〉乃道家系统之作》,载《哲学研究》,1989 年第 1 期,第 35—36 页。

学史的精神之源。由其基本立论可见，徐复观的美学思想在价值论问题上采取了美善分论的办法，再往下深究，会发现分析法导致他在更深层次的问题上与方东美发生分歧。

不过从表面上看，徐复观所论庄子艺术精神与方东美的中国艺术意境论还颇有几分相似：

> 道是美，天地是美，德也是美；则由道、由天地而来的人性，当然也是美。

> 庄子是以和为天(道)的本质。和既是天的本质，所以由道分化而来之德也是和；德具体化于人的生命之中的心，当然也是和。这便规定了庄子所把握的天、人的本质，都是艺术的性格。①

同样在天人之际寻找中国人的艺境得以产生的奥秘，方东美的答案是"天人合德"乃至"天人合其美"，徐复观似乎也应之以"天人合其美(和)"。可是这一层相似并不能掩盖二人思想的重大差异。天人相合的框架是方东美美学论题的终点，在徐复观则仅是其庄子美学研究的一个起点。对后者而言，更重要的是如何把握庄子艺术精神的主体，换言之，即人的心性如何推动天人相合这一审美机制的发生的问题。

为从理论上阐明这一问题，徐复观不惜笔墨地援引西学，力图在比较语境中发明庄子的美学。通过与现象学的比较，徐复观指出：

> 庄子更在心斋之心的地方指出虚(静)的性格，指出由虚而"明"的性格，更指出虚静是万物共同的根源的性格，恐怕这更能给现象学所要求的以更具体的解答。因为是虚，所以意识自身的作用(Noesis)和被意识到的对象(Noema)，才能直来直往地同时呈现。因为是虚，所以才是明，所以才可以言洞见。假定在现象学的纯粹意识中，可以找出美的观照的根源，则庄子心斋的心，为什么不是美的观照的根据呢？

① 徐复观：《中国艺术精神》，上海：华东师范大学出版社2001年版，第35、41页。

> 由美的观照的知觉透视，如前所说，是通向自然之心，是直观事物之本质。……庄子由虚静之心所把握到的，在他也正认为是物之本质。①

徐复观的意思是，庄子的心斋工夫造就了主体的虚静之心，因其虚静而能作本质直观，照见宇宙万物的虚静本性，这种照见正是美的观照。不难发现，徐复观在阐述审美活动中的天人关系时，关注的不是天地宇宙的价值论问题，而是人的主体性问题。

这种倾向在其与康德、柯亨、派克、李普斯、奥德布李特、弗尔克尔特等西方学者所倡之“共感”说的比较中表现得更为突出：

> 共感的初步，乃是自己的感情不属于自己，而成为属于对象的感情；此即……感情的对象化；或称为对象的感情。……当一位抒情诗人与物（对象）相接时，常与物以内的生命及人格的形态，使天地有情化，这实是感情与想象力融和在一起的活动。庄子秉精神的彻底解放，及共感的纯粹性，所以在他的观照之下，天地万物，皆是有情的天地万物。②

在此我们霍然发现，徐复观对庄子思想所动的手术不可谓不大——庄子为达到精神的绝对自由，所采取的人生策略是“齐物”，或曰“物化”，其实质是人向自然归化，心斋、坐忘等都是为了臻于“物化”状态而努力滤净人情的修养工夫；徐复观却把庄子的“物化”诠释成了物的人格化，这一诠释路向显然与庄子的自然主义主张异辙。庄子美学所追求的，当是成全未被分化的自然生机本身，而徐复观的所谓虚静之心所观照和把捉到的，却是由人格投射、想象而出的不同于自然现象本身的“本质对象”“第二的新的对象”。在徐著中，关于庄子欲使自然人格化的论述俯拾皆是：

> 观照所以能使对象成为美的对象，是来自观照时的主客体合一，在此主客体合一中，对象实际是拟人化了，人也拟物化了。

---

① 徐复观：《中国艺术精神》，上海：华东师范大学出版社 2001 年版，第 47、52 页。

② 徐复观：《中国艺术精神》，上海：华东师范大学出版社 2001 年版，第 56 页。

> 在《庄子》一书中，随处所表现出的对象的意味，都是纯洁的人性的直接流露。

> 因对象的孤立化、集中化，于是观照者全部的精神，皆被吸入于一个对象之中，而感到此一个对象即是存在的一切。较这更深一层的便是庄子的物化。

> 凡在《庄子》一书中所提到的自然事物，都是人格化、有情化，以呈现出某种新的意味的事物。[①]

众所周知，庄子美学的主旨在于抑止人的主动行为而恢复自然的天机，此所谓“原天地之美而达万物之理”，即是说，大美为天地所本有，人只应“原”天地之美而非将人情对象化于其间。在这个意义上说，前引方东美所述“我们若要原天地之美，则直透之道，也就在协和宇宙，参赞化育，深体天人合一之道，相与浃而俱化，以显露同样的创造，宣泄同样的生香活意”，倒与庄子本意更接近，因为方东美认为美善价值为天地宇宙所本有，这与庄子对“天地有大美而不言”的预设有内在一致之处。只不过，方东美欲将庄子思想也统一于美善合一的价值形上学，这是有待商榷的做法，当然也不可能为徐复观所同意：

> 这种由一个人的精神所体验到的与宇宙相融和的境界（引者按，指庄子“独与天地精神相往来”的境界），就其对众生无责任感的这一点而言，所以不是以仁义为内容的道德。就其非思辨性而是体验性的这一点而言，所以不是一般所说的形而上学。因此，它只能是艺术性的人生与宇宙的合一。……艺术中的超越，不应当是形而上学的超越。[②]

① 徐复观：《中国艺术精神》，上海：华东师范大学出版社 2001 年版，第 48、57、58、64 页。
② 徐复观：《中国艺术精神》，上海：华东师范大学出版社 2001 年版，第 62 页。

方东美常说超越形态的形上学是中国哲学与艺术的基础，且力主价值统会，徐氏此说可初见其与方氏分歧的端倪。实际上，徐复观对形而上学素无好感，而认为中国哲学的核心问题在于人性论。他甚至提出："我国的艺术精神，则主要由庄子的人性论所启发出来。"①深入到徐复观的人性论研究中，当可寻见徐氏论庄子美学的基本立场，以及方、徐二人思想的根本差异。

且看徐复观如何以人性论来消弭庄子的宇宙论：

> 到了庄子，宇宙论的意义，渐向下落，向内收，而主要成为人生一种内在地精神境界的意味……中国思想的发展，是彻底以人为中心，总是要把一切东西消纳到人的身上，再从人的身上，向外向上展开。

> 不仅道、天、德三者在实质是一个东西；并且如前所述，庄子主要系站在人生立场来谈这些问题，而将"道""天"，都化成了人生的精神境界。②

在《庄子》原著中，"天"原是自然的实体，作为现实社会的对立面而真实存在着，具有超越于人间性的至高价值。因这种对立是人类自身的主动行为所造成的，故需克制人为，并"以天合天""无以人灭天"。徐复观的这番阐说却把庄子之谓"天"给虚化、内化、心化了，认为这其实是人生理想中的一种精神境界。庄子缘何能将作为实体的"天"予以内化？徐复观认为这是由心斋的修养工夫所造就的：

> 庄子主要的工夫，便在使人的心，如何能照物而不致随物迁流，以保持心的原来的位置，原来的本性。……凡是《庄子》上，"与天地精神往来"，以及"人而天"这类的描述，实际皆是对于由虚静的工夫，所呈现出的虚静地精神境界的描述。虚静之心，本是超越一切差别对立，而会涵融万有之心。③

---

① 徐复观：《中国人性论史・先秦篇》，载《徐复观文集》第3卷，武汉：湖北人民出版社2002年版，第2页。

② 徐复观：《中国人性论史・先秦篇》，载《徐复观文集》第3卷，武汉：湖北人民出版社2002年版，第326、332页。

③ 徐复观：《中国人性论史・先秦篇》，载《徐复观文集》第3卷，武汉：湖北人民出版社2002年版，第343页。

无可否认，庄子提出的心斋、坐忘等都是目的明确的自觉的工夫过程；然而同样不可回避的是，在庄子的语境中，心斋工夫只是达到自然状态的一种权宜手段，一旦恢复了混沌的天机，那么心斋工夫就如“无言之言”一样，也是应该被“得意而忘”的。阐释者的视角各有不同，因而从人的角度出发，把庄子“与天地精神往来”的状态视作一种人生境界，固然无可厚非，然而如果据此而把庄子思想的重心落到主体心性之上，认为庄子根底上是一心性论者，那就不免混淆了庄子思想的逻辑起点和价值基点。而徐复观恰恰就是这样论断的：

> 到了孟子、庄子，始反省到心上，由心这里开窍，立基，以扩及于生命的全体。

> 一部《庄子》，归根结底，皆所以明至人之心。

> 庄子……从自己的性，自己的心那里，透出一个以虚静为体的精神世界。……这是我们古代以仁心为基底的伟大自由主义者的另一思想形态。①

笔者以为，心斋的工夫论在庄子的论说过程中确可充当逻辑起点，因为现实社会是天机已失、混沌被凿七窍而死，于是要借助心斋、坐忘诸般工夫返还于活泼、完满的自然天机。但庄子思想的价值基点则在天地自然一侧，正因为有此绝对完善的终极目标，才引起人回归自然的向往与努力。徐复观认为庄子“由心这里开窍，立基，以扩及于生命的全体”，好比是《庄子》寓言中为报德而依人形为混沌开七窍一样，将庄子的思想给肆意分解了，其思想史实质，似乎是以孟子的心性论(尤其是孟子将人心中的善端扩充至“上下与天地同流”之境的学说)为基本立场，而对庄子这位儒家的反对者进行符合儒学原则的重释。

回到庄子的美学，现在应可以厘清，徐复观之所以在天人相合这一审美机

---

① 徐复观:《中国人性论史・先秦篇》，载《徐复观文集》第3卷，武汉:湖北人民出版社2002年版，第346、351、367—368页。

制问题上，由最初“天人合其美”的说解，逐步转到天的人格化、有情化的观点，实系他把庄子释为心性论者，或曰“以孟释庄”的结果。

三、天人之际的拉锯

并置方东美、徐复观的美学思想予以对观，可以发现，两人理想中的审美机制同为天人的同情共感，但对于此交感过程中天与人的主从关系，两人却各执一端、意见相左。方东美以天为价值预设的中心，提出一套建基于形而上学的天赋价值论；徐复观则以人为价值预设的中心，提出一套建基于人性论的价值自觉说。从方法论上判断，之所以造成两家学说的歧异，缘于方东美欲以《易传》统摄儒道，而徐复观则采取了“以孟释庄”的策略。更进一步，似乎可以说，两人的分别竟隐约映现出宋明新儒家理学传统与心学传统的对立。

为进一步显明此种思想分野的特色与根由，不妨再举两人对儒学的阐说以作为内证。

在好综合、喜圆融的方东美看来，儒道两家并无本质差异，皆因本于形而上的天道而成为中国艺术意境的哲学之源：

> 道儒两家之宇宙观，多系于艺术表情之神思……本形上之天道与天理以状宇宙之神彩。①

所以即便孔孟等先秦儒家，也被方东美视为形上学的集大成者：

> 儒家形上学具有两大特色：第一，肯定天道之创造力充塞宇宙、流衍变化，万物由之而出。……第二，强调人性之内在价值翕含辟弘、发扬光大，妙与宇宙秩序合德无间。②

---

① 方东美：《生命情调与美感》，载《生生之德》，台北：黎明文化事业股份有限公司 2005 年版，第 172 页。

② 方东美：《中国形上学中之宇宙与个人》，载《生生之德》，台北：黎明文化事业股份有限公司 2005 年版，第 354 页。

> 孔子、孟子以及后来大多数的儒家，都是以天命之生来阐扬仁、义、礼、智……如果丢开了生命的本原，任何道德评价都将是不可能的。……对孔子及儒家来讲，整个宇宙乃是普遍生命的流行，在完成实现的历程中充满高尚价值。所谓“道”，就是这个普遍生命的本原，所以也就是价值创造的根本来源。[①]

在此，孔孟的人性价值论被认为是由天道的价值形上学所决定的，而此形上学具有浓厚的泛神论（方东美认为更准确应称之为“万有在神论”[②]）色彩。

而在徐复观看来，中国艺术精神本于庄子的人性论，而庄子的人性论更与孔孟的人性论相通相近，了无形而上学的痕迹。细察徐复观对孔孟的论述，多有反对将孔孟形而上学化或神学化之言语，恰与方东美之说成针锋相对之势。

先看徐复观如何论述孔子思想中的天人关系：

> 在孔子心目中的天……他既没有进一步对此作形而上学的推求，他也决不曾认为那是人格神的存在。

> 若按照传统的宗教意识，天可以从上面，从外面，给人的生活行为以规定；此时作为生命主体的人性，是处于被动地消极地状态。但在孔子，则天是从自己的性中转出来；天的要求，成为主体之性的要求；所以孔子才能说“我欲仁，斯仁至矣”这类的话。对仁作决定的是我而不是“天”。对于孔子而言，仁以外无所谓天道。他的“天生德于予”的信心，实乃建立于“我欲仁，斯仁至矣”之上。性与天道的贯通合一，实际是仁在自我实现中所达到的一种境界。[③]

这是在强调，“仁”（即道德价值）的决定力量，在于人而不在于天；天道实质是人在自我生命中所开辟出的内在世界，而非某种神性的存在。这与方东美所述的孔子大相径庭。

---

① 方东美：《中国人的人生观》，载《中国人生哲学》，北京：中华书局 2012 年版，第 179—182 页。

② 参见方东美：《原始儒家道家哲学》，北京：中华书局 2012 年版，第 102 页。

③ 徐复观：《中国人性论史・先秦篇》，载《徐复观文集》第 3 卷，武汉：湖北人民出版社 2002 年版，第 90、99 页。

再看徐复观如何论述孟子思想中的天人关系：

> 所谓性，所谓天，即心展现在此无限的精神境界之中所拟议出的名称。……实则心之外无性，性之外无天……孟子以为存心养性即所以事天，这便将古来宗教之所祈向，完全转换消纳，使其成为一身一心的德性的扩充。在自身德性以外，更无处可以安设宗教的假像。①

徐复观在此进一步指出，孟子之谓"天"只是精神所拟议的虚名而已，是德性扩充所致，心性以外无天。到这一步便可以理解，为什么徐复观会在阐述庄子美学时把庄子的天道予以内化和心化，将之体认为人生的精神境界。原来，徐复观是"以孟释庄"，把孟子的心性扩充论套到了庄子的自然主义哲学之上，乃至对后者进行了一次"哥白尼式的倒转"。

其实，徐复观不仅"以孟释庄"，他也是"以孟释孔"的。对于孔子"天下归仁"的命题，徐复观同样以孟子的心性扩充论予以阐释。以下是徐复观在不同章节分别论孔子与孟子的两段话，其内容完全是互文式的：

> 天下归仁，即天下皆被涵融于自己仁德之内，即是浑然与物同体，即是仁自身的全体呈露。天下归仁，是人在自己生命之内所开辟出的内在世界。而人之所以能开辟出此一内在世界，是因为在人的生命之中，本来就具备此一内在世界(仁)，其开辟只在一念之克己，更无须外在的条件。

> 万物皆备于我，即是《论语》上的"天下归仁"；克己而突破了自己，以与天下为一体，此时天下皆归到自己仁德之中，亦即是自己与人类同其忧乐。天下皆归到自己仁德之中，才可以说"万物皆备于我矣"，才能说"上下与天地同流"。②

---

① 徐复观:《中国人性论史・先秦篇》，载《徐复观文集》第3卷，武汉：湖北人民出版社2002年版，第168页。

② 徐复观:《中国人性论史・先秦篇》，载《徐复观文集》第3卷，武汉：湖北人民出版社2002年版，第96、170页。

徐复观之论孔子“天下为仁”，有两个要点：一是仁的内在世界为人心所本有，一念克己便可向外开辟——这有点类似于禅宗一念之转即可明心见性的佛性论；二是此仁德能够向外扩充乃至浑然与物同体。其实《论语》为我们所呈现的孔子，更注重“仁”在实践中如何以“忠恕”或“推己及人”的方式得以施行，而并不在理论上对“仁”的先天性过多纠缠，所以孔子既说“天生德于予”，也说“我欲仁，斯仁至矣”，似无意穷究仁德的价值根源。换言之，《论语》中的孔子既无明显的形而上学倾向，也不曾展开心性论的理论思辨。徐复观站在孟子性善论的角度返观孔子，把仁德在人心中的先天性植入孔子思想，所以才会提出类似于禅学（佛性论的“一阐提人皆有佛性”与孟子“人皆可以为尧舜”具有相同的价值预设的思路）的“本来具足”与“一念”实现之说。至于“天下归仁”，只是孔子朴素的政治理想，更多着眼于外在的社会现实，说它是生命内在世界的扩充，是以仁德体物以至等同于孟子式的“浑然与物同体”“万物皆备于我”“上下与天地同流”之境，通则通矣（毕竟孟子是对孔子的直接继承与发展），却也难免有过度阐释与反向建构之嫌。总之，徐复观是“以孟释孔”，把孔子说成了心性论者，方东美则以《易传》释孔，把孔子说成了形上学家，两种解释反映了两人截然不同的哲学旨趣。

现在来讨论方东美以《易传》释孔的正当性问题。前文已论及，方东美在文献上将《易传》视为孔子及其嫡传弟子的创作，以此为前提，才能把孔孟的人性论系于《周易》宇宙论之上并统之以价值形上学。然而徐复观却把《易传》传统视为孔孟旁支，这一哲学文献学的论证，充分展示了徐复观对方东美（或与之相近的）学说的理解与评价，以及徐氏自己的思想立场。

徐复观认为，孔子以后，其门人大致分成三派。其中前两派与我们的论题密切相关，且分别予以引述：

> 从曾子、子思到孟子是一派。这一派……由心所证验的善端以言性善；更由尽心，即由扩充心的善端而向上升，向外发，在向上升的极限处而重新肯定天命，在向外发的过程中而肯定天下国家。他们之所谓心，是每一个人在一念之间，当下即可以证验的……这一派言道德，都是内发性的，并且仁是居于统摄的地位。我以这一派为孔门的正统派。①

① 徐复观：《中国人性论史・先秦篇》，载《徐复观文集》第 3 卷，武汉：湖北人民出版社 2002 年版，第 183—184 页。

这就非常清楚了，徐复观把孟子心性论一脉视为孔门的正统派，所以由孟子思想直溯而上，用后起的心性理论重新阐发孔子思想中闪现出的道德论火花，复又向侧翼扩展，连同庄子的自然主义思想也予以心化、内化的重释，这才发明了"天地有情化"的中国艺术精神。此即所谓"以孟释孔""以孟释庄"之由来。

再看第二派：

> 另一派则是以《易传》为中心的一派。这一派的特点，在坚持性善的这一点上，与前一派相同。但以阴阳言天命，则与前一派不同。……宋代理学兴起……援《易传》以与子思、孟子合流，亦不知二者的思想性格，原来并不相同。①

徐复观是说，《易传》的解释话语系统中流露出阴阳观念，这是儒家以外的思想渗入所致，因此不属于孔门正宗，只可算是儒家旁支。徐氏复又指出，宋代理学始将《易传》宇宙论与孟子心性论进行统合——此说恰似影射方东美在方法论上的师承渊源。

徐复观对此两派的思想特点作了如下对比：

> 孔子……实际是由内向外，由人向天，所推扩上去的。而其立足点，则在于自心证验之上。孔门《易传》的这一支……所说的天人关系，则似乎是由外向内，由天到人，顺延下来的天人关系。②

这里所并置的两种天人关系，前一种实际出自孟子思想，恰好也正表明了徐复观自己的核心思路；而后一种，则正可代表方东美的致思道路。那么站在孟学立场上而自居正统的徐复观，又是如何看待其所认为的儒学旁支的呢？且看徐复观的评述：

---

① 徐复观：《中国人性论史・先秦篇》，载《徐复观文集》第 3 卷，武汉：湖北人民出版社 2002 年版，第 184—185 页。

② 徐复观：《中国人性论史・先秦篇》，载《徐复观文集》第 3 卷，武汉：湖北人民出版社 2002 年版，第 188 页。

> 孔门传《易》的人，目的不仅在以变化来说明宇宙生化的情形，而是要在宇宙生化的大法则中，发现人生价值的根源。《系传上》说"生生之谓易"，又说"显诸仁，藏诸用"；所以在传《易》者的心目中，觉得"与天地准"的《易》，它的内容，只是生而又生，此乃天的仁德的显露。人的生命的根源，既由此仁德而来，则人即秉此仁德以成性。因而人之性，即与天地联结在一起。……作《易传》的人，有"继之者善也"这一句的点醒，便顿觉宇宙间一切皆朗澈和谐，所生生者不仅是物质，而实际也是价值。[①]

这一段话，除了没有涉及美学的话题（如天地生物所含藏的美的价值）以外，几近完整地道出了方东美哲学思想的核心内容——宇宙生化万物而显露仁德，人秉承天地仁德以成性。而徐复观对此派学说的批判不仅极具针对性，而且堪称锋芒锐利：

> 人真要知天命，知天，若不是出于迷信虚妄，便非在"自力"上立基不可。……《易传》以阴阳变化来作天、天命具体的说明，容易诱导人驰向外面去作思辨性地形而上的思考……使性命的问题，变成一形而上学的架子，而忽略在自身上找根源，在自身上求证验。套在形而上学的架子上来讲性命之学，不论讲得如何圆透，我怀疑这会有如欧洲中世纪的神学一样，终不外于是没有实质的观念游戏。[②]

徐复观批评的是《易传》，但句句都刺中方东美思想的要害。的确，方东美在形上学的框架上立基，难免将其学说导向神秘主义，而其美学论述也确有观念游戏多于实质内容的弊病。但是，徐复观在"自力"（他又一次如宋明儒者般借助了禅学用语），即自我心性上立基，甚至以此为当然的出发点来阐释孔子、庄子，把他们都说成是伟大的心性论者，如此"主观"的论断，恐怕也会遮蔽思想

---

① 徐复观：《中国人性论史 · 先秦篇》，载《徐复观文集》第 3 卷，武汉：湖北人民出版社 2002 年版，第 189—190 页。

② 徐复观：《中国人性论史 · 先秦篇》，载《徐复观文集》第 3 卷，武汉：湖北人民出版社 2002 年版，第 201 页。

史中的许多客观事实。

四、抒情传统与现象主义之争

方东美和徐复观思想的对立，为后来者的中国美学研究提供了两个基本的模型。套用徐复观的话语来描摹，一种是在天人关系中立足于自心，然后由内向外、由人向天推扩，通过心化、内化来实现人情的对象化；一种是在天人关系中立足于天，然后由外向内，由天到人地顺延，承接天地本身所具足的大美。不妨称前者为徐复观模式，后者为方东美模式。这两种模式得到当代海外华人学者的继承与发扬，在重建中国美学的主干道上，分别开出了抒情传统和现象主义这两条进路并各擅胜场。

中国抒情传统的学说肇端于旅美华人学者陈世骧，由另一位旅美学者高友工建构起宏大的思想体系，其后继者遍布美国、新加坡，以及中国台港地区的广大华语学术圈。[①] 此派学说的主要观点非常明晰：抒情传统是中国美学史的主流。在这个学术群体中，自高友工以下，多数学者出身台湾，直接或间接地受教于方东美和徐复观。从表面上看，方东美鼓吹"生命情调"，其论说常饱含深情，并直指"同情交感"之艺术意境为中国文化价值之模范，似乎应该对抒情传统论者影响更大。但事实上，高友工及其后学的哲学基础却更近于徐复观的思想。高友工在台湾大学求学时曾听过方东美的人生哲学课，但在发表论文时却自认："谈中国文化是师承徐复观先生的看法。"[②]这是为何？

高友工如此阐述他对中国哲学与美学的基本看法："自始中国哲学家就谈'人性'，从这里可以看出文化理想的方向……美是创造的想象在内在观照中体现。徐复观先生对这一点（特别是与中国哲学的关联），曾有最深入的分析。"[③]"我们更应该注意到在整个中国哲学走修身养性这条实践的道路，正如中国艺术走抒情的道路同源于在思想史很早即由客观的物或天转向主观的心

① 参见徐承：《在比较语境中发明中国美学——域外华人学者揭橥的中国抒情传统谱系》，载《文艺理论研究》，2007 年第 5 期。

② 高友工：《文学研究的美学问题（下）：经验材料的意义与解释》，载《中国美典与文学研究论集》，台北：台湾大学出版中心 2004 年版，第 103 页。

③ 高友工：《文学研究的理论基础——试论"知"与"言"》，载《中国美典与文学研究论集》，台北：台湾大学出版中心 2004 年版，第 16—17 页。

和我。……最高的生命价值可以寄于个人实现其理想境界。这种境界自然是系于个人的内心；也可以说个人的行动不见得必指向外在的目的，往往止乎内心经验的本身。"[①]经由上文的演述可以判断，高友工是从徐复观对所谓庄子人性论尤其是"心性工夫论"的阐发中得出类似结论的。所以，高友工建构中国抒情美学体系的主要任务，即在于说明中国历代各种艺术体类，如何先将经验对象"内化"成"心象""心境"，然后再依靠媒介"外化"成具体的艺术作品，抒情即被看成是内在心境的形成及其媒介象征。这一立足于主体内心经验、由内而外的论证过程，正是建基于徐氏的天人关系模式。高友工之后学更对此模式多有发展，本书不再一一赘述。

徐复观在论文学艺术时，常以人的心性修养为出发点，将优秀的文学艺术理解为道德、情感附着于外物的象征：

> 所以道德与艺术，在其最根源之地常融和而不可分。……这种诗人……决不能成为"取众之意以为己辞"的伟大诗人，因为他缺乏人性的自觉，因而没有人格的升华，没有感情的升华，不能使社会之心约化到一己之心里面来。[②]

> 真正的诗词，必须把景物融入于感情之中，使景物得其生命；感情附丽沾染于景物之上，使感情因景物而得到某种形相。所以情与景是不可分的，而感情又是诗词的骨髓。[③]

> 境界并不同于景。在道德、文学、艺术中用"境界"一词时，首先指的是由人格修养而来的精神所达到的层次……由此而表现为文学艺术时，即成为文学艺术的境界。所以文学艺术中的境界，乃主客合一

---

① 高友工：《中国文化史中的抒情传统》，载《中国美典与文学研究论集》，台北：台湾大学出版中心 2004 年版，第 123 页。

高友工曾直言，徐复观《中国艺术精神》一书中《论孔子艺术精神》与《庄子的再发现》二文阐发了中国传统儒道两家哲学的抒情精神的真义，他从中受益良多。

② 徐复观：《传统文学思想中诗的个性与社会性问题》，载《中国文学精神》，上海：上海书店出版社 2004 年版，第 4 页。

③ 徐复观：《诗词的创造过程及其表现效果——有关诗词的隔与不隔及其他》，载《中国文学精神》，上海：上海书店出版社 2004 年版，第 39 页。

> 的产物。……诗人、艺术家，他们面对客观景物而要发现其意味时，常决定于他生命中的精神的到达点。写景写得好不好，不仅是技巧问题，更重要的是精神的到达点要高，精神的涵盖面要大，这便说明中国传统的文学、艺术理论，何以必须归结到人格修养之上。①

显然，徐复观是在情景交融、美善相济的意义上理解中国古典文学艺术之"境界"的——高友工对"境界"的理解也是如此。而这景中之情，美中之善，便被认为是创作者个人心性修养的外化与投射。人的先天内在的精神质素借由自然之景以及形式之美表现而出——这样的文学原理的思路，当然是近于抒情主义的。可以说，抒情主义代表了徐复观对文学尤其是诗的一般看法：

> 就一般的情形讲，抒情诗应当发生在叙事诗的前面，并且抒情更是诗之所以成其为诗的本色……大家公认最早说明诗之来源的"诗言志"的"志"，乃是以感情为基底的志，而非普通所说的意志的"志"。……发而为诗的志，乃是由喜怒哀乐爱恶欲的七情，蓄积于衷，自然要求以一发为快的情的动向。情，才是诗的真正来源，才是诗的真正血脉。……语言的感情化，事物的感情化，乃诗所得以成立的根本因素。感情化的程度，实际即决定了作品成功的程度。②

这是非常典型的抒情文学论，后来也成为高友工的基本立场。我们看到，徐复观由儒家的心性修养论出发，论到文学时，采用了周作人的关于"诗言志"的说法。笔者在论及"五四"学人关于抒情诗的研究时曾指出，周作人出于新文学革命的目的，把"诗言志"直接解释为抒情，并在论诗歌抒情方法时特别首肯"兴"，把"兴"解释为抒情式的象征；而朱自清的《诗言志辨》则批评了周作人的这一做法，认为无论"诗言志"或"比兴"，都在历史上经历了概念的转义，直到古

---

① 徐复观：《王国维〈人间词话〉境界说试评——中国诗词中的写景问题》，载《中国文学精神》，上海：上海书店出版社 2004 年版，第 52—60 页。

② 徐复观：《释诗的比兴——重新奠定中国诗的欣赏基础》，载《中国文学精神》，上海：上海书店出版社 2004 年版，第 21 页。

代的中后期才逐渐具备抒情的含义。[①] 徐复观明显走的是周作人的路子，将“诗言志”“比兴”等诗学观念的后起的意义当作贯穿整部诗学史的普遍意义。[②] 他甚至更进一步，把中国古诗“赋”“比”“兴”三种手法全都解释成象征式的抒情：

> 赋是感情的直接的形象，则兴和比乃是感情的间接的形象……除了赋体的直接情像以外，诗中间接的情像，是在两种情景之下发生的。一是直感的抒情诗，由感情的直感而来；一是经过反省的抒情诗，由感情的反省而来。属于前者是兴，属于后者是比。

> 赋是就直接与感情有关的事物加以铺陈。比是经过感情的反省而投射到与感情无直接关系的事物上去，赋予此事物以作者的意识、目的，因而可以和与感情直接有关的事物相比拟。兴是内蕴的感情，偶然被某一事物所触发，因而某一事物便在感情的振荡中，与内蕴感情直接有关的事物，融合在一起，亦即是与诗之主体融合在一起。[③]

今天学界大致认可，“赋”是直铺陈其事，至于此事是否与感情有关，则少有直接予以肯定者。[④] 至于“比”和“兴”，则众说纷纭，但多数论者仍认可其中含有隐喻和象征的手段以及情感的要素。徐复观则把“赋”“比”“兴”三种手法全都归为象征式的抒情，只不过象征的程度、方式有区别。但三者之间，徐复观仍特别标举“兴”，认为“兴”是诗所以为诗的本质特征：

---

① 参见本书《“五四”学人的中国文学史观与“抒情诗正统论”的形成轨迹》。

② 当然，徐复观的言志论也与周作人有细微差别。周作人所推崇的言志派重点在于抒写人生的与人道主义的思想感情，与此同时他反对“文以载道”式的封建道德说教。而徐复观显然认可“人道”与“天道”的一致性，首肯“言志”诗对儒家道德理想的蕴藉与表达。在这一点上，高友工也秉承了徐复观的思想。

③ 徐复观：《释诗的比兴——重新奠定中国诗的欣赏基础》，载《中国文学精神》，上海：上海书店出版社2004 年版，第 22、25—26 页。

④ 郑玄在《周礼・大师》中注云：“赋之言铺，直铺陈今之政教善恶。”（郑玄注、贾公彦疏：《周礼注疏》，北京：北京大学出版社 1999 年版，第 610 页。）孔颖达进而解释：“郑以赋之言铺也，铺陈善恶，则诗文直陈其事，不譬喻者，皆赋辞也。”（毛亨传、郑玄笺、孔颖达疏：《毛诗正义》，北京：北京大学出版社 1999 年版，第 12 页。）以上说法代表了古代经学家对“赋”的解释——铺叙时政中的善恶之事。如果一定要说对善恶时事的铺叙带有感情的色彩，似乎也通。

> 兴的诗,才是纯粹的抒情诗,才是较之比为更能表现诗之特色之诗。……兴才是诗中的最胜义。

> 就纯粹地兴体说……把抒情诗推进到了文艺的巅峰。

> 兴是把诗从原始的、素朴的内容与形式,一直推向高峰的最主要的因素。①

这等于是说,抒情诗是文学艺术的巅峰,而"兴"或者说象征则是把抒情诗推上高峰的根本手段。这一思想与周作人"我只认抒情是诗的本分,而写法则觉得所谓'兴'最有意思,用新名词来讲或可以说是象征"②的观点颇为雷同。徐复观把情感表现作为文学标准的做法——"感情化的程度,实际即决定了作品成功的程度"③,也与周作人的文学价值观相当一致,后者认为,"能够将思想和感情多写出一分,文章的艺术分子即加增一分,写出得愈多便愈好"④。要之,这种以象征式抒情为文学艺术最高理想的文艺价值观,正是孕育抒情传统思想的上佳的温床。

与抒情传统论对立的,是现象主义的中国美学思想。现象主义路向当今最有代表性的人物是毕业于台湾大学的另一位旅美学者叶维廉。叶维廉与徐复观一样,视庄子为中国美学的典型,甚至同样借用胡塞尔现象学来阐释庄子思想及其影响下的中国艺术现象。然而吊诡的是,叶维廉笔下的庄子却并不是一个将天地人情化的心性论者,这又是为何?

请看叶维廉美学思想的主要观点:

---

① 徐复观:《释诗的比兴——重新奠定中国诗的欣赏基础》,载《中国文学精神》,上海:上海书店出版社2004年版,第26—30、32、34页。

② 周作人:《扬鞭集序》,载《谈龙集》,石家庄:河北教育出版社2002年版,第41页。

③ 徐复观:《释诗的比兴——重新奠定中国诗的欣赏基础》,载《中国文学精神》,上海:上海书店出版社2004年版,第21页。

④ 周作人:《中国新文学的源流》,上海:华东师范大学出版社1995年版,第60页。

可以想见,在关于"为艺术而艺术"还是"为人生而艺术"的争辩中,徐复观一定是与周作人一样,持人生派的人道主义立场,而反对形式主义的。徐复观说:"艺术性是附丽于内容而存在,可以说这是出自内容自身的要请,无所谓独立性的问题。"(徐复观:《中国文学讨论中的迷失》,载《中国文学精神》,上海:上海书店出版社2004年版,第83页。)只不过徐复观的人道主义思想比周作人更注重人性中的道德修养及其在天地(即文艺作品中的自然景物)中的外化。

> 整体的自然生命世界，无需人管理，无需人解释，完全是活生生的，自生、自律、自化、自成、自足(无言转化)的运作。……现象、自然万物并不依赖“我”而存在，它们各自有其内在生成衍化的律动来确认它们独具的存在和美。……由是，只有当主体(自我)虚位，从宰制的位置退却，我们才能让素朴的天机回复其活泼泼的兴现。……避免用人的主观来主宰物像形义的另一含义，是要我们做到“以物观物”。[①]

自然是一个整体的生命世界，无言而生化，独具美的价值，人只应顺应其迁化而非予以主观的宰制，才能让天机之美活泼泼地兴现——现在看来，叶维廉此说倒与方东美的天人关系模式暗合，尽管他并未如方东美般强调人的参赞化育。叶维廉亦是台大出身，近于方东美的思想并不奇怪。

叶维廉也曾如徐复观一般借用胡塞尔的 Noesis 和 Noema 两个现象学概念来说明道家美学的特点，[②]不过他把 Noema 解释成现象本身，而非徐复观所认为的由心所构建的“本质对象”“第二的新的对象”。叶维廉直斥“以我观物”的主观主义行为，提倡“以物观物”“任物自然”的美学态度；[③]而徐复观则否认有客观的“以物观物”的情况存在，认为“挟带感情以观物，固然有挟带感情之我在物里面；以虚静之心观物，依然有虚静的我在物里面”。[④] 且不论叶与徐两人中是谁有意误读了胡塞尔，至少叶维廉的思想方案，可以被称作是一种力图还原自然物象、避免主观视角的中国式的现象主义。其基本结构，正是在天人关系中立足于天。

不妨比较叶维廉与方东美的宇宙论思想：

> 宇宙现象、自然万物、人际经验存在和演化生成的全部是无尽的，万变万化地继续不断地推向我们无法预知和界定的“整体性”。……人

---

① 叶维廉：《道家美学与西方文化》，北京：北京大学出版社 2002 年版，第 2—3 页。

② 参见叶维廉：《叶维廉文集》第 1 卷，合肥：安徽教育出版社 2002 年版，第 171 页。

③ 叶维廉解释“以我观物”和“以物观物”的区别说：“前者以自我来解释‘非我’的大世界，观者不断以概念、观念加诸具体现象事物之上，设法使物象配合先定的意念；在后者，自我融入浑一的宇宙现象里，化作眼前无尽演化生成的事物整体的推动里。”见叶维廉：《语言与真实世界——中西美感基础的生成》，载《叶维廉文集》第 1 卷，合肥：安徽教育出版社 2002 年版，第 136 页。

④ 徐复观：《王国维〈人间词话〉境界说试评——中国诗词中的写景问题》，载《中国文学精神》，上海：上海书店出版社 2004 年版，第 56 页。

> 只是万象中之一体，是有限的，不应视为万物的主宰者，更不应视为宇宙万象秩序的赋给者。要重视物我无碍、自由兴发的原真状态，首先要了悟到人在万物运作中原有的位置，人既然只是万千存在物之一，我们便没有理由给人以特权去类分、分解天机。……物各具其性，各得其所，我们应任其自然自发，我们怎能以此为主，以彼为宾呢？我们怎能以“我”的观点强加在别的存在体上，以“我”的观点为正确的观点，甚至是唯一正确的观点呢？①

> 或问，中国人何以能将有限的宇宙形体点化成无穷的空灵妙用呢？就是因为我们能够放旷慧眼，玄览宇宙，处处使自己对“道”得其环中，以应无穷，也就是对宇宙和悦相应，中正不偏，所以在“德”上就能忠恕体物，使万物都能同情交感，对一切万有更充满喜悦和欣赏赞叹。②

叶维廉与方东美的这两段话品格各异，但差不多都表达了一种庄子式的视角主义观点，强调要突破个人的视角偏限，应合于宇宙万物或曰“道”的无穷无尽、整全中正。无论是叶维廉所提倡的“任物自然”，还是方东美所提倡的“忠恕体物”“同情交感”，都不是在人为天道立法的意义上，而是在人顺应、还原天道的本真状态的意义上阐述的。方东美由此提出反对主观主义和“移情”理论的观点，恰与徐复观的抒情论对立：

> 我所说的浃化宇宙生意，并不是指将主观的感受投射于外，如德国美学家有关“移情作用”的理论便是如此，那只能称为主观主义，反会产生心理与物理的二元论，在身与心之间恒有鸿沟存在，在主体与客体之间也会有隔阂。……但中国思想却没有这种郁结，在中国文化的熏陶下，我们乃是生在一个广大和谐的宇宙中，与宇宙大生机浑然同体，浩然同流，而毫无间隔。③

所以，方东美的理想美学境界，不是创作者个人主体心性的单向投射，而是

① 叶维廉：《道家美学与西方文化》，北京：北京大学出版社2002年版，第96—97页。

② 方东美：《中国人的人生观》，载《中国人生哲学》，北京：中华书局2012年版，第120页。

③ 方东美：《中国人的人生观》，载《中国人生哲学》，北京：中华书局2012年版，第208页。

人心本性对天道之美的承接与应和：

> 这种活跃创造的生命精神，若以艺术表现来驰骤宣畅，便是雪莱(Shelley)所说的"超乎自身之外，而与至美合一"，这一方面属于自身本性，二方面则与身外的大化浩然同流。……透过大自然的力量，我们在其中发现了"很像人的东西，在我心深处得其人性"。我即称此参赞化育，协和宇宙，足以陶铸众美……摒除偏执，创造浩荡诗境，迈往真、善、美、纯与不朽的远景。①

方东美的意思是，正因为生生不已的宇宙大化本身就具有美善的价值，所以秉承宇宙生机而来的人能够从大自然中发现与其内心深处的本性相应和的至善与纯美，这种大美绝非出自偏执的主观心念单向度的投射与虚拟。与此相似，叶维廉的理想美学境界也是以克服主观理念，呈现自然本身具足之大美为旨趣的：

> 以自然现象未受理念歪曲地涌发呈现的方式去接受、感应、呈现自然，这一直是中国文学和艺术最高的美学理想，求自然得天趣是也。②

尽管叶维廉更强调自然本身的"无言独化"，而方东美更注重人与自然之间的相互关系，认为人是宇宙生生不已的创进历程中"参赞化育的共同创造者"③，但他们的理想审美机制的运作模式，都是首先承认大自然本身的价值，由天地为人立法，然后再由人超脱一己偏见去应承宇宙整体生命的美善。这样的运思方向，当然会与抒情主义和主观主义渐行渐远。④

---

① 方东美：《中国人的人生观》，载《中国人生哲学》，北京：中华书局 2012 年版，第 208 页。

② 叶维廉：《无言独化：道家美学论要》，载《叶维廉文集》第 2 卷，合肥：安徽教育出版社 2003 年版，第 133 页。

③ 方东美：《中国人的人生观》，载《中国人生哲学》，北京：中华书局 2012 年版，第 96 页。

④ 方东美论中国艺术时虽然也用到"抒情""象征""表现"等词汇，但他所使用的这些概念，其含义不是抒发、表现主体内心的思想情感，将之寄寓于外物；而是"表现事物的生香活态"，以将偏限的个体心性提升至宇宙整体的生命层次。参见方东美：《中国人的人生观》，载《中国人生哲学》，北京：中华书局 2012 年版，第 99、202、207 页。

叶维廉的现象主义美学独树一帜，影响也很广泛。现任教于新加坡的学者萧驰服膺高友工的思想，曾积极推动中国抒情传统学说的发展与传播，然而他的“中国思想与抒情传统”三部曲之一的《佛法与诗境》，却流露出某种偏离抒情主义而向现象主义靠拢的倾向，[①]或可说也是在处理天人关系时向天的那一侧游移。而台湾学者龚鹏程，近年提出文字传统之说，希望以之取代抒情传统作为中国美学主流的解释体系，[②]或可看成是对天人关系模式的摒弃与突破。

需补充说明的是，从叶维廉近于方东美的致思路线这一点看，陈鼓应把方东美定位为“新道家”，也不是全无道理。叶维廉可算是典型的“新道家”学者，他甚至“以庄释禅”[③]，把中国山水诗的意境一概诠解为庄学及其变体禅学影响下的审美经验。不过，方东美的宇宙观中包含有人性善的价值源泉，如果我们对于《易经》究竟该归属儒家抑或道家系统的问题存而不论，仅从《论语》《孟子》《老子》《庄子》四部书来定位儒道两家的一般思想，并且也不像徐复观那样使“以孟释庄”的手段，那么方东美毕竟算不上是纯粹的道家。从本质上说，叶维廉之近于方东美，乃在于双方的宇宙观均属实在论而非心性论，但叶维廉的实在论是自然主义的，确系道家，方东美的实在论却终究带有人伦的色彩。方东美总结中国艺术精神说：“在中国艺术中，人文主义的精神，乃是真力弥漫的自然主义结合神采飞扬的理想主义，继而宣畅雄奇的创造生机。”[④]可见方说的形上学基础是一个充满人文理想的宇宙实在论，而非道家的纯粹自然主义。

总之，把方东美和徐复观作为观察当代海外华人学者中国文艺美学研究动向的两个对极的坐标，是比较有效的，可以让我们看清许多原本被遮蔽了的问

---

① 参见萧驰：《佛法与诗境》，北京：中华书局 2005 年版。

② 参见龚鹏程：《文化符号学：中国社会的肌理与文化法则》，上海：上海人民出版社 2009 年版。

③ 关于叶维廉论中国山水诗时“以庄释禅”的做法，参见徐承：《现象学的借用与背离——叶维廉诗学观析论》，载《西安电子科技大学学报》(社会科学版)2008 年第 2 期。

另外，徐复观也是“以庄释禅”的，当然他所理解的庄子如前所述是一心性化或曰孟学化的庄子。他说：“日本人士所夸张的禅在文化中、在文学艺术中的巨大影响，实质是庄子思想借尸还魂的影响。……凡文人禅僧在诗文上，若自以为得力于禅，实际乃得力于被五祖所呵斥，却与道相通的‘心如明镜台’之心，而以此为立足点。既以此为立足点，本质上即是道而非禅。”(徐复观：《儒道两家思想在文学中的人格修养问题》，载《中国文学精神》，上海：上海书店出版社 2004 年版，第 7 页。)认为以“心”为立足点便是道而非禅，这一推论仍是徐复观以儒家心性论阐释道家乃至禅学的结果。事实上，道家以“天”、自然而非人心为立足点，这已不消多说；而禅宗所提到的心，无论是作为清净佛性的真心，还是作为生灭杂染的妄心，都是纯粹认识论意义上的心体或心识，而非人格修养意义上的心性。

④ 方东美：《中国人的人生观》，载《中国人生哲学》，北京：中华书局 2012 年版，第 212 页。

题，明晰抒情传统论与现象主义的根本对立及其各自的哲学基础。至于双方观点孰是孰非，笔者认为总体而言难辨优劣，但在具体案例的研究中，各家都不免出于自己的统一立场而做出过度阐释，理论的暴力由此可见一斑。要做到实事求是地反映历史，仍有待于海内外中国美学史研究者的共同努力。

陈世骧中国抒情传统论的思想方法

陈世骧[①]是海外中国文学研究的早期开拓者之一，对北美的华人学者多有提携、沾溉。据陈子善介绍，从1947年开始，陈世骧在加州大学伯克利分校东方语文学系"主讲中国古典文学和中西比较文学，并协助筹建该校比较文学系。在此期间，他结交杨联陞、吴鲁芹、夏济安、夏志清兄弟等留美学者，延揽张爱玲入加州大学研究，同时作育英才无数，聂华苓、郑愁予、痖弦、商禽、杨牧等一大批台湾作家、学者都直接间接受到他的指点和提掖，为开创五六十年代美国华人学者人文社会科学研究的新局面颇多贡献。"[②]

在陈世骧逝世的次年即1972年7月，其门生杨牧[③]就已编定了《陈世骧文存》[④]交由台湾志文出版社出版（大陆版由辽宁教育出版社于1998年出版）。从其中收录的文章管窥，陈世骧的学术领域至少兼及中国古典诗学、文献学、现代文学，乃至西方哲学。今天看来，陈世骧予后世最大影响的无疑是他所提出的有关中国文学抒情传统的学说。该论题经过高友工的进一步体系化，渐在中国大陆以外的中国文学研究界形成一定程度的共识，吸引了美国、新加坡等地的一群追随者，积聚起一个同气相求的学术群体——中国抒情传统学派。通过相关研究可

---

① 陈世骧(Shih-hsiang Chen，1912－1971)，字子龙，号石湘。祖籍河北滦县。幼承家学，后入北京大学主修英国文学，1932年获文学学士。1936年起任北京大学和湖南大学讲师。1941年赴美深造，在纽约哥伦比亚大学专攻中西文学理论。1947年起长期执教加州大学伯克利分校东方语文学系，先后任助理教授、副教授和教授……1971年5月23日以心脏病猝发逝世于加州伯克利。以上生平出自陈子善:《本书说明》，载陈世骧《陈世骧文存》，沈阳:辽宁教育出版社1998年版。

② 陈子善:《本书说明》，载陈世骧《陈世骧文存》，沈阳:辽宁教育出版社1998年版。

③ 杨牧，本名王靖献，1940年生，台湾旅美诗人，曾用笔名叶珊，1972年改笔名为杨牧。

④ 参见陈世骧:《陈世骧文存》，台北:志文出版社1972年版;《陈世骧文存》，沈阳:辽宁教育出版社1998年版。

以判断,在胡适、周作人、朱自清、闻一多、林庚等"五四"学人的影响下,[①]陈世骧很可能在20世纪40年代就已经约略形成了有关中国文学的抒情诗传统的初步设想。而海外的学术境遇和工作性质进一步促使陈世骧在比较文学的视野下观照中国文学,终于在晚年提出了开山立派的中国抒情传统论题。[②] 本书着重讨论陈世骧提出中国抒情传统论题时所采用的比较文学视野,并在此基础上辨明该论题在被高友工等学者进一步理论化以前所先天具有的一些思想方法的偏向。

一、比较文学视野的是与非

1971年,亦即他逝世的那一年年初,陈世骧在"美国亚洲学会"年会上宣读了《中国的抒情传统》一文,正式开启了海外华人中国抒情传统论述的序幕。可以说,陈世骧的《中国的抒情传统》一文之于海外华人中国抒情传统学派,就如《为中国文化敬告世界人士宣言》[③]之于台港新儒家一般,具有实质性的纲领作用。作为当年"美国亚洲学会"年会比较文学组的开幕致辞,《中国的抒情传统》从比较文学的角度,把中国文学置于与西方文学对等的位置,并通过对照比较,彰显出中国文学的特色,由此确立中国文学传统的独立价值:

> 中国文学和西方文学传统(我以史诗和戏剧表示它)并列,中国的抒情传统马上显露出来。这一点,不管就文学创作或批评理论,我们都可以找到证明。[④] 人们惊异伟大的荷马史诗和希腊悲喜剧,惊异它们造成希腊文学的首度全面怒放。其实,有一件事同样使人惊奇,那便是,中国文学以其毫不逊色的风格自纪元前十世纪左右崛起到和希腊

---

① 参见本书《"五四"学人的中国文学史观与"抒情诗正统论"的形成轨迹》。

② 《陈世骧文存》所收录的《中国诗字之原始观念试论》(1959年)和《原兴:兼论中国文学特质》(1969年)两篇文章,从方法论的层面提出并说明了中国文学传统的特质与成因;1971年《中国的抒情传统》一文发表,则以宣言的姿态公布了他以抒情传统为标志的中国文学史观。

③ 1958年元旦,牟宗三、徐复观、张君劢、唐君毅在香港《民主评论》、台湾《再生》杂志同时联名发表《为中国文化敬告世界人士宣言》。后该文收入唐君毅《中华人文与当今世界》一书时,题为《中国文化与世界——我们对中国学术研究及中国文化与世界文化前途之共同认识》。参见唐君毅:《中华人文与当今世界》下册,台北:学生书局1975年版,第865—929页。

④ 陈世骧这句话,预示着中国抒情传统论述的论域,常常在文学(艺术)史和批评(美学)史两方面同时或分别展开。这样的取径或与"五四"学人的治学方向也有关联,比如,胡适、周作人、闻一多、林庚是从文学史的角度,而朱自清则是从批评史的角度,来概括、推究中国文学传统的。

> 同时成熟止，这期间没有任何像史诗那类东西醒目地出现在中国文坛上。不仅如此，直到二千年后，中国还是没有戏剧可言。中国文学的荣耀并不在史诗；它的光荣在别处，在抒情的传统里。[①]

可以看到，陈世骧的中西文学比较，是以中国文学何以缺乏史诗和戏剧的追问为出发点的。对于这一自晚清以来令无数中国学者为之困扰的历史遗留问题，陈世骧没有采取早期梁启超、王国维、胡适等肯认中国文学之不足的态度，也没有采用闻一多、林庚师徒从正面论证中国古代何以未曾产生史诗的做法，而是从问题的反面进入思考，提出缺乏史诗、戏剧正体现了中国文学自己独有的抒情传统的特色这一看来令人兴奋的观点，从而如后期梁启超一般予中国文学以充满民族自豪感的辩护。海外华人中国抒情传统学派的学术发展，正是以此为逻辑起点。

当代学者颜昆阳曾就此发表批评意见：

> 这一论述谱系对中国文学“抒情”特质的指认，原是从中西比较文学的框架中获致。因此，这一判断本具相对性，即“抒情”是中国文学内在的“普遍性”，同时也是相对西方文学所呈现的“特殊性”。然而，当论述脱离中西比较文学的框架而回到中国文学的本身时，是否还能将“抒情”视为中国文学绝对的、唯一的普遍本质？这是值得反思的问题。一般存有论皆肯定一先验的、绝对普遍的形上本质(Metaphysical Essence)；然而，文学乃文化创造经验的产物之一，是历史的存在，也是语言的存在；不同历史时期、不同区域环境、不同社会阶层与群体、不同文学体类中，它不断地被重新定义并创变。因此，即使有所谓的“本质”，也只能从经验现象层次去认识诸多相对的“物性本质”(Physical Essence)。然则，当我们脱离中西比较文学的框架，回到中国文学的本身，如果仍然被绝对普遍性的“抒情”本质占据所有的诠释视域，而不能从经验现象层次去正视中国文学在不同历史时期、不同区域环境、不同社会阶层与群体、不同文学体类所呈现的相对“特殊性”，仍旧将一切中国文学都涵摄在绝对普遍性的“抒情”本质去诠释，

① 陈世骧:《中国的抒情传统》，杨铭涂译，载《陈世骧文存》，沈阳：辽宁教育出版社 1998 年版，第 1—2 页。

> 则中国文学在经验现象层次所呈现的多元性，将被这种一元的"覆盖性大论述"遮蔽无遗。①

颜昆阳对陈世骧以降的中国抒情传统论述予以了深刻的反思与质疑，他质疑的焦点有二：其一，抒情传统论述是一种形而上学的"覆盖性大论述"；其二，抒情传统论述的形而上学弊病，源自陈世骧在中西比较文学框架下提出的论题被不当地转用到中国文学史的研究中。

笔者以为，颜昆阳对中国文学的复杂现象的体认，尤其是他所提出的中国文学在不同历史时期、不同区域环境、不同社会阶层与群体、不同文学体类中不断呈现出创变和特殊性的观点，无疑比单一的抒情传统论更接近历史事实，更符合"回到实事本身"的学术训诫。然而，颜昆阳所作的抒情传统论者不该经由比较框架进入中国文学研究的论断，却是笔者难以同意的。诚然，就陈世骧而言，《中国的抒情传统》一文是他在"美国亚洲学会"年会比较文学组上的发言词，是以印象式的中西文学比较为基本方案而提出论断的。但陈世骧关于中国文学抒情传统的主要思想，在他 20 世纪五六十年代发表的几篇专门研究中国古典文学的论文中就已经有所体现。其时陈世骧在加州大学伯克利分校同时主讲中国古典文学和中西比较文学，他的中国古典文学研究从一开始就伴有比较文学的视野，因此至少在陈世骧看来，中西文学比较和中国文学研究不至于在事实判断上发生龃龉。如果从更长远的学术史范围来看这个问题，我们则可以发现，最迟从晚清开始，国人对中国文学的研究就已经自觉或不自觉地架上中西文学比较的视野而无法与之剥离。换言之，在全球化与现代性的历史语境下，并不存在能避开中西比较视野的单纯的中国文学研究。若无比较，何来诠释？甚至连文学研究这项学术活动本身也天然包含着把文字作品当成审美艺术的西学视域。由是观之，中国抒情传统论的一些论断之所以有过度阐释或绝对化之嫌，其根由并不在于比较文学的视野，反而可能是因为比较还不够深入、不够细致，以及在比较过程中设置了不当的标准所致。

回到陈世骧，他在《中国的抒情传统》一文中开宗明义地指出：

---

① 颜昆阳：《从反思中国文学"抒情传统"之建构以论"诗美典"的多面向变迁与丛聚状结构》，载柯庆明、萧驰主编《中国抒情传统的再发现——一个现代学术思潮的论文选集》下册，台北：台湾大学出版中心 2009 年版，第 739—740 页。

> 找寻各种文学间不管多抽象的共相，并进而细察每种共相的特点，是比较文学的要务之一。把本国和他国相对共相的实际例子排在一起，能使各个共相的特色产生格外清楚、格外深远的意义；这种意义是光用一种传统的目光探讨不出的。……当我们说某样东西是某种文学特色的时候，我们的话里已经含有拿它和别种文学比较的意味。我们要是说中国的抒情传统各方面都可代表东方文学，那么我们就已经把它拿来和西方在做比较了。[①]

寻找共相和殊相，本是比较文学的主要目的，文学史研究正要依靠比较的目光来发现诠释的切入点。然而陈世骧此说的问题在于，每种文学内部真的只有单一的、一以贯之的共相吗？如果这一相对共相的目光的形成，是以另一种文学发展过程中的某种特殊思潮的理想为基准的，那是否会对这两种文学的复杂历史现象都造成不可避免的遮蔽呢？中西文学比较如果应该在更注重双方文体细节与历史文化背景的情形下进行，那怎么能把中西文学都诠释成某种一元论的传统的产物？陈世骧作为北美中西比较文学学科的开拓者，在这一领域实有筚路蓝缕之功，但他的思想结论的提出，却是以其早年在北京所接受的“五四”学人出于文学革命的目的而构筑的单向度文学史观为前理解的。这恐怕是造成陈世骧以降的海外华人中国抒情传统论者在运用比较文学方法时对中西文学都作出一元论的推断的历史原因之一。

自晚清开始，洋人用坚船利炮打开了古老中国闭关锁国的大门，也迫使中国人在中西比较的国际视野下重新检视自己的文化传统。中国在国力上的大幅落后，导致晚清迄民国的历次文学革命的主导者在研判中国古代文学时，容易产生两种截然不同的态度：一是承认其落后，恨其不能，从而倡导全盘学习西方；二是认为中国落后的只是政治、经济、科技，而非文化，中国文学自有其独立的价值，从而急欲为其独特性和优秀性辩护。如果这两种态度都往极端发展，便往往使其比较视野被染上强烈的民族情绪而不易客观公允地看待历史。笔者曾指出，晚清与“五四”文学革命的主将，多数具有一种有色而非客观的比较文学视野。[②] 陈世骧承“五四”学脉赴美求学、执教，面对几乎压倒一切的西方

---

① 陈世骧：《中国的抒情传统》，杨铭涂译，载《陈世骧文存》，沈阳：辽宁教育出版社 1998 年版，第 1 页。
② 参见徐承：《中国抒情传统学派研究》第一章、第二章，中国社会科学出版社 2015 年版。

文学价值观，在孜孜于建设中西比较文学学科的同时坚守为本民族辩护的立场，这从他的个人经历来看自有其必然性与合理性。夏志清在悼念陈世骧的文章中回忆说，“世骧无时无刻不在洋人面前赞扬我国的文化、文学”，并列举了多个他所亲历的陈世骧为中国诗之文学价值与洋人激辩的真实事例，[①]也从侧面说明了这一点。问题是，以这样的方式进行的中西文学比较因受民族情绪的鼓动，理所当然地把西方文学特定时段的价值标准当作比较的准绳，其结论往往容易走向偏执。

即如陈世骧欲图通过对抒情传统的揭橥，来“代表远东各种文学传统”，使之“和西欧文学在一个焦点上并列而迥异”，于是乎，在这个集中的焦点上，一方被认为“拿抒情诗为主要对象”“注意的是诗的音质，情感的流露，以及私下或公众场合中的自我倾吐”，另一方则被刻画为“拿史诗和戏剧为主要探讨对象，它着重冲突，着重张力”。[②] 且不说将中国文学作为远东文学的代表，邻国的民族主义者们是否认可，仅就中国、西欧的文学比较而言，这一单一标准的比较显然至少忽略了中国文学的政教传统、史传传统、文本相因的写作惯例、直观外物的纯粹审美路向，同时也有意回避了西欧强大的主观内省传统和发达的浪漫主义文学成果。中国文学抒情传统的论题，正是诞生自这一依持了单一标准而不无遮蔽的比较文学视野。此非比较视域本身必然所致，而是比较方法使用不善的结果。

二、浪漫主义文学理想

且看陈世骧在《中国的抒情传统》一文中为世人所勾勒的中国文学抒情传统的整体脉络：

> 抒情传统始于《诗经》。《诗经》是一种唱文（诗者，字的音乐也）。因为是唱文，《诗经》的要髓整个说来便是音乐。因为它弥漫着个人弦音，含有人类日常的挂虑和切身的某种哀求，它和抒情诗的要义各方面都很吻合。
>
> 《诗经》之后，在中国文学上是动人心魄的《楚辞》……《楚辞》代表

① 参见夏志清：《序二——悼念陈世骧并试论其治学之成就》，载《陈世骧文存》，沈阳：辽宁教育出版社1998年版。

② 陈世骧：《中国的抒情传统》，杨铭涂译，载《陈世骧文存》，沈阳：辽宁教育出版社1998年版，第4—5页。

> 作——《离骚》……借用一句品评抒情诗的现代话来说，是"文学家切身地反映的自我影像"。……
>
> 以字的音乐做组织和内心自白做意旨是抒情诗的两大要素。中国抒情道统的发源，《楚辞》和《诗经》把那两大要素结合起来，时而以形式见长，时而以内容显现。此后，中国文学创作的主流便在这个大道统的拓展中定形。所以，发展下去，中国文学被注定会有强劲的抒情成分。在这个文学里面，抒情诗成了它的光荣，但是也成了它的限制。紧接而来的是汉朝两类创作文学，乐府和赋。这两类文学在文学道统中继续光大并推进抒情的趋势。……
>
> 以抒情诗当统御，乐府和赋就那样地拓广加深中国文学道统的这支主流。它风靡六朝，绵延过唐朝以及以后的世代，和新演化的（叙述性或戏剧性的）他种主流在一起，或立于旁支上，或长期失调难长，或被包摄或被并吞。……当戏剧和小说的叙述技巧最后以迟来的面目出现时，抒情体仍旧声势逼人，各路渗透，或者你可说仍旧使戏剧小说不能立足。……
>
> 做了一个通盘的概观，我大致的要点是，就整体而论，我们说中国文学的道统是一种抒情的道统并不算过分。[①]

我们注意到，在这段饱含深情的文学史概述中，中国抒情传统被称为是中国文学的"道统"。陈国球曾细心地发现，在陈世骧这篇会议发言稿的英语原文中，"道统"一词原文单词为"tradition"，另外结尾处还曾提醒听众此说定有夸张之嫌（"I am sure this is exaggerated."）。[②] 从海外华人中国抒情传统学派的形成史来看，陈世骧《中国的抒情传统》一文的英语会议发言稿并未得到广泛援引并产生大的影响，其实际影响主要由杨牧编订的中文版《陈世骧文存》所收录的杨铭涂译文所产生。[③] 我们今天已不得而知杨铭涂将"tradition"译为"道统"

---

① 陈世骧：《中国的抒情传统》，杨铭涂译，载《陈世骧文存》，沈阳：辽宁教育出版社 1998 年版，第 2—3 页。

② 参见陈国球：《陈世骧论中国文学——通往"抒情传统论"之路》，载（台湾）《汉学研究》2011 年第 2 期，第 240 页。

陈世骧《中国的抒情传统》一文的英文原稿，可参见 Shih-hsiang Chen, "On Chinese Lyrical Tradition (Opening Address to Panel on Comparative Literature, AAS Meeting, 1971)", in *Tamkang Review*, 1971, 2(2), pp. 17 - 24.

③ 陈世骧于 1971 年在"美国亚洲学会"年会比较文学组开幕致辞上宣读英文讲稿"On Chinese （转下页）

是否采纳了陈世骧本人的意见。如果仅从中英文用词来辨析，则“tradition”一词只表示抒情传统是中国文学史上一支绵延的潮流，而“道统”一词则含有上升至意识形态层面的正统意味。后来有的批评者所以指摘陈世骧的抒情传统说，很多都是因为对“道统”一词难以接受。而当高友工把抒情传统进一步演述为“体现了我们文化中的一个意识形态或文化理想”，“透露了一套很具体的价值体系，触及了文化的根本”[①]时，他庶几便是在“道统”的意义上立说的。

回到前引陈世骧这段中国文学史述，不难发现，陈世骧对中国文学抒情特质的指认，其实是以西方浪漫主义文学思潮的抒情诗文体为标准的。他在史述过程中不断说明，《诗经》因为“弥漫着个人弦音，含有人类日常的挂虑和切身的某种哀求”，所以“和抒情诗的要义各方面都很吻合”；《离骚》则可以“借用一句品评抒情诗的现代话来说，是‘文学家切身地反映的自我影像’”。另外在《原兴：兼论中国文学特质》一文中，陈世骧也是如此以西律中：“所谓‘抒情诗’亦即我们今天文学评论上所使用的专门术语。……以‘兴’为基础的《诗经》作品无疑正是现代人之所谓‘抒情诗’(the lyric)，证之于布拉克摩(R. P. Blackmur)和佛莱(Northrop Fry)的定义都是不错的；布拉克摩说抒情诗也者，是‘以声律的适当，构架起诗意的文字……声律成章，其诗亦即音乐。’佛莱的定义是：‘声韵和意象二者结合的潜在模仿。’”[②]而在《中国的抒情传统》一文的结尾，陈世骧更是将西方浪漫主义的文学理想作了一番普范化的推衍：

> 文艺复兴后，浪漫诗人更把它(引者按，指抒情诗)推崇得无以备至。20世纪英国诗评家德林克瓦特(John Drinkwater)曾很有资格地说“抒情诗是纯诗质活力的产物”，因此“抒情诗(Lyric)和诗(Poetry)是同义字”。假如我们采纳他的看法，再把柯立基(Coleridge)那种“不

(接上页)Lyrical Tradition”，同年5月即因心脏病猝发逝世。此后，陈世骧的学生杨牧在淡江文理学院主办的台北国际比较文学会议上又代为宣读了此文，并于1971年7月将之发表于《淡江评论》(*Tamkang Review*，台北淡江大学在淡江文理学院时期发行的英文期刊，主要刊发中外文学比较方面的论文)。后杨铭涂将该文译成中文，以《中国的抒情传统》为题重新发表于台湾《纯文学》月刊。1972年，杨牧整理、编订的《陈世骧文存》在台北志文出版社出版，首篇便收录了《中国的抒情传统》的杨铭涂中译本，陈世骧的抒情传统学说由此在华语学界广泛流传并产生深刻影响。

① 高友工：《中国文化史中的抒情传统》，载《中国美典与文学研究论集》，台北：台湾大学出版中心2004年版，第104页。

② 陈世骧：《原兴：兼论中国文学特质》，杨牧译，载《陈世骧文存》，沈阳：辽宁教育出版社1998年版，第144—175页。

> 管散文或韵文，所有成功的文学创作都是诗”的浪漫看法加在一起，那么我们不啻等于回头捡到一句相当于一般东方见解的中国古话：所有的文学传统“统统是”抒情诗的传统。[①]

应该说，西方的浪漫主义思潮作为审美现代性的产物，具有一种将自我理想普遍化的内在冲动。斯科特·布鲁斯特（Scott Brewster）指出：“从19世纪早期开始，抒情诗变成了诗的身份本质，一种最为强烈的、热情的、真正的诗歌形式。……那种认为抒情诗是纯诗的原始本质的观念，是现代时期一种广泛趋势的组成部分，这一趋势将抒情诗描绘成最善于把捉人类根本不朽之情感的艺术形式，并假设它是一个不变的美学范畴。例如詹森就宣称它是‘永恒不变和普遍的。它随着历史发展会展现出极其多样化的偶然形式，但它的本质内容持续不变’。”[②]布鲁斯特这番话提醒我们，抒情诗理想一度被浪漫主义文艺思潮神化为形而上学式的文学普遍本质，而这一历史现象其实不过是西方文学发展过程中的一个特殊事件。M. H. 艾布拉姆斯也曾在其名著《镜与灯：浪漫主义文论及批评传统》中专章讨论抒情诗取得诗歌规范或典型地位的历史过程。[③] 持相似观点的学者还有很多。如利里安·弗斯特说过：“毋庸置疑，抒情诗是浪漫主义运动最可夸耀的成绩。”[④]热奈特指出：“我们今天所谓的诗到底指的什么？——有必要再次说明，‘今天’是指自浪漫主义以来。我想，今天我们赋予诗的最通常的含义，亦即前浪漫主义者心目中的抒情诗。”[⑤]阿里斯泰尔·福勒（Alistair Fowler）认为：“我们最近对抒情诗的理解很大程度上是19世纪的产物，在那个时期抒情诗成了文学的‘据有统治地位的形式’。”[⑥]很显然，上引陈世骧这段话中所举德林克瓦特（Drinkwater）和柯勒律治（Coleridge）的观点，就是抒情诗被理想化、普遍化这一西方文学特殊历史事件的产物。

就此而言，陈世骧上承“五四”文人而提出的中国文学抒情传统说，其实是

---

① 陈世骧：《中国的抒情传统》，杨铭涂译，载《陈世骧文存》，沈阳：辽宁教育出版社1998年版，第6页。

② Scott Brewster: *Lyric*, London and New York: Routledge, 2009, pp. 4 - 7.

③ 参见〔美〕M. H. 艾布拉姆斯：《作为诗歌规范的抒情诗》，载《镜与灯：浪漫主义文论及批评传统》，郦稚牛、张照进、童庆生译，北京：北京大学出版社1989年版，第126—131页。

④ 〔英〕利里安·弗斯特：《浪漫主义》，李今译，北京：昆仑出版社1989年版，第67页。

⑤ 〔法〕热拉尔·热奈特：《广义文本之导论》，载《热奈特论文集》，史忠义译，天津：百花文艺出版社2001年版，第45页。

⑥ Alistair Fowler: *Kinds of Literature: An Introduction to the Theory of Genres and Modes*, Oxford: Clarendon, 1982, p. 206.

拿了西方文学发展过程中某一特定思潮——浪漫主义的文学理想，把它当作了文学的普遍本质，然后以之衡量、标示中国文学的特质，对复杂的中国文学现象作出符合西方抒情诗要义的择取与阐述，而最终形成的。陈世骧的中西文学比较，也可以看成是以西方浪漫主义文艺思潮的抒情诗理想所“照见”的中国抒情传统，来与西方历史上的非浪漫主义文学相比较，从而对中西双方的文学历史都有所“不见”。事情还是如布鲁斯特所说：“19 世纪抒情诗的特权，是对小说占据统治地位的回应，后者正是取代了史诗这一首要的叙事诗形式而登上统治地位的。”[①]陈世骧的中西文学比较仿佛是加入了西方文学内部的文学理想之争，而将其中之一种理想阐释为中国文学亦有的特质，从而在西方文学界凸显中国文学的价值。

那么，这种浪漫主义抒情诗理想的实际内容是什么呢？以赛亚·伯林曾对浪漫主义理想的多样性予以清理：“弗里德里希·施莱格尔，浪漫主义有史以来最伟大的先驱，最伟大的鼓吹者和预言家，他认为人有一种可怕的不可满足的欲望，总想遨游于无限；一种狂热的渴望，总想摆脱个体狭窄的束缚。与此渴望大致相同的情感可以在柯勒律治那里找到，甚至在雪莱那里找到。但是，费迪南·布吕内蒂埃在 19 世纪末说，浪漫主义是文学自我中心主义，是舍弃更大的世界而强调个人，是自我超越的对立物，是纯粹的自我断言；塞埃男爵赞同这个说法，认为浪漫主义是极端自我主义和原始主义的，他的观点得到白璧德的应和。”[②]伯林在这里呈现了浪漫主义理想的两种态度，一种是欲突破自我臻于无限，另一种是自我中心主义。而黑格尔则表明，抒情诗把浪漫主义理想的这两种看似矛盾的态度协调一致了，他说：“抒情诗所要满足的却是一种与此相反的要求，那就是要表现自己，要倾听自己的‘心声’。……在这种向特殊分化的抒情诗领域里，人类的信仰、观念和认识的最高深的普遍性的东西却仍巍然挺立……所以普遍性的观点，世界观中的实体性因素以及人生观中的深刻理解都是抒情诗所不排斥的……特殊因素本已包含在普遍性之中，它一方面可以和实体性的东西交织在一起，从而使个别的情境、情感、观念等可以按照它们的深刻的本质去理解，而且以实质性方式获得表现。……此外，这种特殊与普遍的结合也可以用来把多种多样的特点、情况、心情、事迹等引来证明包含万象的思想

---

① Scott Brewster: *Lyric*, London and New York: Routledge, 2009, p. 10.

② 〔英〕以赛亚·伯林：《浪漫主义的根源》，吕梁译，南京：译林出版社 2008 年版，第 22 页。

和格言，从而以生动的方式阐明普遍性的道理。”[①]黑格尔以辩证法的哲学思维，说明了抒情诗的主体性中包含了个别性与普遍性的对立统一。就此而言，可以认为主体性(即关于抒情主体、抒情自我的问题)是浪漫主义抒情诗理想的首要内容。

诺思罗普·弗莱曾指出：“抒情诗在传统上主要与音乐存在联系。”[②]音乐是抒情诗以外另一种经常被浪漫主义者夸赞为所有艺术之本质或代表的艺术门类。徐岱最近点出了西方文艺批评史上常见的音乐与诗轮流坐庄执艺术界牛耳的悖论：“一方面，包括诗歌在内，所有优秀艺术都因拥有音乐性而优秀；另一方面包括音乐在内，所有优秀艺术也因拥有诗性而杰出。”[③]M. H. 艾布拉姆斯则更早通过批评观念史的梳理指出：“在美学理论普遍转向表现说的过程中，德国的音乐之于各种艺术有如抒情诗之于各种诗歌。”[④]从某种意义上说，抒情诗所以在浪漫主义时期开始被奉为文学的普遍本质，就是因为抒情诗是所有文体中最具音乐性的一种，而音乐在浪漫主义时期获得了极盛的发展，是那个时代欧洲文化的代表性艺术，所以可以认为音乐性是浪漫主义抒情诗理想的又一项主要内容。黑格尔即是从主体性和音乐性这两个方面来为抒情诗下定义的：“但是从另一方面看，诗也是一种主体的语言，把内在的东西作为内在的表现出来，这就是抒情诗。抒情诗求助于音乐，以便更深入到情感和心灵里。”[⑤]而英国著名浪漫主义诗人雪莱则以饱含深情的文学语言重述了黑格尔的定义：“诗人是一只夜莺，栖息在黑暗中，用美妙的歌喉唱歌来慰藉自己的寂寞；诗人的听众好像为了一个听见却看不见的歌者的绝妙好音而颠倒的人，觉得心旷神怡，深受感动，但是就不知道快感何来，何以如此。”[⑥]在此，“诗人”并非面向听众的叙述者，亦非为观众作秀的表演者，而是一位独自吟唱的歌者，[⑦]这充分体现了浪漫主义抒情诗概念所具有的主体性与音乐性特征。

---

① 〔德〕黑格尔：《美学》第3卷下册，朱光潜译，北京：商务印书馆1979年版，第190—191页。

② 〔加〕诺思罗普·弗莱：《批评的解剖》，陈慧等译，天津：百花文艺出版社2006年版，第403页。

③ 徐岱：《诗歌与美育》，载《美育学刊》2013年第5期，第13页。

④ 〔美〕M. H. 艾布拉姆斯：《镜与灯：浪漫主义文论及批评传统》，郦稚牛、张照进、童庆生译，北京：北京大学出版社1989年版，第135页。

⑤ 〔德〕黑格尔：《美学》第3卷上册，朱光潜译，北京：商务印书馆1979年版，第20页。

⑥ 〔英〕雪莱：《为诗辩护》，缪灵珠译，载伍蠡甫、胡经之主编《西方文艺理论名著选编》中卷，北京：北京大学出版社1986年版，第71页。

⑦ 约翰·斯图亚特·密尔、诺思罗普·弗莱、T. S. 艾略特、乔纳森·卡勒等人所津津乐道的（转下页）

众所周知,抒情诗(lyric)的称谓源于古希腊,原指一种由小竖琴(lyre)伴唱的歌谣,与史诗(epic)、戏剧(drama)、悲歌(elegy,由长笛伴唱)等诗类相区别。[①] 浪漫主义诗人则把他们所倡导的主体性、音乐性等"普遍"审美理想寄托于抒情诗之上,并将它高抬为诗(poetry)的代名词、文学艺术之冠冕。恰好陈世骧对中国文学抒情传统的标示,就是从抒情诗的主体性和音乐性这两极坐标来加以论证的。前引那段陈世骧对中国抒情传统所做的文学史概括中,以这几句为论证的核心:"以字的音乐做组织和内心自白做意旨是抒情诗的两大要素。中国抒情道统的发源,《楚辞》和《诗经》把那两大要素结合起来,时而以形式见长,时而以内容显现。此后,中国文学创作的主流便在这个大道统的拓展中定形。"而论及中国古代的文学批评理论时,他也同样从抒情诗的主体性与音乐性这两个要素着眼:"中国古代对文学创作的批评和对美学的关注完全拿抒情诗为主要对象。他们注意的是诗的音质、情感的流露,以及私下或公众场合中的自我倾吐。"[②]陈世骧还曾专门撰作《时间和律度在中国诗中之示意作用》一文,来说明中国古诗由字词本身所体现的音乐性;[③]又撰写《中国诗歌中的自然》一文,来说明中国古诗自然意象对诗人主体内在的象征作用。[④] 自然意象作为主体心境的象征是抒情传统论者的核心话题,是他们在论证中国古诗的主体性时最常用的理论工具。陈世骧在这方面的结论是:"中国诗人常常不肯仅仅以客观的态度描写或表现自然,而要使我们直接地体会自然,亲密而直接地触摸自然,使我们与自然融为一体,使我们化身为自然,也使自然化身为我们。"[⑤]以自然物象喻示人的内心世界构成象征——陈世骧的象征理论与台湾新儒家学者

(接上页)抒情诗"偷听说",其实与雪莱的"独唱论"有异曲同工之妙,都意在强调抒情诗的主体性,即其专注于自我表现而非人际交流的特性。参见 John Stuart Mill: "Thoughts on Poetry and Its Varieties", in *Collected Works of John Stuart Mill: Volume I*, Toronto and Buffalo: University of Toronto Press, 1981, pp. 348 - 349;〔加〕诺思罗普·弗莱:《批评的解剖》,陈慧等译,天津:百花文艺出版社 2006 年版,第 6 页;T. S. Eliot: *The Three Voices of Poetry*, London: Cambridge University Press, 1955, p. 4;〔美〕乔纳森·卡勒:《结构主义诗学》,盛宁译,北京:中国社会科学出版社 1991 年版,第 245 - 246 页。

① 参见 Scott Brewster: *Lyric*, London and New York: Routledge, 2009, p. 16.

② 陈世骧:《中国的抒情传统》,杨铭涂译,载《陈世骧文存》,沈阳:辽宁教育出版社 1998 年版,第 5 页。

③ 参见陈世骧:《时间和律度在中国诗中之示意作用》,载《陈世骧文存》,沈阳:辽宁教育出版社 1998 年版,第 47—66 页。

④ 参见陈世骧:《中国诗歌中的自然》,朱南度译,载《陈世骧文存》,沈阳:辽宁教育出版社 1998 年版,第 67—72 页。

⑤ 陈世骧:《中国诗歌中的自然》,朱南度译,载《陈世骧文存》,沈阳:辽宁教育出版社 1998 年版,第 72 页。

徐复观的象征理论遥相呼应，高度一致，皆为高友工的象征抒情论的先声。[①] 以赛亚·伯林说："象征主义是所有浪漫主义思想的核心，浪漫主义批评家一直关注的现象"，"一切艺术都在试图通过象征激发对永恒运动(即生命)的无以言传的愿景。"[②]可知通过象征体现主体性本是西方浪漫主义运动的惯用手段。

缘于此，我们认为陈世骧对中国文学抒情传统的论证，是以西方浪漫主义文艺思潮的抒情诗理想为标准的。且不论中国文学中诗是否能取代文而成为规范性的文体，即便在诗歌史的范围内，中国古代事实上也很难找出与"抒情诗"相对等的能统贯历史的诗体观念。以南朝昭明太子《文选》所作的文体分类为例，诗只是文学 39 个大类中的一个，其余赋、骚、七、诏、册、令、教、策、表、上书、启、弹事、笺、奏记、书、移书、檄、难、对问、设论、辞、序、颂、赞、符命、史论、史述赞、论、连珠、箴、铭、诔、哀、碑文、墓志、行状、吊文、祭文诸般文体，以现代文学功能论来看，既有抒情性的，更多叙述性、描写性、议论性的，还有大量无法以现代文学功能的常规术语予以概括的。而《文选》对诗的分类，计有补亡、述德、劝励、献诗、公宴、祖饯、咏史、百一、游仙、招隐、反招隐、游览、咏怀、哀伤、赠答、行旅、军戎、郊庙、乐府、挽歌、杂歌、杂诗、杂拟等 23 类，其中只有咏怀、哀伤等极少数诗类具有个人主体抒情的意义，至于该诗类的音乐性则未置可否。[③] 以文字本身的音乐性见长的律诗至唐代才最终定型并完善，其问世以后，总是处在与大量不重视文字音乐性的古体诗，以及本可入乐的乐府诗、词、散曲的竞争之中；其题材内容亦丰富多样，不限于一己咏怀之意。如果不论诗体观念，从更广义的诗学命题考察，则"诗言志"的命题主要作为集体意识形态表达，以政治教化的道统姿态长期占据着"诗教"主流，对主体性的自我表现采取了压制的态度；"诗缘情"的文人诗传统不仅晚出，且复杂多变，或重于文辞的绮靡，或促成情感的类型化而发生为文造情，[④]缘情的诗作在自我表达方面并不总是能够充

① 陈世骧的学生杨牧在回忆他初到伯克利拜见陈世骧的情景时，讲述了陈世骧与徐复观之间的交往："不久我的老师徐复观先生来信说，既然到了伯克利，不可错过一见陈世骧。他们两位的交往始于有关《文心雕龙》的讨论，此后许多年，每当我在文学的题目里写信向徐先生问疑时，他总在回答以后附加一句：'如果陈先生的解释与我不同，宜从陈先生。'我追随徐先生读书多年，深知他品评学术人物的标准和脾气，能受他推崇如此的，似乎很难找到第二人。"见杨牧：《柏克莱——陈世骧先生》，载《掠影急流》，台北：洪范书店 2005 年版，第 29 页。

② 〔英〕以赛亚·伯林：《浪漫主义的根源》，吕梁译，南京：译林出版社 2008 年版，第 102、123 页。

③ 参见萧统编、李善注：《文选》，北京：中华书局 1977 年版。

④ 关于"诗缘情而绮靡"时代的文学特征，参见龚鹏程：《缘情绮靡的诗篇》，载《中国文学史》上册，北京：世界图书出版公司 2009 年版，第 123 页。

分、自由地发挥创作者的主体性;"吟咏情性"的观念直到近古以后才逐渐脱离早期经学的意识形态压制,转而强调个人创制与心灵自由,然则引领自由解放风尚的道禅意趣又推崇起纯粹静观的审美态度,对恣意的抒情予以抑制……

总之,同时在主体性和音乐性两方面都具有高度自觉的"抒情诗"的观念,在中国古代并未独立形成;即便恍若有之,也是现代人以西方抒情诗的理念为准绳而加以择取和阐释的。陈世骧以西方文学某一发展阶段之理想为标准揭橥的中国文学抒情传统,尽管作为一种中国文学史的诠释体系具有存在的权利与价值,但若以德里达"中心"与"边缘"的思想观之,则可以说,他在为原本"边缘"的中国文学的价值伸张、辩护的同时,仍以西方文学的价值立场为基准,其结果可能会更加强化西方文学的"中心"地位和中国文学的相对"边缘"地位。[①]

三、为抒情传统推定始源

在《中国的抒情传统》一文中,陈世骧指出:"抒情传统始于《诗经》。"[②]其实早在1959年发表的《中国诗字之原始观念试论》和1969年发表的《原兴:兼论中国文学特质》两篇论文中,陈世骧就已经着手描绘中国文学抒情传统的起源场景,同时说明《诗经》抒情性之由来。

《中国诗字之原始观念试论》一文最初其实是受到当时西方人对中国文学抱有成见的刺激,要在中国找出一个与亚里士多德《诗学》中的"poetry"功能相当的广义抽象的概念。于是陈世骧推原中国"诗"字在《诗经》中的早期用法,说明《诗经》正处在诗作为独立语言艺术的意识开始醒觉的时代,继而又考究"诗"字原始的字源含义,发现"中国'诗'字……从原始上就有着一个明确的意象,简单的综述,即是'蕴止于心,发之于言,而还带有与舞蹈歌永同源同气的节奏的

---

① 关于陈世骧的思想方法与西方中心主义之间的复杂关系,拙著《高友工与中国抒情传统》亦曾有论述:"陈世骧继承了'五四'学者在中西比较语境下展开学术研究的传统,但他并不像周作人那样以一种'你有我也有'的西方中心主义态度运思,而是在一种甚至比闻一多等人更为明确的民族文化心理的推动下,力图建立一个'我有你没有'的具有独立价值的中国文学传统——尽管这种心态在某种程度上说可能就是前一种心态极端化后的变形。"见徐承:《高友工与中国抒情传统》,北京:中国社会科学出版社2009年版,第15页。

② 在英语讲稿的原文中,陈世骧曾事先说明:"为了节约时间,我不准备按通常的办法对中国抒情传统的起源和影响作历史陈述。"Shih-hsiang Chen, "On Chinese Lyrical Tradition (Opening Address to Panel on Comparative Literature, AAS Meeting, 1971)", in *Tamkang Review*, 1971, 2(2), p. 17.

艺术'。这样一个独立的明确观念初始即成为一个专字"[①],从而说明中国的"诗"比西方的"poetry"更早成为抽象独立的概念。在这样一种为本民族文学辩护的话语氛围中,陈世骧顺带着指出西方的"poetry"倾向于通称叙事性文学,而中国的"诗"则专指具有主体性与音乐性特征的"言志抒情并韵律"的文学作品。可见,西方文学重叙事而中国文学重抒情这样一种广义抽象的比较文学思想,陈世骧在20世纪50年代即已根深蒂固地具有。

《原兴:兼论中国文学特质》一文的目标同样是为了从中国文学的起源场景中寻找对后世"民族特色"的决定性因素。陈世骧不满于历代经学家给《诗经》所添加的重重政教意味,认为他们对诗学术语"兴"的解释离其本意甚远,因而他要"把'兴'从所谓'六义'的困境里带开,重新加以估量"[②],以探寻《诗经》中的作品是否真有某种内在的共同性。显然,经学家的"兴"义诠释不符合西方抒情诗的要义,这就促使陈世骧独辟蹊径,借用字源学和人类学的方法重新诠释"兴"的根本内涵,使之往抒情诗的定义靠拢。

在经过一番字源学考证和人类学推衍以后,陈世骧提出:"'兴'乃是初民合群举物旋游时所发出的声音,带着神采飞逸的气氛……"[③]作为初民群体活动的"兴"如何转化成作为诗艺的"兴"呢?陈世骧进一步推论,在这种"上举欢舞"的群体活动中,"'民歌'的'群体'因素,只能适可而止,因为在那'呼声'之后,总会有一人脱颖而出,成为群众的领唱者,把握当下的情绪,贯注他特具的才分,在群众游戏的高潮里,向前更进一步,发出更明白可感的话语。如此,这个人回溯歌曲的题旨,流露出有节奏感有表情的章句,这些章句构成主题,如此以发起一首歌诗,同时决定此一歌诗音乐方面乃至于情调方面的特殊形态。此即古代诗歌里的'兴',见于《诗经》作品的各部分"。[④] 这样,原始初民"上举欢舞"活动所特有的声音节奏与气氛情绪便不断由这些领唱者化为章句主题,发起一首首诗歌,造成了《诗经》作品在音乐效果上的"反复回增"以及题旨内容上的弦外声音,从此开辟了以回旋的韵律和浑茫的意象(此正合于抒情诗的音乐性与主体

---

① 陈世骧:《中国诗字之原始观念试论》,载《陈世骧文存》,沈阳:辽宁教育出版社1998年版,第23页。

② 陈世骧:《原兴:兼论中国文学特质》,杨牧译,载《陈世骧文存》,沈阳:辽宁教育出版社1998年版,第167页。

③ 陈世骧:《原兴:兼论中国文学特质》,杨牧译,载《陈世骧文存》,沈阳:辽宁教育出版社1998年版,第155页。

④ 陈世骧:《原兴:兼论中国文学特质》,杨牧译,载《陈世骧文存》,沈阳:辽宁教育出版社1998年版,第158页。

性两大要素)为共同特点的中国文学抒情传统。

我们看到,在陈世骧的论证环节中,其字源学考证是有据可依的,其形式分析也是有文本依据的,但他中间那一步推论,即设置一位特具个人才能的领唱者将群体歌舞的节奏与情绪转化为诗句,却是出于一种文学人类学的想象或假设。我们很难判断这样的想象或假设是否合理,但可以从中发现一些问题:其一,陈世骧此番假想是以西方美学的"天才说"(如康德的"天才说"[①]与 T. S. 艾略特的"传统与个人才能论"[②])为基础的,所以在陈世骧心目中,个人的天才创制是《诗经》作品得以产生的前提,是保障民歌节奏与群体情绪转化为形式完善的音乐和主体内心的意象的关键所在。其二,正是这一步由群体转向个体的想象或假设过于简单化、绝对化,导致陈世骧对中国诗歌与文学的评价前后似出现了矛盾。请比较这两段文字:

> 个人才具实即为集体创作时不可免的决定因素。我们读《诗经》(尤其《国风》部分)时,常常会感觉到诗里"个人"情绪的飞扬,虽然歌者不报姓名,不指定自己的存在,他的作品依然是个人情感的流露,此即所谓"抒情诗"之真义矣。

> 在中国文学史里,不论是诗、戏剧或小说,基本的民间传统是绝对不容忽视的。这或许是中国历代文学总维持着一个共同水准的原因。不论文人如何加工润饰,不论某一时代某种文体多么个人化,意象和主题两方面都不缺乏自然的土地和人生今世的气息。如西洋之超过一般程度的出世观念和浪漫的自我主义可谓绝无仅有。中国文学里找不到过分的"个人的"象征主义,所有的心理兴味都往往是公共性的。[③]

前一段评价《诗经》,为说明领唱者的个人才能是《诗经》作品创制的决定因素,陈世骧特别强调诗中"个人情绪的飞扬""个人情感的流露",从而证明"弥漫

① 参见〔德〕康德:《判断力批判》,邓晓芒译,北京:人民出版社 2002 年版,第 150—165 页。

② 参见〔英〕T. S. 艾略特:《传统与个人才能》,卞之琳译,载《艾略特诗学文集》,北京:国际文化出版公司 1989 年版,第 1—8 页。

③ 陈世骧:《原兴:兼论中国文学特质》,杨牧译,载《陈世骧文存》,沈阳:辽宁教育出版社 1998 年版,第 156、176 页。

着个人弦音”[①]的《诗经》作品符合西方抒情诗的主体性要义，中国文学自始就有抒情的特征。后一段为说明中国文学与民间群体活动具有重要关联，又强调其作品里并没有西方文学那种浪漫的自我主义和过分个人化的象征主义，从而表明中国文学截然不同于西方文学。此间的矛盾是显而易见的，即使陈世骧可以辩称，他想说的是因为公共性的客观存在，《诗经》等中国文学的个人色彩鲜明却并不过分绝对；然而陈世骧心目中的西方文学既以叙事传统为主，又如何将浪漫的自我主义和个人化的象征主义据为一己之主要特征？看来，无论中西文学，实际上都不是铁板一块，并非只有单一的主流；即使一部《诗经》，三百余首诗篇亦各成形于不同时代、不同社会环境，它们的创作过程恐怕亦非这一种假设所能说明得了的。

通过对“诗”与“兴”的诠释，陈世骧将《诗经》推定为中国文学抒情传统的始源。然而海外华人中国抒情传统学派中的后来者，在继续发展陈世骧的抒情传统说的同时，却很少有人延续他以《诗经》为抒情传统始源的做法。高友工建立的中国抒情美学体系，其历史脉络以先秦乐论为起点，论文学则以汉魏文学理论，以及汉末《古诗十九首》为起点。其原因，高友工解释为“中国抒情文学传统是可以远溯先秦时代，但文学理论却只是政治或哲学理论的附庸而已”[②]，而文学创作“在《古诗十九首》中我们才初次看到抒情由外投转向内省”[③]。其后，台湾学者吕正惠亦撰文论证，《古诗十九首》及与之相关的六朝“物色”论与“缘情”说才是中国抒情传统得以真正确立的基础，也是后代抒情美典的源头。[④] 另一位台湾学者张淑香则别出心裁地从晋代《兰亭集序》中寻找抒情传统“本体意识”的根源。[⑤] 应该说，吕正惠与张淑香对中国抒情传统起点的推定，都是围绕高友工“抒情主体”的思想而开展的。现在看来，这些后来的抒情传统论者，多半是在《诗经》作品的个体性与集体性（即陈世骧所谓“公共性”）问题上产生了困惑，才放弃了以《诗经》为抒情传统始源的做法，转而另行寻找更贴合主体性

① 陈世骧：《中国的抒情传统》，杨铭涂译，载《陈世骧文存》，沈阳：辽宁教育出版社 1998 年版，第 2 页。

② 高友工：《中国文化史中的抒情传统》，载《中国美典与文学研究论集》，台北：台湾大学出版中心 2004 年版，第 128 页。

③ 高友工：《试论中国艺术精神（下）》，载香港《九州学刊》1988 年第 3 期，第 8 页。

④ 参见吕正惠：《物色论与缘情说——中国抒情美学在六朝的开展》，载《抒情传统与政治现实》，台北：大安出版社 1989 年版，第 3—34 页。

⑤ 参见张淑香：《抒情传统的本体意识——从理论的“演出”解读〈兰亭集序〉》，载《抒情传统的省思与探索》，台北：大安出版社 1992 年版，第 41—62 页。

要义的抒情传统起点。这提醒我们，用后起的甚至异邦的文学理想宏观地返照、形塑复杂的远古文学，企图为历史框定一个统一的答案，由此产生的困境可能是难以克服的。

结　语

陈世骧作为海外华人中国抒情传统论的首倡者，渊承"五四"学脉，在西方学术环境中孜孜于中西文学比较与中国文学的阐发推广，为民族文化的发扬及其在海外华人中的延续作出了杰出的贡献。他所倡导的中国文学抒情传统的学说，深受中国现代文学革命的影响，以西方浪漫主义文学理想为基准，对中国古代文学做了一种近似一元论的阐述与塑形。步其后尘的海外华人中国抒情传统论者，不断将这一一元论的文学史观扩大化、理论化、体系化、精致化，逐渐形成一个内容丰赡、视野宏阔、层次分明的抒情传统研究版图。

关于陈世骧的学术研究方法，他的学生杨牧曾概括说："陈先生以深邃的古典修养为根基，用现代西洋文学批评的方法重估三千年中国传统文学的成就，发明最多，均可为这一代有志于中西文学研究者之参考。"①杨牧还指出，陈世骧"似乎是唯一能在论中国古典诗的时候，左右逢源地引证转述西方文学理论的学者；而且我还记得，他似乎是唯一再三强调新诗在中国文学的正统地位的大学文科教授"。② 应该说，就其求学经历与治学环境而言，陈世骧秉承身兼学者与新诗诗人双重身份的"五四"文人的浪漫主义理想，③将中国文学以现代西方文学批评的方法与术语重作阐发，宣扬于欧美学界，这不仅无可厚非，而且筚路蓝缕、功不可没。然而以学术发展的眼光来看，陈世骧的比较文学研究采取

① 杨牧：《编辑报告》，载陈世骧《陈世骧文存》，沈阳：辽宁教育出版社 1998 年版，第 181 页。

② 杨牧：《柏克莱——陈世骧先生》，载《掠影急流》，台北：洪范书店 2005 年版，第 29 页。

③ 杨牧回忆说："陈先生早年是北京大学诗人群里的批评家，他最要好的朋友中包括许多现代文学史里最响亮的名字；他常说：'朋友们都写诗，写得那么好，我想：写诗大概是写不过他们的，但我可以做一件事，我可以品评他们的作品，我可以翻译他们的作品，使他们的读者增加。'一九三六年他的《中国现代诗选》在伦敦出版，这可能是中国新诗第一次英译的结集。"见杨牧：《柏克莱——陈世骧先生》，载《掠影急流》，台北：洪范书店 2005 年版，第 37 页。

另据陈国球考证，陈世骧在北京大学求学、任教期间，"他是当时在北平慈慧殿 3 号朱光潜家中进行的'读诗会'的常客，与会者包括北京大学的沈从文、梁宗岱、冯至、孙大雨、罗念生、周作人、叶公超、废名、卞之琳、何其芳、徐芳，清华大学的朱自清、俞平伯、王了一、李健吾、林庚、曹葆华，以至林徽因、周煦良等"。此外，陈国球还详考了陈世骧与英国诗人艾克敦（Harold Acton，1904－1994）联合英译第一个中国现代诗选本《中国现代诗选》（*Modern Chinese Poetry*，1936 年）的情形，以及陈 （转下页）

了以西律中的方式，并用一元论的强势话语遮蔽了中西文学原有的复杂性，其说作为中西比较文学学科起步阶段吸引西方学者兴趣的权说可矣，但若被当作中国文学唯一的诠释系统加以无限制的扩展，把对具体文学现象的阐发皆归为此一诠释系统的子句或部件，则文学史研究在有所见的同时必将产生更多“不见”。海外华人中国抒情传统学派后来的发展，便陷身于这种“见”与“不见”的往复轮回之中。

(接上页)世骧与多位新诗诗人的文字往还，足见陈世骧对中国现代文学尤其是新诗活动之充分参与。参见陈国球:《“抒情传统论”以前——陈世骧早期文学论初探》，载(台湾)《淡江中文学报》2008年第18期，第225—251页。

以其时正盛行西方的浪漫主义诗歌之美学理想作为中国新诗创作的发展方向，并以此反溯中国文学史，将浪漫的抒情解释为古典诗学本有的精髓乃至道统，从而为浪漫主义新诗划定正统地位——这是许多身兼新诗诗人与文学研究者双重身份的“五四”文人的治学特点。这一治学特点也为陈世骧所继承。

论高友工对中国抒情美学体系的规范性建构

高友工[①]是海外华人中国抒情传统学派的一代宗师，中国抒情美学的理论奠基者和体系建构者。他在普林斯顿大学指导的学生有许多业已成为北美乃至全世界最负声望的汉学家，而他在20世纪七八十年代的返台讲学、发表论文，掀起所谓“高友工旋风”“高友工震荡”，直接导致了台湾一批年轻学者因常年集会研讨其“抒情传统”议题而逐渐形成一个同气相求的学术群体。

与陈世骧相似，高友工没有“等身”的著作，但他的几篇论文却被台湾大学柯庆明教授称为“就个人阅读所及应是20世纪以中文撰述的最为深入又最为周密的文学研究的理论分析”[②]，康奈尔大学梅祖麟教授把高友工的中文论文集誉为继刘勰《文心雕龙》、弗莱《批评的解剖》之后第三本堪称“体大思精”的文学理论书[③]，而高友工的学生、耶鲁大学孙康宜教授却说他“就是不怎么爱写东西，最近他被出版社逼迫，终于把一些东西整理出来。但是那些出版的文字只是他所教的东西的千分之一而已，他肚子里那些东西太多，可惜没有写出来”[④]。

在中文世界里，高友工迄今只出版过两种论文集。第一种《唐诗的魅

---

① 高友工(Yu-kung Kao，1929－)，出生于沈阳，曾就读于重庆南开中学和北京育英中学，1947年入读北京大学法律系，1948年10月随家人赴台，1949年入台湾大学特别班，后转入中文系。1952年由台湾大学中文系毕业，服完兵役后负笈美国，在哈佛大学师从有“汉学界第一人”美誉的杨联陞教授研读中国历史，1962年以论文《宋代方腊之乱》获博士学位。此后长期在普林斯顿等高校任教，1999年6月由普林斯顿大学东亚研究系荣休。

② 柯庆明：《导言》，载高友工《中国美典与文学研究论集》，台北：台湾大学出版中心2004年版，第Ⅰ页。

③ 参见梅祖麟：《序》，载高友工《美典：中国文学研究论集》，北京：生活·读书·新知三联书店2008年版，第4页。

④ 孙康宜：《唯一能够让我走出阴影的方法就是读书》，载《亲历耶鲁》，南京：凤凰出版社2009年版，第246页。

力——诗语的结构主义批评》，是叶嘉莹教授在南开大学客座讲学时，着其听课的研究生翻译高友工与梅祖麟合著的3篇唐诗研究论文，后辑为一册于1989年在上海古籍出版社出版。而在台湾，台大外文系的黄宣范很早就已翻译了这3篇论文，在创刊未久的《中外文学》杂志于1973—1976年间分期连载。这3篇论文可以看作是将西方结构主义语言学方法应用于唐诗批评、分析与研究的一次试验。第二种即高友工关于抒情美典的研究论集，初由台湾大学柯庆明教授主持收集编校，2004年在台湾大学出版中心以《中国美典与文学研究论集》[①]为题出版，2008年又由北京三联书店以《美典：中国文学研究论集》[②]为题增订出版。该书所收录的论文，较全面地反映了高友工抒情美学思想的基本面貌；其中多数论文曾于20世纪70年代至21世纪初陆续发表于台港地区学术期刊，一度对台湾乃至更广泛的华语世界的中国文学研究者产生了深远的影响，积聚起一个颇具学派规模的学术群体。

高友工的思想特点，是从理论立基，充分利用西方多学科的理论资源构筑具有普遍意义的美学体系，然后由此规范性的体系衍生出对中国历史上各种艺术体类的分别阐释。台湾暨南国际大学中国语文系的马来西亚作家黄锦树曾对其思想结构予以评价：

> 高友工的计划是抒情传统建构史的一大高峰，除了在理论上为中国传统文学文论的表达格式提出了强有力的辩护、从知识论的高度论证了相关研究的合法化，并且尝试在术语系统上找到和当代西方美学可以等值兑换的语词货币，而离开传统文学文论以独特的修辞体类达成的拒绝和现代学术体制对话的自我封闭的自足体系。更重要的是较完整地建构了抒情传统的（精神史式的）大叙事——以语言学—诗学—美学为上层构架，以文学史为下层构造——如此而为一向欠缺一个总体的整合框架（甚至问题意识、问题感）的古典文学/文论找到可以安顿它们的各个环节的总体叙事，如同一个句子，那是让意义得以产生的上下文；而后继者，有的如同推敲铸造该句子中一个词语，有的磨铸一个子句，有的从文学史的角度以自己的腔调重新讲述。其理想架构—抒情美典的构设，接近于一种学术典范的奠立。把传统的规范诗学

① 参见高友工：《中国美典与文学研究论集》，台北：台湾大学出版中心2004年版。

② 参见高友工：《美典：中国文学研究论集》，北京：生活·读书·新知三联书店2008年版。

> 借由抒情美典延展为中国文化史中的一般诗学(理想架构)。……高友工的抒情美典计划,本质上为后继者提供了一个庞大的、可向哲学美学延伸的解释框架,以及一个普被接受的关于中国文化以诗为主体之自身逻辑的合法化叙事。①

黄锦树的概括虽然抽象,却很好地说明了高氏思想体系何以能够形成一种学术典范和规范化叙事,从而为其后继者所充分延续、发挥,交汇成关于中国抒情传统的研究潮流。

由于高友工的思想极为深邃复杂,而他历经多年发表的论文前后又难免发生内容重复,所以笔者接下来的行文,将先概述高友工整个思想体系的来龙去脉和结撰方式,再依次讨论其思想中的几个核心概念和问题。

一、抒情美学的理想架构

高友工的博士论文指导老师杨联陞教授是陈世骧生前的至交好友,与陈世骧有极密切的学术交流,杨牧在编辑《陈世骧文存》时将杨联陞悼念陈世骧的一篇文字作为《陈世骧文存》的序一,并解释说:"此书选刊两篇,即杨联陞先生和夏志清先生的纪念文字。理由一是,杨先生和夏先生与陈先生生前最熟悉,最了解陈先生的为人和治学。"②所以,虽然笔者目前尚未见高友工在论著中正式引用陈世骧的文字,但依据其导师与陈世骧的亲密关系,以及陈世骧在北美比较文学与中国文学研究界的广泛影响,可以判断高友工不可能不熟悉陈世骧的思想与论著。王德威说:"陈世骧教授的观点日后有同在美国的高友工教授回应。两人方法虽有不同,但对抒情信念都是一往情深。"③黄锦树则指出,陈世骧的学术路向"在高友工教授那里获得进一步的论题化,更加的知识系统化,扩大为中国抒情美学这样的论题,而把论述拉高到哲学的抽象层次"。④ 可以认

① 黄锦树:《抒情传统与现代性:传统之发明,或创造性的转化》,载(台湾)《中外文学》2005 年第 2 期,第 170 页。

② 杨牧:《编辑报告》,载陈世骧《陈世骧文存》,沈阳:辽宁教育出版社 1998 年版,第 180 页。

③ 王德威:《序:诗与物——〈引譬连类:文学研究的关键词〉》,载郑毓瑜《引譬连类:文学研究的关键词》,台北:联经出版事业股份有限公司 2012 年版,第 3 页。

④ 黄锦树:《抒情传统与现代性:传统之发明,或创造性的转化》,载(台湾)《中外文学》2005 年第 2 期,第 168 页。

为，高友工的中国抒情美学体系，是在陈世骧所提出的中国文学抒情传统的论题基础上发展起来的。但高友工所论已不再局限于文学领域，而是借助抽象的美学理论，把论题扩展至远为广泛的中国古典艺术诸门类。

总起看来，高友工的中国抒情美学体系由两个维度构成，一是共时态的理论建设，二是历时态的各种艺术体类的美典(即美感经验之典式)研究。在理论建设部分，高友工大量调用西学资源，包括分析哲学、心理学美学、英美"新批评"、意象派与象征主义诗论、结构主义诗学、语言学、符号学、原型批评、意识批评等思想方法与阐释工具，打造了一个被认为可以同时兼容中国美学与西方美学之主要特征的理想框架。然后他在此理想框架中展开中西比较，用西方文学批评概念"象征"作为具有普遍意义的范式，来"重构"中国美学史上各个时期、各种艺术体类的抒情美典。

高友工用于理论基础建设的 3 篇论文，分别为《文学研究的理论基础——试论"知"与"言"》《文学研究的美学问题(上)：美感经验的定义与结构》《文学研究的美学问题(下)：经验材料的意义与解释》，系其首度返台讲学时所发表，曾陆续刊载于刚创刊的台湾《中外文学》杂志。这几篇论文据高友工自述"是我首次用中文写些学术性的文章，自然别扭之极"[①]，然而发表后却予台湾中文学界以巨大震撼和深远影响，连徐复观都认为是"台湾三十年来所见最杰出之文论"[②]。3 篇论文皆隐含着比较美学的视野。《文学研究的理论基础——试论"知"与"言"》相当于一个导论，区分了"现实之知"和"经验之知"，分别对应于"分析语言"和"象征语言"。高友工把"现实之知"和"分析语言"看作是现代西方文学批评的主要对象和工具，把"经验之知"和"象征语言"看作是中国古代文学批评的主要对象和工具，从而为后者的存在价值张目，并表示我们今天的文学研究应以分析方法来处理由"经验之知"和"象征语言"构成的批评传统。[③]《文学研究的美学问题》上下两篇即在此方向上展开，力求以分析的语言和方法勾勒出一个"能兼容中西文化中的美学范畴与价值"[④]的理论蓝图。《文学研究的美学问题(上)：美感经验的定义与结构》指出，美感经验的本质是在

---

① 高友工：《自序》，载《美典：中国文学研究论集》，北京：生活・读书・新知三联书店 2008 年版，第 17 页。

② 高大鹏：《介绍高友工先生的文学思想》，载(台湾)《书评书目》第 80 期，1979 年 12 月，第 16—23 页。

③ 高友工：《文学研究的理论基础——试论"知"与"言"》，载《中国美典与文学研究论集》，台北：台湾大学出版中心 2004 年版，第 1—20 页。

④ 高友工：《文学研究的美学问题(上)：美感经验的定义与结构》，载《中国美典与文学研究论集》，台北：台湾大学出版中心 2004 年版，第 21 页。

"自我感"与"现时感"作用下的"再经验",它以快感为基础,但其超越普通快感之处在于它要经历对"自我现时"的"心境"的观照与内省。[①] 在《文学研究的美学问题(下):经验材料的意义与解释》一文中,高友工将美感经验的对象——感象,区分为由"直觉印象"而来的简单感象、由"等值通性"而来的并立感象、由"延续关系"而来的意象,以及由"外缘语境"而来的文化理想或境界四个类型。这一分类的思路借助于结构主义诗学家雅各布森关于话语传达六种要素的理论,但高友工对之施以大刀阔斧的改造,[②]并将这四种类型划归三个层次:"直觉印象"处于最低层次,"等值通性"(由雅各布森所谓诗歌语言的隐喻功能或曰"等值同一"的"相似性"原则发展而来)和"延续关系"(由叙述语言的转喻功能或曰"相邻性"原则发展而来)处于较高级的有关感象结构的层次,"外缘语境"则处于最高层次,完整的美感经验理论上应包含上述三个层次的全部内容。经此高友工指出,"抒情传统"和"描写、叙述传统"的根本区别,在于前者的作品在形成感象结构的过程中,经验的"本体""代体"以及创作主体都在对"个人心境"的体验中合一了;而后者的作品在形成感象结构的过程中,作为"外在物境"的"本体"与模拟它的"代体",以及作为描述者的主体都是各自独立的。[③]

就此,高友工将话题转移到"抒情传统"上面。经过前面的理论推衍,高友工不再把"抒情传统"如陈世骧及其"五四"师友那般看作是单纯的抒情诗这一文体的传统,而是从"外缘语境"的角度将它解释为中国文化的理想精神,由此就可以把抒情诗以外的艺术体类也收归门下。他说:"这个传统特别突出地表现了一个中国文化中的'理想',而这种'理想'正是在'抒情诗'这个形式中有最圆满的体现。'抒情'……并不是一个传统上的'体类'的观念。……我所用的'抒情传统'是指这种'理想'最圆满的体现是在'抒情诗'这个大的'体类'之中。……它肯定个人的经验,而以为生命的价值即寓于此经验之中。……个人的经验可以成为此一具体的'心境',生命价值即蕴藏于此'心境'之中。"[④]所以

---

① 高友工:《文学研究的美学问题(上):美感经验的定义与结构》,载《中国美典与文学研究论集》,台北:台湾大学出版中心 2004 年版,第 21—43 页。

② 关于高友工对雅各布森结构主义诗学理论的复杂的吸收与改造,笔者曾有详细分析,参见徐承:《高友工与中国抒情传统》,北京:中国社会科学出版社 2009 年版,第 55—99 页。下文亦将再次论及这一话题。

③ 高友工:《文学研究的美学问题(下):经验材料的意义与解释》,载《中国美典与文学研究论集》,台北:台湾大学出版中心 2004 年版,第 44—103 页。

④ 高友工:《文学研究的美学问题(下):经验材料的意义与解释》,载《中国美典与文学研究论集》,台北:台湾大学出版中心 2004 年版,第 95—96 页。

高友工对"中国抒情传统"所作的历时态的阐释，是以揭橥各时代在艺术体类上的"典型"与"理想"，从而彰显与西方"悲剧精神"相对照的"抒情精神"为目标的。换言之，高友工意在指点具有典范意义的美学理想，而无意作具体而微的历史现象考察。

高友工的历时态美典研究以《中国文化史中的抒情传统》一文最为完整，此外，又有与之近似的《试论中国艺术精神》，以及以《律诗的美学》为代表的对某种艺术体类之美典的多篇单独论述。以下按逻辑与历史顺序对这些文章所述及的内容予以简单铺叙。

高友工所谓的"抒情传统""专指中国自有史来以抒情诗为主所形成的一个传统"，它作为中国艺术传统中"绵延不断支脉密布的主流""体现了我们文化中的一个意识形态或文化理想"，"透露了一套很具体的价值体系，触及了文化的根本"。[①] 为展现这一宏观的文化理想的整体样态，高友工涉足历史语境，归纳各历史阶段以某种艺术体类为中心的美学典范，此即作为"中国抒情传统"基本构成单位的"抒情美典"。"中国抒情传统"的历时态轨迹就此被简化成各代、各体"抒情美典"的接续与串联。

在中文语境中，"aesthetics"一词通常被译为"美学"，用于称呼研究人的感性能力与审美经验，以及文学艺术与审美文化之原理的学科。高友工认为，在人类文化史中，美学的经验与理想往往会形成一套可以传达、承续的观念系统。这一观念系统类似于一种典式或范式，高友工称之为"美典"，亦用英文单词"aesthetics"表示。他进而说明，"抒情美典是以自我现时的经验为创作品的本体或内容。因此它的目的是保存此一经验。而保存的方法是'内化'(internalization)与'象意'(symbolization)"；与之相对，叙事美典以艺术品为对象本身，以交流为目的，它的交流方式是"始于'外观'(display)，而终于'代表'(representation)"。[②] 凭借这一被赋予了普适性意义的概念，高友工对中国文化理想作了如下判断："在中国文化的价值论中……至少在涉及艺术的领域时，外在的客观目的往往臣服于内在的主观经验。也可以说'境界'似乎常君临'实存'。讲抒情传统也就是探索在中国文化(至少在艺术领域)中，一个内向的

① 高友工：《中国文化史中的抒情传统》，载《中国美典与文学研究论集》，台北：台湾大学出版中心 2004 年版，第 104—105 页。

② 高友工：《中国文化史中的抒情传统》，载《中国美典与文学研究论集》，台北：台湾大学出版中心 2004 年版，第 107—108 页。

(introversive)价值论及美典如何以绝对优势压倒了外向的(extroversive)美典,而渗透到社会的各阶层。”①

此中的关键问题在于,该怎样理解抒情美典的“象意”或曰“象征”。我们已知,高友工把美感经验划分为三个基本层次——感性的、结构的、境界的,完整的抒情经验取决于如何在诸层次的全面贯通中实现对整体生命意义的象征。在高友工看来,可感的经验材料原本是驳杂无序的,经验者“自我”与“现时”的“同一”能力能够将这些内容繁杂而形式纷乱的经验材料重新组合起来,构成一个以“隐喻性的等值”和“转喻性的延续”为原则展开“重复”或“延伸”的性质系统的结构;在外在的艺术作品这一方面,“由于抒情艺术的媒介处处从本质上看,它的结构自然是不外并立、对立、相连与断绝,而且集中在一个自我与现时的焦点”②,恰好与经验者内心中“重复”或“延伸”的性质系统的结构符合对应,因而完全有可能在经验中被如此重构,从而实现象征。高友工指出:“一个最成功的形式是能象征了创作者在创造时际的心境。……心境对艺术家而言亦只是一种本质,这个形式实仅是体现了创作者之心境的一种本质。一个体现了心境的形式也就是艺术的境界,抒情的理想也到此为止。这也就说明了何以抒情精神始于内省必终于象意。”③

在借助象征理论建立了抒情美典的基本模式以后,高友工就有了一个得心应手的用具,可以方便地对中国美学史上各个时期的各种艺术体类进行重释,把它们一一归入抒情美典的框架,从而串接起一个完整的中国抒情传统。

高友工的历史考察避开了陈世骧及其“五四”师友喜谈的《诗经》,而将先秦乐论作为起始。在他看来,先秦乐论对于“声”“音”“乐”的分辨正体现了抒情美典的三个基本层次——低级的快感、结构性和至高的人生境界。并且,《尚书·尧典》与《乐记》的表述还显示出把音乐活动视为“内在的体验”和“象征性地言志”的思想倾向。高友工据此认为,先秦乐论中所包含的音乐观已经具备了抒

① 高友工:《中国文化史中的抒情传统》,载《中国美典与文学研究论集》,台北:台湾大学出版中心 2004 年版,第 110 页。

② 高友工:《中国文化史中的抒情传统》,载《中国美典与文学研究论集》,台北:台湾大学出版中心 2004 年版,第 121 页。

③ 高友工:《中国文化史中的抒情传统》,载《中国美典与文学研究论集》,台北:台湾大学出版中心 2004 年版,第 122 页。

情美典的主要特征。[①]

汉魏六朝是中国文学理论高度发达的时期,《诗大序》《文赋》《文心雕龙》是此期文论的代表性作品。高友工指出,汉代的《诗大序》中所提出的"诗言志"的问题,已经被汉魏之交强大的个人主义思潮——体现在《古诗十九首》和建安诸子的诗作中——提升到了"个人体现的层面";西晋陆机的《文赋》专门对作者的创作过程作了强调,并论述了语言亦即艺术媒介对个体"意"的表现,从而对"内化""象意"这对抒情理论的核心概念均有涉及;与此相似,南北朝刘勰的《文心雕龙》对"神思""情文"两个文学范畴的讨论,一个强调了"内化"的创作过程,一个强调了内指的"象意"语言,因此也是抒情美典的充分体现。[②]

隋唐兴起的律诗和草书这两种艺术体类,被高友工认为是最具代表性的抒情美典,因为它们都能借助文字媒介而构筑起"象意"的结构。他说,"律体是奠基于一个象征的形式空间之上,在这个空间中诗人的'意'才能展示。这个空间取代了一般语言交流时的现实状况,成为用文字表现内心心境的形式架构";与之相对,草书则把字形亦即字的笔画形象用作对创作者心境的象征,"这个心境在书法中是以气的形式出现。……是这个气使心中的境能转而为势,做到以气势为美典的理想"。[③] 律诗美典和草书美典,正好构成抒情传统中空间艺术和时间艺术的"两造"。

值得注意的是,除了《文学研究的美学问题(下):经验材料的意义与解释》《中国文化史中的抒情传统》和《试论中国艺术精神》这几篇整体论述中国抒情传统的论文曾言及律诗的典型地位,高友工还专门撰写了《律诗的美学》一文,用以详细讨论律诗美典的问题。[④] 在高友工看来,律诗提供了最具典范与理想意义的抒情美典,因其内涵深广的象征境界,最能代表中国抒情传统"和"的文化理想。他说:"'抒情诗'这一传统,'律体'这一'典型'至少表现了部分中国文化的理想。对某些人来说,在其最高的境界一首圆满的律诗体现了一种生命的

---

① 参见高友工:《中国文化史中的抒情传统》,载《中国美典与文学研究论集》,台北:台湾大学出版中心 2004 年版,第 124—127 页。

② 参见高友工:《中国文化史中的抒情传统》,载《中国美典与文学研究论集》,台北:台湾大学出版中心 2004 年版,第 128—136 页。

③ 高友工:《中国文化史中的抒情传统》,载《中国美典与文学研究论集》,台北:台湾大学出版中心 2004 年版,第 145、151 页。

④ 参见高友工:《律诗的美学》,黄宝华译,载《中国美典与文学研究论集》,台北:台湾大学出版中心 2004 年版,第 209—262 页。

智慧。在这一时际,'美感'已由'快感'逐渐经过了'形式结构美'的过程,进入了'境界'的'美'……这'境界'的美之所以能震撼我们,正是因为它含孕了(而未必明言)这生命的理想与意义。这可以说是最具体的'经验之知',对这些被震撼的人也可以说近乎'智慧'了。"[①]由此出发,无论是词体中的小令和长调,还是《红楼梦》《儒林外史》等叙事文学,都可以看作是律诗美典之抒情理想的发展与变形。[②]

回过头来。高友工认为,律诗美典和草书美典之所以在形态上表现出空间与时间的两相对立,很大程度上是前者更注重"内化"而后者更倾向于"象意"所致,而成长于五代到宋的绘画美典,正是前两种美典交合融会的结果。最初,山水画延续律诗美典的发展,对外在客观的景进行内化,通过多点透视的技术手段,造就了心化的"境";水墨画则类似于草书,其笔法所表现的气势正象征了某种心态;发展到文人画的阶段,水墨山水融合了山水画的意境和水墨画的气势,实现了"内化"与"象意"、空间与时间的平衡。[③]

至此,高友工把中国古代自先秦以降较有代表性的几个艺术体类,都归并进了"内化"和"象意"这两个被赋予了普适性的范畴,由此串联起一个时序完整、在体类上兼容并蓄(所谓"跨越抒情诗文类")的中国抒情美典系统。

概括而言,高友工论证抒情美典的策略是,在理论上从普遍经验的角度进入,用表现论"再经验"的思想表明经验具有可传递性,随后将美感经验划分层次,使之符合象征理论的结构要求;然后在面对特定历史阶段中被选定的艺术典范时,转而从语言媒介的角度切入,一一说明各种艺术体类具有以象征方法——他所谓"内化"其实是象征的反向运动——保存并传递作者经验全程的可能性。正是因为高友工抓住了语言媒介这一为一切艺术所共有的物质基础,故而能够在应对不同时代不同艺术体类的时候无往不利,中国抒情美学及其传统也因此而得到系统的建构。不过,这一思想体系的问题在于,尽管诸种艺术

① 高友工:《文学研究的美学问题(下):经验材料的意义与解释》,载《中国美典与文学研究论集》,台北:台湾大学出版中心 2004 年版,第 102 页。

② 参见高友工:《小令在诗传统中的地位》,载《中国美典与文学研究论集》,台北:台湾大学出版中心 2004 年版,第 263—284 页;《词体之美典》,载《中国美典与文学研究论集》,台北:台湾大学出版中心 2004 年版,第 285—292 页;《中国叙述传统中的抒情境界——〈红楼梦〉与〈儒林外史〉读法》,载《中国美典与文学研究论集》,台北:台湾大学出版中心 2004 年版,第 353—370 页。

③ 参见高友工:《中国文化史中的抒情传统》,载《中国美典与文学研究论集》,台北:台湾大学出版中心 2004 年版,第 152—164 页。

媒介都具有抽象化亦即造就象征的可能，但每一件具体的艺术作品，每一次具体的艺术经验，却并非都有象征的必要。这就使得被人为赋予普遍规定性的理论体系在应对具体艺术文本的时候可能会遭遇反证。换言之，高友工欲图打造“可以放诸四海而皆准的”“普遍、抽象的理论架构”[①]的雄心，或许在方法论上就先天具有理论遮蔽或过度阐释的可能性。

二、从“再经验”到象征理论

高友工所作的共时态理论建设，以“再经验”思想和象征理论为两大基石。这两种思想尽管看似分别处理着不同领域的问题，但在高友工那里属于同一过程的不同方面。

“再经验”思想所要说明的是经验的可传递问题，亦即“抒情”所造成的实际效应问题。高友工如此阐释“再经验”：“虽说‘经验之知’无法描写、传述，但是‘经验’本身却是最具体的现象，我们可以内省、想象。而‘美感经验’正是假设这经验是导源于一个外在的、共同的艺术（或自然）媒介。因此若此‘经验’体现了一种‘知’，至少可以从我们对这外在的共同‘媒介’的认识和对这‘经验’的想象来了解这个‘经验之知’的性质、形态。”[②]“‘美感经验’是我们希望保存，而且不断重新经验的。……‘经验’本身虽难以言传，但是围绕经验者的外在现象倒是可以忠实地描写叙述为人领受。因此如使他人置身于同样的境况之中，也许同样的材料可以产生同样的刺激和感应。这也是‘创造经验’能产生‘美感’的‘再经验’的理论依据。”[③]所以高友工所理解的抒情经验，本质上是指接受者借助艺术媒介的唤起而重新经验创作者的过去经验，并把这一经验客体内省、想象为“自我”“现时”的主体当下经验的过程。[④] 后来高友工及其弟子在文艺批评中所经常使用的两个概念——“抒情自我”和“抒情现时”，便应该在此“再经验”的意义上予以理解。

① 高友工：《中国文化史中的抒情传统》，载《中国美典与文学研究论集》，台北：台湾大学出版中心 2004 年版，第 104 页。

② 高友工：《文学研究的美学问题（上）：美感经验的定义与结构》，载《中国美典与文学研究论集》，台北：台湾大学出版中心 2004 年版，第 22 页。

③ 高友工：《文学研究的美学问题（下）：经验材料的意义与解释》，载《中国美典与文学研究论集》，台北：台湾大学出版中心 2004 年版，第 50—51 页。

④ 需补充说明的是，高友工所谓“抒情”，泛指一切内在经验的外化，这一对“抒情”所作的泛（转下页）

“再经验”思想所暗含的理论目的，是为了表明情感经验之可传递性。检视中西方文艺理论发展史，可以发现情感的可传递性正是西方表现论的经典话题。如列夫·托尔斯泰所说：“在自己心里唤起曾经一度体验过的感情，在唤起这种感情之后，用动作、线条、色彩、声音，以及言词所表达的形象来传达出这种感情，使别人也能体验到同样的感情——这就是艺术活动。艺术是这样的一项人类的活动：一个人用某种外在的标志有意识地把自己体验过的感情传达给别人，而别人为这些感情所感染，也体验到这些感情。……由于人具有通过艺术而为别人的感情所感染的能力，因此他就能够在感情的领域内体会到人类在他以前所体验过的一切，能够体会同辈正在体验的感情和几千年前别人所体验过的感情，并且能把自己的感情传达给别人。”[①]尽管用词有所不同，但其通过艺术媒介保存并传递情感经验的思想却与高友工“再经验”的想法完全一致，可以认为是后者的理论来源。当然，高友工以“再经验”的方式来理解抒情经验，除了西方表现主义文论的影响以外，台湾新儒家学者徐复观的“追体验”思想也是其渊源之一。徐复观曾说：“我们对一个伟大诗人的成功作品，最初成立的解释，若不怀成见，而肯再反复读下去，便会感到有所不足，即是越读越感到作品对自己所呈现出的气氛、情调，不断地溢出于自己原来所作的解释之外、之上，在不断地体会、欣赏中，作品会把我们导入向更广更深的意境里面去，这便是读者与作者，在立体世界中的距离不断地在缩小，最后可能站在与作者相同的水平、相同的情境，以创作此诗时的心来读它，此之谓‘追体验’。在‘追体验’中所作的解释，才是能把握住诗之所以为诗的解释。”[②]本书前文在探讨台湾新儒家与中国抒情传统论之思想联系时，曾指出徐复观的心性论、象征论对高友工产生过重要影响；而徐氏这一作为高友工“再经验”思想渊源之一的“追体验”思想，明显也是西方表现主义文论的又一个中文版本。所以，无论间接或直接地，高友工的“再经验”思想皆是以西方表现主义文论为实际来源的。

但高友工思想的深刻与复杂之处，在于将西方表现论作了极大的改造与充

(接上页)化理解接近于符号论美学家苏珊·朗格的思想。苏珊·朗格认为：“‘感情’一词必须在其最为广泛的意义上加以理解，它意指一切可以被感受到的东西，从肉体的感觉——疼痛与舒适、激动与平静，直至最为复杂的情感、智力上的紧张感，以及对人类生命意识的稳定感受。”见 Cynthia Freeland: *But is it art*?, New York: Oxford University Press, 2001, pp. 160 - 161.

① 〔俄〕列夫·托尔斯泰：《艺术论》，丰陈宝译，北京：人民文学出版社 1958 年版，第 47—48 页。

② 徐复观：《环绕李义山(商隐)〈锦瑟〉诗的诸问题》，载《中国文学精神》，上海：上海书店出版社 2004 年版，第 324—325 页。

实,以至其显得尤其丰富而精致。这一改造体现为两个步骤,一是以结构主义诗学理论对美感经验加以精细的分析;二是以象征理论突破、超越结构主义诗学的形式主义原则,并从媒介象征的角度重释美感经验。

众所周知,结构主义诗学是在形式主义的基础和原则上发展起来的,其思想取向与表现论往往异辙。常常为高友工所援引的雅各布森的思想亦不例外。在雅各布森看来,语言中的每个具体话语事件通常由六个要素所构成,即说话者、接收者、话语信息本身、现实语境、信码(相当于语言规则)、实际接触。话语活动倾向于其中某一个要素,则与之相关的某种功能便处于支配地位,如倾向于现实语境,那么指称功能就会占据支配地位;如果倾向于说话者,那么情感或表现功能就会占据支配地位;如倾向于话语信息本身,则诗性或美学功能占据支配地位,等等。① 在此,雅各布森显然认为情感或表现功能与诗性或美学功能是完全不同的两回事。诗性或美学功能仅在话语倾向于其信息本身的情况下出现,而这个话语信息本身,指的正是话语的形式结构。雅各布森认为,话语的形式结构有两个基本模式,即纵向的选择与横向的组合,而能够引起诗性功能的话语的结构形式,就是运用选择轴上的等值原则来进行话语的横向组合。所以雅各布森说:"选择轴建基于等值原则——相似与相异、同义与反义;而组合轴,即延续的建立,则建基于相邻原则。诗性功能把等值原则从选择轴投向组合轴。"②雅各布森又把修辞学中的隐喻与选择轴的等值原则联系起来,把转喻与组合轴的相邻原则联系起来,于是,上述这段话的另一种表述就是,诗歌语言可将等值原则(即相似性或同一性关系)由隐喻轴投向转喻轴,其结果是:"加诸相邻性上的相似性把它彻底象征的、多重的、多义的本质赋予诗歌……说得更学理化一些,任何相继的东西都是比喻。在相似性加诸相邻性上的诗歌中,任何转喻都是轻微隐喻性的,任何隐喻也都带有转喻的色彩。"③

高友工一方面借用雅各布森的话语六要素说来阐述其所谓经验材料在形成感象过程中的各种功能层次,另一方面则直截了当地指出:"可是我却不能同意耶氏(引者按,指雅各布森)以此为'诗'的基本原则。因为'等值'性固然重

---

① Roman Jakobson: "Linguistics and Poetics", in David Lodge and Nigel Wood (ed.): *Modern Criticism and Theory*, New York: Pearson Education, Inc. 2000, pp. 34 - 37.

② Roman Jakobson: "Linguistics and Poetics", in David Lodge and Nigel Wood (ed.): *Modern Criticism and Theory*, New York: Pearson Education, Inc. 2000, p. 38.

③ Roman Jakobson: "Linguistics and Poetics", in David Lodge and Nigel Wood (ed.): *Modern Criticism and Theory*, New York: Pearson Education, Inc. 2000, p. 48.

要，但它只是解释过程中的一个层次而已。"[①]这就是说，高友工既利用了雅各布森"等值同一"的思想来构筑理论，同时又不持雅各布森的形式主义立场，[②]而把诗歌语言在形式结构上的等值性仅仅看成是通向最高的抒情境界层次的一个必要的但是也更低级的层次。

正是在这等值形式和象征表现的双重意义上，高友工将律诗美典树立为中国抒情传统的美学理想。他说："形式上，'声调''语义'的对仗原则处处都体现了'孤立''并列''等值'、均衡而对称的'构形'与'节奏'，也象征了一种'和谐圆满'的精神。在内容上，这'形式'的圆满正反映了诗人所要表现的自足圆满的理想世界。"[③]高友工似乎故意将雅各布森在语言形式意义上使用的"隐喻"——雅氏实则意指语汇在形式层面的相似性——误读为深度内涵意义上的象征，从而突破了雅各布森的形式主义立场，将律诗美学的理论阐释引向了象征式抒情。

律诗美典只是抒情传统诸多美典中的一个代表，高友工还要把律诗美典的情形作更为广泛的类比、推衍和扩充，从而以律诗为原型，为整个中国抒情传统的文化理想立说。高友工认为，叙事美典始于"外观"(display)而终于"代表"(representation)，抒情美典则始于"内化"(internalization)而终于"象意"(symbolization，即象征)。就抒情美典而言，"内化"相当于"再经验"的过程，既然是对创作经验的再经验，那么就有一个以"抒情自我"(lyrical self)和"抒情现时"(lyrical moment)为两极坐标的外在架构。与此同时，抒情作品的经验材料

① 高友工：《文学研究的美学问题(下)：经验材料的意义与解释》，载《中国美典与文学研究论集》，台北：台湾大学出版中心2004年版，第46页。

② 关于雅各布森诗学观的形式主义立场，可参考他自己的表述："话语的诗性功能……通过提高语符的可触知性，加剧了语符和对象之间的根本对垒。"(Roman Jakobson: "Linguistics and Poetics", in David Lodge and Nigel Wood (ed.): *Modern Criticism and Theory*, New York: Pearson Education, Inc. 2000, p. 36.)他又在另一处行文中指出："但诗性是如何表现出来的呢？这就是只把词语当作词语，而不把它当作指称事物的替身或感情的爆发来对待。"(转引自〔法〕茨维坦·托多罗夫：《象征理论》，王国卿译，北京：商务印书馆2004年版，第372页。)托多罗夫如此评价雅各布森"非透明"的诗学观："在诗学用途中，语言是作为自身，而不是作为'别的事物'的透明而及物的介质被感知的。"(〔法〕茨维坦·托多罗夫：《象征理论》，王国卿译，北京：商务印书馆2004年版，第373页。)霍克斯也曾如此评介雅各布森："语言艺术在方式上不是指称性的，它的功能不是作为透明的'窗户'，读者借此而遇见诗歌或小说的'主题'。"(〔英〕特伦斯·霍克斯：《结构主义和符号学》，瞿铁鹏译，上海：上海译文出版社1987年版，第86页。)

③ 高友工：《文学研究的美学问题(下)：经验材料的意义与解释》，载《中国美典与文学研究论集》，台北：台湾大学出版中心2004年版，第98页。

从艺术媒介的角度看具有一种"抒情本质"(lyrical quality)的内在原则,此即得自雅各布森思想的遵循"隐喻的等值性"(metaphorical equivalence)原则的重复和遵循"转喻的延续性"(metonymical continuity)原则的延伸。上述外在架构与内在原则的切合被认为是象征或曰"象意"得以发生的契机,用高友工的话说:

> 其中关键性的恐怕是抒情美典对本质的重视,因而根据每个特殊媒介本身特质应运而生的一套系统。一般媒介都有它的一些特质,至于是否能成系统,要看物性的本身,更要看艺术典范的构成。……由于抒情艺术的媒介处处从本质上看,它的结构自然是不外并立、对立、相连与断绝,而且集中在一个自我与现时的焦点。这明显是前面所提及的内在原则和外在架构。……在我们要论及的抒情美典范围内,就媒介而言可以是代表性的符号,亦可是象意性的质素,但艺术家的原则是象意性的。唯其如此才能走向抽象化、质素化的一条路。而完成一个具有抒情本质的形式,它一方面是靠艺术媒介的通性造成,另一方面又具有实存体的个性。一个最成功的形式是能象征了创作者在创造时际的心境。……一个体现了心境的形式也就是艺术的境界,抒情的理想也到此为止。这也就说明了何以抒情精神始于内省必终于象意。①

我们看到,高友工把雅各布森对诗歌语言形式的概括——等值性,进一步解释成抒情艺术媒介系统的特性,然后又在"再经验"的表现理论框架下将这一所谓的"抒情本质"解释成象征或曰"象意"的必要条件,从而将具有形式主义背景的结构主义语言诗学嫁接到象征表现论的思想当中,建构起了抒情美学的理论基础。抒情美学的最高价值,也由此得以超越感性的快感和形式结构的完美感,而被规定为体现了个人生命意义的、将美感与真理及道德融为一体的近乎智慧的象征式"境界"。

从象征的角度看待抒情表现,是西方表现论美学的一大特色。苏珊·朗格有一段话堪称西方象征表现论的经典表述:"有时我们对经验整体的理解是以

---

① 高友工:《中国文化史中的抒情传统》,载《中国美典与文学研究论集》,台北:台湾大学出版中心 2004 年版,第 118—122 页。

一个隐喻性的象征为中介的，因为经验常新，而语言的词汇却仅仅适用于我们所熟知的概念……对主观意图本体的象征性表达不仅暂时超越于我们的常规语汇，而且在语言的基本结构当中是无法实现的。”[①]苏珊·朗格指出了常规语言在概括内在经验时的困难，并言明解决这一困难的办法是以意象性的象征作为理解的中介。高友工对象征理论的理解、对结构主义诗学之形式主义立场的突破，显然是以此类表现论思想为导引的。为使其抒情传统论突显中国特色，高友工把抒情美典的最高价值视为对创作者创造时际的心境的象征——一种近乎智慧的“境界”。据高友工自述，他所讨论的中国抒情美典是从台港新儒家学者牟宗三提出的“境界形态的形而上学”的自我实践中发展出来的。

牟宗三以康德的哲学体系为框架，力图在中西比较哲学的视野下重建中国的道德形而上学。他对中西哲学形态的分判是：“儒释道三教都从修养上讲，就是广义的，实践的。……这种形而上学因为从主观讲，不从存在上讲，所以我给它个名词叫‘境界形态的形而上学’；客观地从存在讲就叫‘实有形态的形而上学’，这是大分类。”[②]不过，牟宗三的哲学著述较少直接论及文学艺术，而是多从形而上学的高度探讨真、善、美三种价值相统一的圆成境界。把“境界”从文艺修辞学的角度解释成对内在经验的媒介象征，这一想法应该还是高友工受徐复观及西方象征表现论影响而形成的。至于认为抒情的境界体现了个人生命意义、能够将美感与真理及道德融为一体而近乎智慧，则是混融了象征理论和新儒家哲学的思想产物。

从文艺思想史的发展来看，媒介象征的理论与西方浪漫主义文艺思潮有着必然的内在联系。M. H. 艾布拉姆斯曾明确指出象征主义和浪漫主义之间的密切关联：

> “诗并不存在于对象本身”，而在于审视对象时的“心境”之中。……诗必须忠实，但不是忠实于外界对象，而是必须忠实于“人类情感”。于是诗所表示的对象就不再属于外部世界，而只是诗人内心状态外化的等值物——是扩展了的、形诸言语的象征。米尔说，诗歌“体现在各种象征之中。不论情感以何种形态存在于诗人心中，这些

---

① Cynthia Freeland: *But is it art ?* , New York: Oxford University Press, 2001, p. 161.

② 牟宗三：《中国哲学十九讲》，上海：上海古籍出版社 2005 年版，第 81 页。

> 象征总能尽可能准确地把它表现出来”。这一论述是休姆理论的先声，也为从波德莱尔到托·斯·艾略特的象征主义者的创作实践奠定了理论基础。……要想了解浪漫主义的那些创新究竟在何种程度上仍是现代批评家——包括那些自称是本着反浪漫主义原则构建理论的批评家——所确信无疑的事物，请看，上面那段话和托·斯·艾略特的一段著名论述是多么明显地相似：“用艺术形式表现情感的唯一途径是发现一个‘客观对应物’；换言之，发现构成那种特殊情感的一组客体，一个情境，一连串事件，这样，一旦有了归源于感觉经验的外部事实，情感便立即被唤起了。”①

由此可见，高友工的象征理论亦不可避免地带有西方浪漫主义文艺思潮的色彩，其理路与其前辈陈世骧乃至周作人等“五四”文人都还是一致的。那么问题的关键就在于，那种所谓体现了个人生命意义、能够将美感与真理及道德融为一体而近乎智慧的媒介象征，真的是中国文学艺术所不同于西方文艺的根本特质吗？

在此仅作一些粗略的中西比较。真、善、美三种人类文化价值，在中国古代各种文体的文献中虽经常得以体现，但这种体现是以经验混融而非概念自觉的形态出现的；而在古希腊哲学至德国古典哲学的思想脉络中，则始终贯穿着真、善、美乃至知、情、意的概念自觉和思维框架，其中尤以康德的哲学体系为这方面的集大成者。恰巧牟宗三的道德形而上学，正是以康德的哲学体系为基本框架而对中国古典哲学所作的发明与演绎。在比较哲学的问题上，我们或许应该牢记方东美的这一教诲：“回忆我前几年碰见德国 Marburg 大学的一位哲学家，名叫 Frietz，他是新康德学派，而且又深通中国先秦诸子。他说他到中国来，眼见许多中国人企图根据康德哲学来解释中国哲学。他说至少从他的新康德学派的观点来判断，这种企图大半是出于误会，有失康德学说的真谛。那么我们就可以说，讲哲学的时候，我们不能轻易下结论，不能够从片断的思想发展，就把它当作一个全盘性的真理。所以从这一点上讲西洋哲学，应该要原原本本的讲出来，同时讲中国哲学，也要原原本本的把重要的问题交代清

① 〔美〕M. H. 艾布拉姆斯：《镜与灯：浪漫主义文论及批评传统》，郦稚牛、张照进、童庆生译，北京：北京大学出版社 1989 年版，第 28—29 页。

楚。"[①]如今若以康德哲学所立的真、善、美的思想格局为基本框架阐释中国古典哲学，却又将真、善、美的圆成统一当作中国哲学的独特本质，岂非又一桩对比较哲学方法的误用？

更何况，超越了纯粹认识论范畴而含有伦理实践内涵的智慧之境，不仅未曾被西方文化所疏漏，反而从来就是其优长之所在。从苏格拉底的对话[②]到古希腊悲剧，从《圣经》[③]到但丁、莎士比亚、歌德、雨果、陀思妥耶夫斯基、托尔斯泰的作品，诸多叙事性文艺巨著无不反映个人乃至人类的生命意义，在一个又一个故事所讲述的实践经验中闪现着伦理学意义上的智慧。如果我们正视这一历史事实的话，怎么还能把对德性智慧的媒介象征和对生命意义的经验性反思当作中国文艺传统独有的理想与特性？高友工对抒情美典之媒介象征的理论演绎，在中西比较方面实有着严重的偏狭。

三、律诗美典

高友工的抒情美学是用以阐释、论述中国文学艺术及其美学观念的历史传统的，但其阐述方式却是理论先行，再以历史材料跟进。连向来推崇高友工的思想、近年为抒情传统论广作宣讲的陈国球也说，"事实上，高友工以方腊研究完成博士课程，照理应有足够的史学训练；但他后来的论著却是理论先行，历史论据比较薄弱"，"他在面对庞杂的历史状况时，或有难以措手的感觉"。[④] 我们且不论高氏史论的准确性，此刻至少可以认为，以理论演绎材料，或者说将历史材料理论化、逻辑化，是高友工的美学史研究最大的方法特点。[⑤] 笔者以下将以高友工对律诗美典的阐说为例，来展示并评述这一高氏体系中最重要的美学史个案研究。

---

① 方东美：《华严宗哲学》上册，北京：中华书局2012年版，第331—332页。

② 据说，苏格拉底曾在对话中表示："美德完全属于知识。"见〔古希腊〕柏拉图：《普罗塔哥拉》，载《柏拉图〈对话〉七篇》，戴子钦译，沈阳：辽宁教育出版社1998年版，第129页。

③ 西方文化传统中常说的"智慧树"，在《旧约·创世记》中耶和华的原话其实是"the tree of the knowledge of good and evil"，即"分别善恶的知识之树"；而夏娃以为这棵树上的果子可以"desirable for gaining wisdom"，即"能使人有智慧"。可见，犹太教与基督教传统中的"智慧"一词从起初就是指涉善恶判断、伦理抉择等实践行为的。

④ 陈国球：《从律诗美典到中国文化史的抒情传统——高友工"抒情美典论"初探》，载（台湾）《政大中文学报》2008年第10期，第85、82页。

⑤ 高友工这一理论先行、再以历史材料跟进的写作方式，不仅是其本人最大的研究特点，而（转下页）

高友工的律诗美典研究以《律诗的美学》[①]为集大成者，另外，在《文学研究的美学问题（下）：经验材料的意义与解释》《中国文化史中的抒情传统》《试论中国艺术精神》等诸篇中，又从整个中国抒情传统的大视野鸟瞰律诗美典，指出其作为中国美学之理想典范的地位。下文以《律诗的美学》为中心展开论述，必要时引述其他篇章作为补充论述。

笔者曾在对闻一多与中国抒情传统论关系的研究中，述及闻一多对律诗美学的早期探索。而在1949年以前，朱光潜的美学名著《诗论》也特别关注了律诗问题，专辟两章探讨《中国诗何以走上"律"的路（上）：赋对于诗的影响》、《中国诗何以走上"律"的路（下）：声律的研究何以特盛于齐梁以后？》，并附录一篇《替诗的音律辩护——读胡适的〈白话文学史〉后的意见》。[②] 可以说，闻一多与朱光潜是从文艺理论角度关注律诗在中国诗史中的特殊地位的先驱。闻一多的律诗研究此处不再赘述，而朱光潜的研究，笔者认为主要解决了两个历史问题，即律诗音义对仗的形式特点是如何历史地形成的、律诗以文辞本身见出音乐的形式特点是如何历史地形成的。与两位前辈相比，高友工对律诗美学的研究采取了更为理论化、哲学化的方式。他考察了律诗美学在历史上的三种演变形态，指出其中每一次演变都体现了律诗在形式结构上的技术变革及推动这一变革的深刻的哲理思辨模式。

从根本上说，高友工笔下的律诗美学是一门精深的形式美学。他明确指出："一种格律诗形式，只有当它的形式要素对诗的总体艺术效果产生重大作用时，它才能被认为在艺术上是有价值的。……在一首成功的诗作中，形式是诗人构思中不可缺少的一部分，它与诗人意境的实现不可分离。只有这样，形式

（接上页）且还因为他的宗师地位，而影响到整个中国抒情传统学派，导致其后继者的研究往往成为高氏理论的材料补充。后来的事情发展正如陈国球所说："如果我们能掌握其理论架构的意向，再行补强修正其间历史细节，使其论述更准确周延不是办不到的事。高友工在《试论中国艺术精神》的结语说：'我所希望的是这里至少能提出一个大的间架，横的结构和纵的史观有一个轮廓。至于修正补充则有待来日，有待诸君了。'或者我们不应看成是客套的闲言语。"见陈国球：《从律诗美典到中国文化史的抒情传统——高友工"抒情美典论"初探》，载（台湾）《政大中文学报》2008年第10期，第85页。

① 参见 Yu-kung Kao: "The Aesthetics of Regulated Verse", in Shuen-fu Lin and Stephen Owen (ed.): *The Vitality of the Lyric Voice: Shih Poetry from the Late Han to the T'ang*, Princeton: Princeton University Press, 1986, pp. 332 - 385. 该文有多个中译本。其中有大陆旧版的高友工《律诗美学》，王宇根译，载乐黛云、陈珏编选《北美中国古典文学研究名家十年文选》，南京：江苏人民出版社1996年版，第63—109页。笔者主要引用的版本为高友工《律诗的美学》，黄宝华译，载《中国美典与文学研究论集》，台北：台湾大学出版中心2004年版，第209—262页。

② 参见朱光潜：《诗论》，合肥：安徽教育出版社1997年版，第177—231页。

才能称得上具有了自身的‘形式的价值’。”[①]并且，高友工所说的“形式”具有强烈的历史结构主义意味，个体对这一形式的整体发展方向影响十分有限：“个别的诗人与批评家也许可能改变某些形式上的要求，但是没有一个人能创造出某一种形式的美学。”[②]这一历史结构主义思想与布拉格学派的文学史理论有接近的地方。陈国球曾如此概括以穆卡洛夫斯基为代表的布拉格学派的结构主义文学史思想：“文学是一个自足的系统(autonomous system)，有内动变化的倾向，它的内在张力和矛盾足以刺激推动系统内的转变，因此，研究文学史便要抓紧那不停演化的文学结构的连贯性。”[③]

如果我们还记得，高友工的表现主义文学立场是要摒弃形式主义态度的，那我们就能更好地理解高友工对“形式”的处理方式。以下这段文字是高友工对中国古代“诗言志”这一所谓“诗歌的表现理论”的理论说明，它代表了高友工对律诗美学的阐述方向，也反映了形式在其律诗美学中所处的特殊地位：

> 这一简明的格言意味着：诗歌创作的冲动来自诗人通过艺术语言表达其精神境界及其行为的欲望。……(1)在人的各种努力中，自己或他人对其自身的内心状态的理解具有头等重要的意义；(2)达到这一理解的理想的或许也是唯一的途径是：超越表面与有形的意义，进而把握内在精神的实质；(3)寻常的语言对于保存并传达这一内在精神是一种残缺不全的手段，只有艺术的语言才能完成这一表述的行动。[④]

在这段话中，(1)强调了“再经验”的意义；(2)强调了作为形式之目的的内在精神实质的作用，从而与抒情表现论相契合；(3)最终强调了形式的重要性。

---

① 高友工：《律诗的美学》，黄宝华译，载《中国美典与文学研究论集》，台北：台湾大学出版中心 2004 年版，第 209—210 页。

② 高友工：《律诗的美学》，黄宝华译，载《中国美典与文学研究论集》，台北：台湾大学出版中心 2004 年版，第 210 页。

③ 陈国球：《文学结构与文学演化过程——布拉格学派的文学史理论》，载《结构中国文学传统》，武汉：华中师范大学出版社 2011 年版，第 4 页。

④ 高友工：《律诗的美学》，黄宝华译，载《中国美典与文学研究论集》，台北：台湾大学出版中心 2004 年版，第 215 页。

纵观《律诗的美学》全文，实际上对律诗的形式演进及其哲学背景的探讨占据了主要篇幅，换言之，高友工首要解决的是形式问题，而内涵问题只需在必要时予以追加即可。

我们现在来回顾高友工对律诗形态之历史演变的阐述：首先，汉末五言诗是律诗的前身或曰“原始的律诗”，它已经开始运用一种新的格律形式，即“以单字作为基础”“以音节为基准”。这一形式造成了一些修辞原则，如虚词有时应该避免，名词性词组可构成诗句，两行诗需组成一联才是完整的，诗联中的两个诗行在语法上可以是连续性的也可以是非连续性的，非连续性诗联造成了诗行之间的对等并立亦即对偶关系，等等。《古诗十九首》作为汉末五言诗的代表，展示了从表现模式、混杂模式到描写模式的广泛形态，其中隐喻式描写的方法被认为是造就“自省”的抒情诗[①]的根本要素，预示了律诗的发展方向。他说：“这种以某一外部事件的描写表现内心情态的方法预先勾勒出了中国诗学未来的一个发展方向。这一模式所兆示的前景是：如果内心世界隐秘深藏，难以触及，如果表情达意的语言不足以抒发内心的真情实感，那么通过形式化的语言描写一个外部事实就可提供一条到达诗人内心世界的间接通道。现在提出的实际问题是如何发展足以实现这一方案的形式化的语言。”[②]易言之，《古诗十九首》已经完成了“外在的内化”，接下来要看中国诗如何在格律化的过程中进

① 即如陈世骧把“内心自白做意旨”当作抒情诗的两大要素之一，高友工也把“自省”看成是抒情诗的根本要素。高友工的这一想法主要来自加拿大批评家诺思罗普·弗莱的“偷听说”，即抒情诗仿佛是被人不经意间听到的诗人的内心独白——至少诗人在创作时会有这样一种假想。在《〈古诗十九首〉与自省美典》一文中，高友工专以弗莱这一基于“偷听说”的抒情诗定义为圭臬，详述了《古诗十九首》是如何发展出作为律诗美典之根本的自省美典的。参见高友工：《〈古诗十九首〉与自省美典》，张璟、赵振兴译，载柯庆明、萧驰主编《中国抒情传统的再发现——一个现代学术思潮的论文选集》上册，台北：台湾大学出版中心 2009 年版，第 223—245 页；Yu-kung Kao: “The Nineteen Old Poems and the Aesthetics of Self-Reflection”, in Willard J. Peterson, Andrew H. Plaks and Ying-shih Yu (ed.): *The Power of Culture: Studies in Chinese Cultural History*, Hong Kong: The Chinese University Press, 1994, pp. 80 - 102.　弗莱提到的“偷听说”最早由英国思想家密尔在浪漫主义时代提出，后来亦曾为艾略特、卡勒等诸多西方诗人、批评家和文艺理论家所反复述及。参见 John Stuart Mill: “Thoughts on Poetry and Its Varieties”, in *Collected Works of John Stuart Mill: Volume I*, Toronto and Buffalo: University of Toronto Press, 1981, pp. 348 - 349;〔加〕诺思罗普·弗莱：《批评的解剖》，陈慧等译，天津：百花文艺出版社 2006 年版，第 6 页；T. S. Eliot: *The Three Voices of Poetry*, London: Cambridge University Press, 1955, p. 4;〔美〕乔纳森·卡勒：《结构主义诗学》，盛宁译，北京：中国社会科学出版社 1991 年版，第 245—246 页。

② 高友工：《律诗的美学》，黄宝华译，载《中国美典与文学研究论集》，台北：台湾大学出版中心 2004 年版，第 220 页。

一步实现“内在的形式化”。[①]

高友工把六朝时期包括咏物诗、咏怀诗、游仙诗、玄言诗、山水诗、宫体诗等在内的各种诗类的更迭,刻画成在描写模式与表现模式之间游移拉锯、最终发展出能使这两种模式得以融洽的格律形式的过程。在重点论述了谢灵运山水诗如何于描写游程见闻的过程中发展出具有独立意境的对偶联句之后,高友工为读者呈现了律诗美学的第二种历史形态——初唐律诗。在高友工看来,从南朝晚期到初唐发生了宫体诗向律诗的重大转变,定型后的律诗具备了严格的诗歌格律,不仅创造出“以声调为基础的法则”,而且将声调因素引入格律规则形成“格律化对偶”,并最终将对诗联的格律要求严格地贯穿于全诗。这就造成了“两个外部的诗联成为连续性的,而两个内部的诗联成为并列性的”的效果。[②] 这一中间两联对仗、可用于隐喻式描写,首尾两联(尤其是尾联)不对仗、可用于陈述或直接表达的所谓“三段体”或“二段体”格式,在孙康宜、宇文所安等汉学家的诗学论著中也有深入探讨。而高友工则在此指出:“即使所有这些形式要素最终都各得其所,形式依旧只是一个空壳。只有在个别的诗对形式所作的各种演绎中我们才能发现赋予它生命的潜在的美学。”[③]

于是,在律诗美学的第三个历史阶段,高友工分析了从初唐四杰到盛唐王维,乃至盛唐末年杜甫的律诗作品,说明了这些伟大诗人是如何将个人的思想境界以象征的方式完美容纳于律诗的格律形式之中的。律诗美学的境界最终被归结为“情景交融”,用高友工的话来说就是:“‘印象’与‘表现’的整合……这时形式被把握住了,表象转化成了深刻的意蕴。”[④]

概而言之,高友工所呈现的律诗美典的形成过程,其实是一个中国诗歌如何发展出可用于个人自省的形式,然后此形式又如何获取个人的思想内涵的历史进程。在这一阐述过程中,高友工既充分发挥了形式论的技术优势,又始终

---

① 高友工认为:“在唐律诗中严谨的对仗产生了情感与内容的完美协调,即外在的内化和内在的形式化的完美协调。”见高友工:《〈古诗十九首〉与自省美典》,张璟、赵振兴译,载柯庆明、萧驰主编《中国抒情传统的再发现——一个现代学术思潮的论文选集》上册,台北:台湾大学出版中心 2009 年版,第 244 页。

② 高友工:《律诗的美学》,黄宝华译,载《中国美典与文学研究论集》,台北:台湾大学出版中心 2004 年版,第 234 页。

③ 高友工:《律诗的美学》,黄宝华译,载《中国美典与文学研究论集》,台北:台湾大学出版中心 2004 年版,第 235 页。

④ 高友工:《律诗的美学》,黄宝华译,载《中国美典与文学研究论集》,台北:台湾大学出版中心 2004 年版,第 256 页。

对抒情表现论的基本立场不离不弃，依靠对“形式化的隐喻描写就是最好的自省与抒情”这样一种象征理论的诗歌史演绎，完成了其思想体系中最重要的一个抒情美典案例研究。

需要予以补充的是，当高友工把律诗美典放到整个中国抒情传统中进行论述时，该美典的一些基本特征就更为突显了。在《中国文化史中的抒情传统》中，高友工把律诗美典看成是草书美典的对照，认为前者呈现为对等并立的空间图案亦即意境，后者呈现为连续前行的时间之流亦即气势。他指出：“由平仄形成的节奏不是像由字数章节形成的节拍只是推动向前，而是一种回旋反复的调式。……因此它整个看来实是一种图案。图案正是空间具体化结果，与节奏是时间具体化正是相反相成。……如果说平仄相辅的图案造成一种反复不前的节奏感，那么对仗的图案更使诗的时间前冲，转为空间的平行拓展。……整个律体是奠基于一个象征的形式空间之上，在这个空间中诗人的‘意’才能展示。这个空间取代了一般语言交流时的现实状况，成为用文字表现内心心境的形式架构。”[①]而在《小令在诗传统中的地位》和《词体之美典》两篇文章(演讲稿)中，词体美典被作为律诗美典的发展演化，这也愈加廓清了律诗美典的特质。高友工将律诗的意境作为衡量词体美典之发展方向的标尺，在他看来，律诗美典“由于自我之无所不在，在诗的本身，诗人反而逐渐退隐到诗外，只剩下诗人内在的心境出现在诗中。这是一种主观的客观化。其结果是诗的结构是从诗人的‘心眼’(inner eye)出发来观察一个‘内景’(interior landscape)。其时间的幅度也必然紧缩到此时此刻，即如过去的种种也必投射到此一现时的瞬间上”[②]。以小令为代表的早期的词则是从旋律和节奏的角度来创作的，其“同心句构”[③]有一种“中顷作用”[④]，把时间的结构分成若干片断，每个片段相当于一个抒情瞬间，从而

---

① 高友工：《中国文化史中的抒情传统》，载《中国美典与文学研究论集》，台北：台湾大学出版中心 2004 年版，第 144—145 页。

② 高友工：《小令在诗传统中的地位》，载《中国美典与文学研究论集》，台北：台湾大学出版中心 2004 年版，第 280 页。

③ “同心句构”被高友工看成是律诗并列与延续两种句构关系(源自雅各布森所说的话语的等值原则与相邻原则)之外的另一种新句构。高友工解释说：“在小令中似乎联中两句的关系开始形成一个并不局限于并列与延续的关系。这种新的结构可以暂时称之为同心结构(concentricity)，因为两句不是平行对立，也不是直行延续。而是有一个共同的中心，两句是对此一中心不同的描写或叙述。”见高友工：《小令在诗传统中的地位》，载《中国美典与文学研究论集》，台北：台湾大学出版中心 2004 年版，第 278—279 页。

④ “中顷作用”是高友工从 Paul Friedrich 那里借用来说明“同心句构”何以形成的一个概念。(接下页)

修正了律诗美典;后期的慢词或长调则逐渐着眼于图位的角度,因为其节奏过于复杂,导致人们期待能借助于文字图像以形成一种心理空间的结构从而易于掌握,而"领字"[①]的运用恰好扩展了词作的经验时空,使之不再限于此时此地,于是开拓出了具有"前所未有之深度、广度"[②]的新意境。高友工站在律诗美典的视角指出:"词的形式自小令到长调从文学的立场上看,始终表现了节律与图式两种形式的争衡与融合,也可以说即是声语的前动与形语横观的合流。"[③]

尽管高友工在具体诗例的分析中,时时表现出以理论框架的导向择取并形塑诗歌史材料的迹象,但平心而论,无论理论之精深,还是历史视野之广阔,高友工的律诗美学都达到了之前任何一位律诗研究前辈都不曾达到过的境界。虽然以某种普范性的理想为先导来推衍整个中国美学史的研究方法值得商榷,但仅从高友工自己欲为中国美学树立一个具有足够阐释力的理想典范这一理论目标而言,其预设的任务无疑已经很好地完成了,并且在其研究方法所开启的路向上(就方法本身而非材料的完整性而言)几乎已经走到了极致。无论后人给予其观点以正面或负面的评价,他都业已向世人展示了该研究路向所可能达到的诸般前景,其学术贡献不可磨灭。

结　语

今天的汉学界已公认:"高友工是陈世骧之后最重要的抒情论者"[④],"高友工……已接受了陈世骧'中国的抒情传统'这一提法,作为论述的基本假定。他最大的贡献,就是以其对西方美学丰实的资借与对中国文学经验现象、意识结构、语言形式的博知;复以精神的诠释、分析,综合地将'中国抒情传统'的美学质素与结构做出体系性的展现。其正面价值甚高,影响非常深远。我们可以说,中国文学'抒情传统'论述谱系的建构,陈世骧开启之,高友工完成之;其后

(接上页)人类语言学家 Paul Friedrich 著有《语言错觉》,认为诗行有其自己的能量中心,高友工便把诗句寻找其中心的平衡过程称作"中顷作用"。

① 领字是慢词或长调中在词意转折处提挈下文的虚字,独立于联句而存在。高友工把领字的运用看作建立词体之间架的基础。

② 高友工:《词体之美典》,载《中国美典与文学研究论集》,台北:台湾大学出版中心 2004 年版,第 292 页。

③ 高友工:《小令在诗传统中的地位》,载《中国美典与文学研究论集》,台北:台湾大学出版中心 2004 年版,第 283 页。

④ 龚鹏程:《成体系的戏论:论高友工的抒情传统》,载(台湾)《清华中文学报》2009 年第 3 期,第 156 页。

之绍述者，大体在此一规模下，进行局部的拓展、修改、精化与应用”[①]。尽管也有不少学者开始认识到，“高友工的理论思考主导往往让具体的历史现象没有机会呈现，容易招致学有专门的文史研究者非议”[②]，但这并不妨碍他“在术语系统上找到和当代西方美学可以等值兑换的语词货币，而离开传统文学文论以独特的修辞体类达成的拒绝和现代学术体制对话的自我封闭的自足体系”[③]。

我们或许不能否认，高友工所精心建构的中国抒情美学体系近乎利奥塔所说的“元叙事”(metanarratives)或“宏大叙事”(grand narratives)[④]，其“合法性”(legitimation)在今天已不得不遭受各种质疑；但其学说也未必如龚鹏程所言只是“一套戏论”[⑤]。所谓“戏论”云云，旨在批判其学说乃是理论话语的游戏而非真实的历史景象，龚鹏程也确实指出了高友工所犯的许多文学史错误，但事情正如海登·怀特所说，一切历史叙事结果必然是一种“叙事性历史”，亦即话语的游戏。[⑥] 即便龚鹏程力图脱离抒情传统论而为中国文学史写作另辟蹊径，其新创构的“文的传统”的历史叙事也依然是一个追求历史连续性与整体性的“大历史”“大叙事”，仍然难以避免对复杂历史现象的话语遮蔽。[⑦]

就此而言，高友工所建构的中国抒情美学体系的学术价值，或许就在于提供了一套在理论上已臻极致的抒情传统叙事，一则在汉语现代学术的初级阶段推动中国古典文学艺术及其美学进入现代学术的公共领域，得以与西方现代学

① 颜昆阳：《从反思中国文学“抒情传统”之建构以论“诗美典”的多面向变迁与丛聚状结构》，载柯庆明、萧驰主编《中国抒情传统的再发现——一个现代学术思潮的论文选集》下册，台北：台湾大学出版中心 2009 年版，第 739 页。

② 陈国球：《从律诗美典到中国文化史的抒情传统——高友工“抒情美典论”初探》，载(台湾)《政大中文学报》2008 年第 10 期，第 84 页。

③ 黄锦树：《抒情传统与现代性：传统之发明，或创造性的转化》，载(台湾)《中外文学》2005 年第 2 期，第 170 页。

④ 参见 Jean-Francois Lyotard: *The Postmodern Condition: A Report on Knowledge*, Manchester: Manchester University Press, 1984.

⑤ 龚鹏程：《成体系的戏论：论高友工的抒情传统》，载(台湾)《清华中文学报》2009 年第 3 期，第 156 页。

⑥ 海登·怀特指出：“叙事是一种话语模式，一种说话的方式，而且是采用这种话语模式的产物。当用这种话语模式再现‘真实’事件时，如在‘历史叙事’中一样，结果必然是一种具有语言、语法和修辞特色的话语，即是说，是‘叙事性历史’。……任何‘过去’就定义来说都由事件、过程和结构等构成，都被认为是不再可见的了，那么，除了以‘想象的’方式之外，还能有什么别的方法使其再现于意识或话语之中吗？任何历史理论讨论中的叙事问题最终总要归结到想象在特定人类真理的生产中的作用问题，这难道不是可能的吗？”见〔美〕海登·怀特：《当代历史理论中的叙事问题》，陈永国译，载《后现代历史叙事学》，北京：中国社会科学出版社 2003 年版，第 167—168 页。

⑦ 黄锦树曾撰文指出龚鹏程之文学史叙事的形而上学倾向，参见黄锦树：《“寓开新于复古”与“文的优位性”：龚鹏程个案》，载《文与魂与体：论现代中国性》，台北：麦田出版社 2006 年版，第 373—411 页。

术相互体认、沟通；二则引发了在中西比较视野下探寻中国抒情传统的热潮，带动汉学界尤其是海外华人学者重建中国美学的系统历史；三则展示了抒情传统叙事的可能与限度——唯其走过一遭，才使后人认识到理论话语之蔽，才有可能令后来的学术研究以之为镜鉴，保持"主观上的客观"，在条件允许的范围内尽量避免理论的僭越。

中编　叙事作品的情与理

叙事艺术的抒情伦理

海外华人中国抒情传统学派之理论奠基人高友工认为，中国艺术及其美学的主流是抒情传统，中国古代不同门类的艺术多以抒情诗的形态为审美理想，而中国抒情诗这一美学典范的最高成就是在圆满的形式结构中蕴蓄（即象征）深厚的伦理价值从而造就抒情境界。[①] 高友工的观点远有儒家“比兴”阐释学的支持，在海内外应和者甚众。然而最近，浙江大学的徐岱提出了一个与之截然相反的观点：“与‘抒情传统派’试图占据‘道德制高点’的初衷完全背道而驰，由‘抒情主义’主导的艺术往往受限于自我利益的得失和功名利禄的计较，在伦理方面完全处于不堪一击的境况。”[②]徐岱的批评矛头主要指向中国古典抒情诗。本书无意加入关于中国抒情文艺之伦理价值评判的争论。但高、徐二位针锋相对的论述带给我们一个启示：对抒情经验加以伦理考量是当代艺术学尤其是伦理美学研究中的重要课题。不过，尽管尼采早已指出：“美学必须首先解决这个问题：‘抒情诗人’怎么能够是艺术家？”[③]，但就当今学界的研究热度而言，“抒情伦理”研究相对于“叙事伦理”研究处于绝对的弱势，后者业已成为以小说和电影为主要对象的文化研究的热门话题。究其原因，或许在于抒情艺术往往以个体的情感转圜作为作品的主体结构，格局较小、思想单纯，不似叙事艺术能够通过对人类社会行为的多维摹写而展开宏阔的结构、探讨复杂的人伦问题，从而在伦理批评方面具有更大的可被挖掘的空间。恰如卢卡奇所声称：“在小

① 参见高友工：《美典：中国文学研究论集》，北京：生活·读书·新知三联书店 2008 年版。尤其是《文学研究的美学问题》《中国文化史中的抒情传统》《试论中国艺术精神》《律诗的美学》等篇。

② 徐岱：《审美正义论——伦理美学基本问题研究》，杭州：浙江工商大学出版社 2014 年版，第 180 页。

③ 〔德〕尼采：《悲剧的诞生》，周国平译，北京：生活·读书·新知三联书店 1986 年版，第 17 页。

说中，伦理学是一种纯形式上的前提，这种前提由于其深度而有可能进入决定形式的本质，由于其广度而使同样决定形式的总体得以可能形成，并由于其包罗万象而使构成要素的平衡得以实现。"[①]大凡叙事艺术庶几如此。

当然，"抒情伦理"研究并不因此而应当被忽略，毕竟"抒情"是一项重要的人类文化活动，甚至是产生艺术的原初推动力之一。徐岱曾提出大多数中国古典抒情诗"事实上可以看作是一种具有抒情色彩的'微型小说'"，[②]以此说明叙事在艺术世界中的普泛性。然而我们在承认抒情对叙事确实具有某种结构上的依赖性的同时，也应当注意到，抒情在叙事艺术中正是暂停(或暂缓)故事情节的铺陈而表露人物甚至作者的感情与思想的部分，因而往往可以被视作作品的"伦理之眼"。就此而言，对叙事艺术展开抒情伦理研究便成为一个别开生面的课题，它似乎属于"叙事伦理"研究的大范畴，但在微观上却借重"抒情伦理"的批评方式。本书尝试在这方面作出一些初步探索，既是对"叙事伦理"研究的充实，也是为"抒情伦理"曲线正名。

一、起源场景

现代西方文艺理论往往把抒情诗、叙事文学(以史诗与小说为代表)、戏剧看成是三种不同的文类，三者间的差异主要通过内容呈现的主客观性或发声的人称来加以厘定，如黑格尔、韦勒克与沃伦、卡勒等都是这么做的。[③] 这样的文类区分带有相当程度的理想性和宏观性，我们可以把某部具体的文学作品在总体上归为三种文类中的一种，但就这部作品的微观层面而言，则完全有可能同时混融了抒情、叙事和戏剧的成分。本书所论及的叙事艺术，是在比文类更为广泛的艺术体类的意义上，指称一切以故事情节的展开为主体结构的艺术形式。这样的叙事艺术具有广义上的叙事性，无论这种叙事是通过某一人称的独白还是多个角色的对白来实现的，同时因其叙事结构必须在时间中展开而具有了借抒情来调节叙事节奏的可能性与必要性。本书所论及的抒情，则是指一种

① 卢卡奇：《小说理论：试从历史哲学论伟大史诗的诸形式》，燕宏远、李怀涛译，北京：商务印书馆 2012 年版，第 64 页。

② 徐岱：《审美正义论——伦理美学基本问题研究》，杭州：浙江工商大学出版社 2014 年版，第 155 页。

③ 参见〔德〕黑格尔：《美学》第 3 卷上册，朱光潜译，北京：商务印书馆 1979 年版，第 20 页；〔美〕韦勒克、沃伦：《文学理论》，刘象愚、邢培明、陈圣生、李哲明译，北京：文化艺术出版社 2010 年版，第 261 页；〔美〕卡勒：《文学理论》，李平译，沈阳：辽宁教育出版社 1998 年版，第 76—77 页。

广义的艺术功能，即抒发某一个体（角色、作者、隐含作者等）的内在情感；所谓“抒发”，并非简单的表现，而是指以音乐性来对情感予以赋形（形式化）和延展（风格化）。

就此而言，叙事艺术的鼻祖荷马史诗尽管情节跌宕、气势宏阔，却从来不乏美妙的抒情声音。《伊利亚特》开篇即唱：“女神啊，请歌唱佩琉斯之子阿喀琉斯的致命的愤怒，那一怒给阿开奥斯人带来无数的苦难，把战士的许多健壮英魂送往冥府，使他们的尸体成为野狗和各种飞禽的肉食……”[①]这一声朝向第二人称“女神”的吟唱，以雄奇的场景拉开整部战争大戏的帷幕，为全诗定下悲壮、惨烈和英雄主义的基调。里尔琴伴奏下[②]的抒情唱词，不仅在情绪营造方面把听众置入心情激荡、悠然神往的境地，还在叙事上打开一扇窗口，把整部《伊利亚特》的情节起点锚定在阿喀琉斯因与阿伽门农争执而罢战从而导致特洛伊战局急转而下这一戏剧性的转捩点。抒情的内容旋即使人思绪纷纷，产生伦理方面的疑问：既然战局的逆转、战士的败亡缘于将帅间的私人恩怨，那主人公的行为是否是道德的？作品即将描述双方战士的生命如刍狗般被命运抛弃，那作者的创作动机遵循的是怎样的道德法则？由此反映出史诗时代的古希腊社会具有怎样的道德状况？类似这样的问题，需听取作品的长篇叙事方能寻找答案，但这些问题的提出，却缘于这段抒情歌词所激起的对战争中蝼蚁般的生命的深深同情。换言之，同情使人发出道德追问，产生穷究叙事情节的兴趣。

相对于通篇保持着紧张与激烈的《伊利亚特》，《奥德赛》以主人公战后重返家园的漂泊、怀念、忧思为主题，整体风格更接近于一阕悠远绵长的抒情诗。对于这部与《伊利亚特》风格迥异的《奥德赛》，人文主义批评家乔治·斯坦纳有一段杰出的评论，点出了后者所蕴含的抒情伦理的奥妙：“我猜想，荷马是在他青壮年时期完成了编撰《伊利亚特》的任务。《伊利亚特》有着年轻人的残酷无情。随着经验日丰，感情日沛，他在经历更为丰富、感知力更加细腻时，《伊利亚特》中的人生观可能让荷马感到残缺。……在他人生的后半段，这个游历多方的诗人可能回顾了《伊利亚特》，将其中对于人类行为的态度和他自己的亲身经历进行比较。在比较中，荷马保持着微妙的平衡，对《伊利亚特》中的人生观既尊重，又批判，结果就诞生了《奥德赛》。荷马用惊人的敏锐感从特洛伊的传奇中选出

① 〔古希腊〕荷马：《伊利亚特》，罗念生、王焕生译，北京：人民文学出版社 1994 年版，第 1 页。

② 关于荷马史诗的演唱和伴奏方式，参见〔美〕保罗·亨利·朗：《西方文明中的音乐》，顾连理等译，桂林：广西师范大学出版社 2014 年版，第 7 页。

了一位最接近'现代'精神的英雄人物做主人公。奥德修斯在《伊利亚特》中就已标志着从单纯的英雄生涯向一种对信念更具怀疑、敏感、谨慎的精神生活的过渡。就像奥德修斯一样,荷马摒弃了阿喀琉斯世界中那种直露粗糙的价值观。在创作《奥德赛》时,他穿越灵魂的遥远距离回望《伊利亚特》,既有缅怀之情,又含笑带着怀疑。"[①]这里最后一句话文风隽永、内涵丰赡,道出了《奥德赛》所以能世世代代传唱不息的艺术精髓:对英雄生涯的伴有道德疑虑的怀想与抒情。

从我们对两部荷马史诗的分析来看,叙事艺术的抒情伦理批评大有可为。而《伊利亚特》与《奥德赛》的风格差异预示着叙事艺术的抒情至少可以有两种不同的方式:一是保持叙事与抒情各自的界限,令二者各行其是,同时相互映照、相互推动;二是叙事与抒情混融,造就一种高度风格化的抒情性叙事的美学效果。后一种情况的最终发展结果就是抒情小说(或称诗化小说)、抒情诗剧、诗化电影等在整体风格上接受抒情诗美学影响的叙事艺术,如北京大学吴晓东教授的《现代"诗化小说"探索》一文即对西方自象征派小说至意识流小说,以及中国从废名、沈从文、何其芳到冯至、汪曾祺的诗化小说传统予以清理,[②]相似主题的研究成果还有很多。笔者更感兴趣的则是前一种情况,亦即在典型(叙事情节具有高度戏剧性)的叙事艺术中所出现的抒情。关注这类叙事艺术的抒情伦理,或许更能体现抒情伦理批评在叙事学研究中的重要性。

二、典范的树立

众所周知,中国古代《诗经》中的诗作在其原始"表演"场景中是以"诗乐舞"一体的方式呈现的,音乐充当了联结抒情诗与表演艺术的纽带。无独有偶,古希腊戏剧的诞生也与音乐和抒情诗有着剪不断理还乱的关系。美国音乐文化史学家保罗·亨利·朗曾指出:"在感情表现到达极度亢奋时,戏剧会转向音乐。这是最单纯和最古老的戏剧形式的本质要求,因为人的灵魂被深深震撼而只能胡言乱语般呼喊时,只有音乐才能继续表达感情。……埃斯库罗斯,一位音乐家,一位合唱抒情诗人,却创造了因深刻的内心激动而触发的作品。……

① 〔法〕乔治·斯坦纳:《语言与沉默:论语言、文学与非人道》,李小均译,上海:上海人民出版社2013年版,第212—213页。

② 参见吴晓东:《现代"诗化小说"探索》,载《文学评论》1997年第1期。

他所使用的手段具有音乐性—抒情性的特质。在埃斯库罗斯时代，音乐和抒情仍是不可分割的整体，言辞与音调、诗歌与旋律同时被创造出来。”[①]简言之，古希腊戏剧是与抒情诗和音乐同源的，欧洲戏剧的起源须追索至其与诗尤其是音乐性抒情诗之间的密切联系。

当亚里士多德写作文艺理论著作《诗学》的时候，他所谓的“诗”指的是包括史诗、悲剧、喜剧等在内的所有当时以诗格写作的文类。《诗学》首章将该书的写作任务之一描述为对“应如何组织情节才能写出优秀的诗作”[②]予以探讨，这就明示了他重点考察的“诗”乃是“组织情节”的叙事艺术。需要提请注意的是，这些叙事艺术既然通篇以格律诗体写成，那不管是否配以音乐或谱以曲调，都已因为格律的组织而使语言具有了一定的音乐性，因而也不可避免地在整体上带有一定的抒情性。经过对几种不同诗类的比较，《诗学》最终将笔墨集中于悲剧，可见悲剧是亚氏心目中叙事艺术的最高代表。

古希腊悲剧一般都遵循“开场、进场歌、第一场、第一合唱歌、第二场、第二合唱歌、第三场、第三合唱歌、第四场、第四合唱歌……退场”这样的结构，每一场剧情表演中间都插入一段歌队合唱，用以发挥抒情的艺术功能。罗念生认为：“（古希腊）戏剧的合唱歌的风格取自抒情诗。所以，从继承的关系来看，戏剧乃是史诗与抒情诗的结合。”[③]抒情合唱的插入使得戏剧情节的展开具有了规律性的停顿，从而为整体叙事带来了行止交替的节奏感。不过，亚里士多德显然对歌队的抒情合唱不太重视，他认为：“情节是悲剧的根本，用形象的话来说，是悲剧的灵魂。……在剩下的成分里，唱段是最重要的‘装饰’。”[④]也就是说，亚里士多德只是把抒情唱段视作对叙事的锦上添花，他的关切集中于悲剧“对一个严肃、完整、有一定长度的行动的摹仿”[⑤]，亦即纯粹叙事情节的展开方式。亚里士多德的叙事伦理批评也仅仅着眼于叙事情节，依据他的价值评判，优秀的悲剧表现的是好人（具备智慧与德行的人）遭受不幸命运的情节，从而激起观众怜悯与恐惧的情绪并使之得到净化。

亚里士多德对悲剧抒情段落的轻忽是令人遗憾的，这导致后世的叙事艺术

---

① 〔美〕保罗·亨利·朗：《西方文明中的音乐》，顾连理等译，桂林：广西师范大学出版社 2014 年版，第 13 页。

② 〔古希腊〕亚里士多德：《诗学》，陈中梅译，北京：商务印书馆 1996 年版，第 27 页。

③ 罗念生：《理解古希腊悲剧》，载《古希腊悲剧经典》，北京：作家出版社 1998 年版，第 637—638 页。

④ 〔古希腊〕亚里士多德：《诗学》，陈中梅译，北京：商务印书馆 1996 年版，第 65 页。

⑤ 〔古希腊〕亚里士多德：《诗学》，陈中梅译，北京：商务印书馆 1996 年版，第 63 页。

研究尤其是叙事伦理研究很少关注作品的抒情成分，但所幸，美学史上也有对古希腊悲剧之抒情合唱的美学功能予以高度评价者，尼采和席勒便是个中代表。尼采曾在他的名著《悲剧的诞生》中用他那种广为人知的极端语调宣称："悲剧从悲剧歌队中产生，一开始仅仅是歌队，除了歌队什么也不是。……用来衔接悲剧的合唱部分，在一定程度上是孕育全部所谓对白的母腹，也就是孕育全部舞台世界和本来意义上的戏剧的母腹。……悲剧本来只是'合唱'，而不是'戏剧'。"①这几乎就是在说，是合唱的扩展构成了古希腊悲剧，是抒情歌艺术孕育了戏剧艺术。如果有读者嫌尼采的用语过于夸张的话，那么兼美学家、戏剧家、诗人于一身的席勒对古希腊悲剧歌队合唱部分的评价似应得到更多的信服："它摒弃了事件的狭小天地，将自身扩大到超越过去与未来、超越遥远的时代与民族以及整个人类的程度，推断出生命的重大归结，并宣告智慧的教训。除此之外，它还牵扯到想象的威力——牵扯到似乎以天神般的步伐攀登世界万物的顶峰的一种大胆的抒情自由；而且它是同曲调和节奏的所有明显的影响一道在语调和动作中产生了这种自由。"②席勒的意思是，戏剧的剧情作为事件受限于其发生的特定时间与空间，而合唱则有一种特殊的美学功能，能将该事件所包含的生活智慧推广至超越时空的普遍层面，并产生"抒情自由"的审美高峰体验。在笔者看来，"抒情自由"的概念暗示抒情合唱中包含着重要的伦理维度。

通过文本分析不难发现，歌队的抒情合唱段落对于古希腊悲剧伦理内涵的揭示具有不可替代的作用。以埃斯库罗斯的《普罗米修斯》和索福克勒斯的《俄狄浦斯王》为例。在《普罗米修斯》中，歌队扮演了一组剧中人角色——提坦神俄刻阿诺斯和忒堤斯的十二个女儿。女神的抒情歌声在与普罗米修斯对话的过程中唱出，不仅抒发了对英雄遭遇的深切同情，而且表达了鲜明的道德立场：

> 除了宙斯，哪一位神不气愤，不对你的苦难表同情？
>
> 现在整个世界都为你大声痛哭，那些住在西方的人悲叹你的宗族曾经享受的伟大而又古老的权力；那些住在神圣的亚细亚的人也对你的

① 〔德〕尼采：《悲剧的诞生：尼采美学文选》，周国平译，北京：生活·读书·新知三联书店 1986 年版，第 25—33 页。

② 〔德〕席勒：《论悲剧中歌队的作用》，转引自乔治《戏剧节奏》，张全全译，北京：中国戏剧出版社 2006 年版，第 73 页。

> 悲惨的苦难表同情。
>
> 那些住在科尔喀斯土地上的勇于作战的女子和那些住在大地边缘,迈俄提斯湖畔的斯库提亚人也为你痛哭。
>
> 那驻在高加索附近山城上的敌军,阿拉伯武士之花,在尖锐的戈矛的林中呐喊,也对你表示同情。
>
> 海潮下落,发出悲声,海底在呜咽,下界黑暗的地牢在号叫,澄清的河流也为你的不幸的苦难而悲叹。①

这些抒情之辞对宙斯予以道德孤立,对普罗米修斯则表达了来自神界、人类各种族,乃至拟人化的山川湖海等自然界万物的道义和情感支持,其内含的伦理评判随着抒情意象的一一展开而仿佛具有了充斥全宇宙的磅礴力量。诚如亚里士多德所言,要引发观众的怜悯与恐惧之情,须让剧中的好人遭受不幸。然而如何证明并让观众充分感受普罗米修斯的德性之"好"?单纯依靠叙事性的念白恐怕有些苍白无力,此段抒情合唱则以感人至深的艺术效果使观众对普罗米修斯产生强烈的道德情感,有力地保障了悲剧功能——引发怜悯与恐惧——的实现。

《俄狄浦斯王》的歌队扮演的是十五名睿智的忒拜城长老,他们一共出场合唱五次。进场歌被安排在开场俄狄浦斯得报忒拜疫情之后,用以描述男女老少受灾的惨状并向诸神发出祷告。这段抒情歌仿佛在急速推进的剧情中间插入了一幅相对静止的画面,通过对无辜平民受灾之苦的近景呈现来逼问引起灾异的罪魁祸首。之后又有四阕合唱歌,依次安插在剩余五场之间,其内容主要是对道德律令与神的关系、神的权威和公义性,以及俄狄浦斯德行高尚却遭受不幸命运的事实——上述几项内容相互之间显然具有强烈的伦理张力——做出评论和感叹。《俄狄浦斯王》的叙事情节具有步步紧逼、无可逆转的紧张和绝望,抒情唱段的加入,尤其是对神义论和宿命论等人生哲理问题的风格化探讨,则在一定程度上舒缓和消解了戏剧化叙事所带来的紧张感和绝望感,有利于观众暂时跳出情节推进的急流作一些感受与反思,从而调整和平衡已被激起的极端情绪。套用亚里士多德的术语来说,情节的不断"突转"和"发现"造成了强烈的戏剧性,抒情成分则对由此引发的观众的"怜悯"与"恐惧"之情予以"净化"。

---

① 〔古希腊〕埃斯库罗斯:《普罗米修斯》,载《古希腊悲剧经典》上册,罗念生译,北京:作家出版社 1998 年版,第 13、20 页。

相对于荷马史诗，古希腊悲剧对抒情显然具有了更加自觉的形式安排，同时分派给它更多、更集中的伦理批判的任务。叙事艺术家对抒情的形式上的运用和语义层面的利用已经渐趋成熟。放眼更长的历史，将能看到古希腊悲剧在抒情伦理的表现方面实在具有某种典范意义。

三、隐匿的传统

美国戏剧学者威尔森和戈德法布指出："歌队是古希腊戏剧中的关键要素，也是最有特色的要素。自古希腊戏剧后，歌队再没有以同样的方式出现过。"[①]不过在笔者看来，之后再没有出现过的仅仅是悲剧歌队的外在演出形式，而其内在精义，亦即抒情段落内嵌于叙事结构中并体现特殊的伦理关怀这一美学特点，则在后世许多叙事艺术中得到了继承和新的发展。

保罗·亨利·朗在谈及古罗马戏剧时指出："在(古罗马)戏剧领域中，我们重又遇到希腊戏剧，但拉丁变种与其希腊前身有很多细节上的不同：合唱被完全取消；罗马人只有独白或独唱。"[②]他在谈及中世纪戏剧时又指出："玛丽亚·玛格德琳[③]的悲歌('悲伤咏叹调')应被认为是(中古教会)音乐戏剧的中心。"[④]把这两句话联系起来可以看出一种发展趋势：古罗马和中世纪的戏剧逐渐以独白和独唱代替了古希腊悲剧中的合唱部分。按照浪漫主义诗论的观点，独白和音乐性是抒情诗的两个核心要义。[⑤] 在这一美学视野下重识古罗马与中世纪戏剧的上述发展趋势，可以认为，在古希腊与文艺复兴之间的漫长岁月里，欧洲戏剧逐步凝练和强化了其整体结构中的抒情歌段落。

16 世纪晚期的欧洲正处在文艺复兴运动的高潮阶段。莎士比亚是这一时期欧洲文化的代表人物，他的戏剧作品继承了古代诗体戏剧的写作传统，不仅以有格律的韵文写成，[⑥]而且大量采用抒情诗和民间歌谣供剧中角色吟诵或演

---

① 〔美〕威尔森、戈德法布：《戏剧的故事》，孙菲译，北京：北京联合出版公司 2016 年版，第 60 页。

② 〔美〕保罗·亨利·朗：《西方文明中的音乐》，顾连理等译，桂林：广西师范大学出版社 2014 年版，第 41 页。

③ 玛丽亚·玛格德琳即《圣经·新约》中的圣徒抹大拉的马利亚，为中世纪教会戏剧中的重要角色。

④ 〔美〕保罗·亨利·朗：《西方文明中的音乐》，顾连理等译，桂林：广西师范大学出版社 2014 年版，第 104 页。

⑤ 参见〔美〕艾布拉姆斯：《镜与灯：浪漫主义文论及批评传统》，郦稚牛等译，北京：北京大学出版社 2015 年版，第 22—23、98—104 页。

⑥ 莎学专家孙大雨指出："莎氏的戏剧作品，远绍古希腊、罗马戏剧诗人们的优良传统。莎剧是戏剧，同时又是诗，而且基本上是用有格律的韵文所组成，所以古时叫作戏剧诗，近今又叫诗剧，是戏剧和诗浑然一体的文艺作品。"见孙大雨：《莎士比亚的戏剧是诗剧》，载《群言》1986 年第 10 期，第 34 页。

唱。如《罗密欧与朱丽叶》中出现了三首十四行诗,其中两首分别是全剧的开场诗和第二幕的开场诗,以合唱(chorus)的方式提示情节,并对剧中人的悲剧命运及其社会原因予以伦理点评,其作用近于古希腊悲剧的歌队合唱;另一首则是著名的罗密欧与朱丽叶舞会邂逅时所吟诵的对白十四行诗,它以宗教比喻传达羞涩而热烈的爱情,是全剧最为脍炙人口的段落之一。《哈姆雷特》中出现了多个歌谣片段,其中最引人注目的是发疯后的奥菲利娅所唱的几段歌谣。且看一例:

> 姑娘,姑娘,他死了,一去不复来;头上盖着青青草,脚下石生苔。殓衾遮体白如雪,鲜花红似雨;花上盈盈有泪滴,伴郎坟墓去。[①]

这本是民间倩女哭情郎的抒情歌谣,痴情而凄美,在被逼疯的奥菲利娅口中唱来,却带有一种冷峻的隐喻的意味,仿佛是从女性视角出发对宫廷斗争予以审视和控诉,歌词中的死亡意象则以神秘的气息预示了《哈姆雷特》全剧的惨烈结局。

当莎士比亚在伦敦南郊的环球剧院大显身手的时候,文艺复兴的策源地意大利佛罗伦萨正在兴起一种新的叙事艺术形式——歌剧。歌剧(opera)与一般戏剧(drama)的最大不同在于,它是从西方古典音乐的摇篮中成长起来的叙事艺术形式,其戏剧性——此处以亚里士多德所谓叙事情节的"突转"与"发现"来定义这一概念——主要通过歌唱而非说白来呈现。[②] 诚如美国歌剧学者科尔曼所言:"作为一种戏剧类型,它(歌剧)的本质存在无论在细节上还是在整体上都是由音乐的表达所决定。"[③]正是在这样的美学理念之下,歌剧发展出了主要以宣叙调和咏叹调的交替演唱来完成全剧进程的艺术形式。宣叙调(recitative)的意大利语源意为"朗诵",是一种接近于日常说话的演唱,其节奏自由而富于变化,不构成有规律的节拍,乐句长短具有很大弹性,音调的旋律性不强,歌词也不押韵。宣叙调多用于角色间的对唱,其实就相当于被谱上了曲调的对白,承担着推动叙事情节发展的功能。咏叹调(aria)的意大利语源意为"歌",是以旋律性见长的抒情歌曲,其节奏往往规律有致,歌词也多采用押韵的

---

① 〔英〕莎士比亚:《哈姆雷特》,载《莎士比亚全集》第五册,朱生豪等译,北京:人民文学出版社 1994 年版,第 381—382 页。

② 只有极少数歌剧和轻歌剧会用说白来推动情节。

③ 〔美〕科尔曼:《作为戏剧的歌剧》,杨燕迪译,上海:上海音乐学院出版社 2008 年版,第 13 页。

诗体。除独唱以外，各种重唱采用的也都是咏叹调的形式，合唱也更接近抒情歌。于是，宣叙调和咏叹调的交替演唱，在美学上就构成了叙事与抒情的轮换。这种内嵌于叙事的抒情方式，隐然呼应了古希腊戏剧与莎士比亚戏剧中的抒情段落，无怪乎早期歌剧创作者都认为(实质是想象)他们的工作是在恢复失传已久的古希腊戏剧。事情正如保罗·亨利·朗所言："他们(作为人文主义者的意大利歌剧先驱)至少看出希腊戏剧的抒情性质。他们猜测，不仅有歌队合唱，还有真正的咏叹调穿插在整部戏中，在感情高潮时，剧情变成抒情的夸张，因此需要音乐，犹如教堂的尖顶需要一口钟。希腊戏剧的根本性质的确是抒情艺术，其抒情性只有现代意大利的戏剧堪与之比美，因此它被视为 opera 是可以设想的，因为'opera'就意味着 opera in musica，就意味着音乐，而音乐是抒情的同义词。"①

咏叹调之所以成为歌剧中最有代表性的、被传唱最多的唱段，其原因就在于它是整部歌剧叙事结构中专门用以抒情的段落，以优美的旋律集中体现角色的情感、性格，并反映创作者(包括作曲家与台本作者)的伦理意图。限于篇幅，仅举一例。

普契尼的《蝴蝶夫人》是历史上演出率最高的意大利歌剧之一。它的剧情主要讲述日本少女巧巧桑(昵称"蝴蝶")抛弃家族信仰嫁给了美国驻日海军上尉平克尔顿，然而平克尔顿抱着玩弄的态度，很快就回国与一美国女子再次缔结婚姻。蝴蝶在孤独中产下平克尔顿的孩子，并终于盼来了平克尔顿返日，孰料平克尔顿只是和他的美国妻子一起来领走蝴蝶的孩子。悲愤的蝴蝶蒙住孩子的双眼执匕首自杀身亡，孩子则留给了被罪恶感包围的平克尔顿。全剧的叙事虽不急迫却充满了戏剧张力，而剧中最享盛誉的一首咏叹调《晴朗的一天》就出现在蝴蝶被平克尔顿离弃后在家门前的山坡上期盼和想象丈夫自海外归来的段落：

> 当晴朗的一天，在那遥远的海面，我们看见了一缕黑烟，有一只军舰出现，一只白色的军舰平稳开进了港湾，轰隆一声礼炮。看吧！他已经来到！我不愿跑去相见，我，不，我一人站在小山坡上边，长久地只向海面张望，期待着和他幸福地相见。看远处有一个人像小黑点，他急急忙忙奔跑，愈走愈近，奔向这边。谁来了？谁来了？铃木啊，你

---

① 〔美〕保罗·亨利·朗：《西方文明中的音乐》，顾连理等译，桂林：广西师范大学出版社 2014 年版，第 344 页。

> 猜一猜,谁在叫,谁在叫?“我亲爱的小蝴蝶,你到哪里去了?”我一句话也不讲,就悄悄躲在一旁,我心在跳跃,满腔热情像火焰般地燃烧。他这样快活不停在喊叫,在喊叫:“我最亲爱的蝴蝶,快来我的怀抱。”这声音还是像从前一样美好,一切痛苦都忘掉。听吧,我的铃木!啊,我相信他一定来到,一定来到。[①]

歌词展开了一幅蝴蝶幻想中的图景,充满与爱人重聚的甜蜜、矜持、激动,以及对幸福生活的热切渴盼。然而承载着这些满怀希望的歌词的,却是一支忧伤、痛苦、绝望的旋律,通过戏剧抒情女高音(spinto sopranos)柔肠寸断的嗓音送入观众(听众)心田。歌词与音乐之间的矛盾对比蕴含着巨大的伦理批判力量,歌词内容表明了蝴蝶的善良、忠于爱情和对爱人的无比信任,而沉郁悲怆的音乐却分明在强调残酷现实之不可逆转,并预示着蝴蝶终将为爱情献出生命的悲剧结局。音乐与文学的两相对照,映衬出蝴蝶高洁的人格形象,也间接对平克尔顿的所作所为予以道德谴责。歌剧的叙事内涵也因着这曲咏叹调的独特的对比式抒情而更显丰富、立体。

歌剧咏叹调的抒情作用在现代音乐剧的唱段当中得到了更加通俗化的继承与发扬。兴起于19世纪的音乐剧(musical theatre)从艺术类型学来看与传统欧洲歌剧有很大差异。诚如上述,歌剧一般在音乐范畴中被提及,主要通过歌唱来展开叙事、呈现戏剧性。而流行于纽约百老汇和伦敦西区的音乐剧则是从歌舞杂耍表演和滑稽歌舞杂剧中发展而来,同时接受了一部分轻歌剧的影响,最终定型为一种汇集了音乐、对白、表演与舞蹈的综合性剧场艺术,坊间常常称之为“秀”(show)。简言之,音乐剧往往因其演出形式的综合性而被划归戏剧领域。与歌剧相比,音乐剧采用对白来过渡叙事情节,其唱段则采用节拍相对稳定、乐句相对匀称、歌词押韵的抒情歌曲。这就好比取消了歌剧的宣叙调,而把咏叹调予以保留和转型——转型主要是从古典音乐形式转向更加朗朗上口的流行音乐形式。通过这些手段,音乐剧极大地强化了在叙事结构中内嵌抒情这一艺术表现形式,并把抒情的比重予以大幅增加。一部音乐剧中最具抒情风格的歌曲,往往也是剧中最能体现主角的人格形象、反映创作者的伦理评价的段落。如《歌剧魅影》中的《夜之乐章》,《猫》中的《回忆》,《艾薇塔》中的《阿

① 人民音乐出版社编辑部编:《蝴蝶夫人》,北京:人民音乐出版社1982年版,第116—119页。

根廷别为我哭泣》,《悲惨世界》中的《带他回家》等,莫不如此。

艺术史经过两千多年的发展,终又在音乐剧身上重现了古希腊悲剧那种对白叙事与歌唱抒情相轮换的基本结构。但与古希腊悲剧所不同的是,音乐剧在整体保留了较强叙事性和戏剧性的同时,极大地增强了歌曲唱段的艺术自主性,使其能够充分发挥多元的抒情风格、展示丰富的伦理内涵,从而获得观众对叙事结构中的抒情段落的空前的审美专注。

结 语

以上内容尝试对经典叙事艺术中的抒情段落作出伦理批评,并着重展示了一些高度戏剧化的叙事艺术在抒情方式和伦理寄寓方式上的某种历史性联系和呼应,论证了抒情段落往往是叙事艺术的"伦理之眼"这一美学判断。诚然,本书所涉及的内容远远不能涵括历史上各种叙事艺术及其抒情伦理表现的复杂面貌,尤其是本书对整体风格趋于抒情化的那一派叙事艺术的伦理表现状况未予详解,这也更加说明,叙事艺术的抒情伦理批评尚有极大的可挖掘空间。

在方法论层面,本书所倡导的叙事艺术的抒情伦理批评主要采取形式语义学的批评方法。这一批评方法的思想资源来自以卢卡奇为代表的中欧人文主义批评传统。[①] 卢卡奇曾在他的一篇谈悲剧的论文中设专章讨论"诗性伦理学",并指出:"形式是生活的最高审判者。赋形的能力是一种审判性的力量,一种伦理性的东西,而价值判断就包含在每一个有形式的存在中。"[②]根据这一批评原则,伦理内涵的积淀有赖于特定艺术形式的定型与成熟,换言之,艺术形式的变迁为新的伦理价值的探讨提供了可能,因此叙事艺术的抒情形式每有新的发展,就为新的生活伦理的表达提供了契机,批评若能跟踪叙事艺术的抒情形式发展并充分解析其美学特点,便能够发掘出凝结于特定抒情形式中的特殊的伦理内涵。这就是叙事艺术的抒情伦理批评所采用的形式语义学方法。

当然,对于抒情伦理批评而言,方法论只是其实现手段,价值论评判才是它

---

① "中欧人文主义"的提法出自〔法〕乔治·斯坦纳:《语言与沉默:论语言、文学与非人道》,李小均译,上海:上海人民出版社 2013 年版。尤其是《乔治·卢卡奇与他的魔鬼契约》《美学宣言》《走出中欧》等篇。

② 〔匈〕卢卡奇:《悲剧的形而上学:保罗·恩斯特》,载《卢卡奇论戏剧》,罗璇等译,北京:北京师范大学出版社 2014 年版,第 151 页。

的根本目的。宋代学者郑樵曾批评汉儒以义论诗之失，指出“诗在于声，不在于义”[①]，肯定了音乐亦即抒情审美功能在诗歌艺术中的首要地位。然而郑樵的诗歌美学主张需加上一段音乐美学的补充才能算是意义完整，这就是《礼记·乐记》中著名的对音乐艺术的抒情伦理论断：“乐者，德之华也。……情深而文明，气盛而化神，和顺积中，而英华外发，唯乐不可以为伪。”[②]这段话说得再明确不过：音乐艺术是人心内在德性的外在形式显现，只有感情深挚，才能真正生发音乐艺术之华美，所以音乐的创作与表演须正心诚意，不可以为伪。换言之，抒情之所以为抒情，在于艺术家情深意切，有真实的生活体验，能诚恳而不加矫饰地进行艺术表现，否则，抒情就沦为了“煽情”“矫情”“滥情”——后者正是抒情伦理批评应在价值论层面予以重点批判的内容。

① 郑樵：《通志二十略·乐略》，北京：中华书局1995年版，第887页。

② 郑玄注、孔颖达疏：《礼记正义》，北京：北京大学出版社1999年版，第1111—1112页。

“中国话剧诗化传统”命题的美学阐释

前辈学者田本相先生生前曾以“诗化现实主义”来概括中国现代话剧史上最具代表性的一批优秀作品的美学特质，他在晚年又在此基础上提炼出了“中国话剧的诗化传统”[①]的美学命题，并组织编写了同名专著《中国话剧的诗化传统》[②]。笔者作为该著的合作撰稿人之一，曾与田先生、胡志毅教授一起做过多次相关研讨，对此一命题也产生了一些个人的理解和想法。现整理成文，以供进一步的讨论、交流和深入辨析。

一、“中国话剧诗化传统”的生成逻辑

“中国话剧的诗化传统”是一个典型的比较美学命题，它在申明话剧最初是一个舶来艺术品种的同时，特别强调中国艺术文化自身强大的生命力和影响力对话剧这一新形式的淬炼与融铸，同时也阐明了中国现代话剧对中国传统美学精神的延承与再造。当然，诗化与抒情是具有普遍意义的美学现象，西方戏剧在诗化与抒情方面原本就有着强大的传统和伟大的艺术表现。要明确中国话剧诗化传统的艺术特点，其实还须对西方戏剧作一些比较分析，在比较之镜中反观中国话剧诗化传统的审美独特性。席勒曾将亚里士多德对悲剧的定义修正为：“悲剧是一个值得同情的行动的诗意的模仿”，[③]并着重强调了悲剧的诗

① 田先生首次公开发表的有关“中国话剧的诗化传统”的著述是《中国话剧的诗化传统——为纪念中国话剧 110 周年而作》，载《美育学刊》2017 年第 4 期。

② 参见田本相主编：《中国话剧的诗化传统》，北京：中国戏剧出版社 2020 年版。

③ 〔德〕席勒：《论悲剧艺术》，载伍蠡甫、胡经之主编《西方文艺理论名著选编》上卷，北京：北京大学出版社 1985 年版，第 465 页。

意真实性和诗意之美。从文体的角度看，欧洲戏剧的文本创作至少在19世纪末以前，都是以诗体剧为主，直至易卜生横空出世，西方剧坛才转移风向，渐以散文体剧为主流，但最近这一百多年也还是不乏诗体剧的佳作。由此看来，西方戏剧的诗化传统也是非常强大的，而拙文《叙事艺术的抒情伦理》[①]则在此诗化传统中又专门勾勒出一条以抒情诗演唱为审美核心（实为整部戏的“伦理之眼”）的戏剧发展线索，以说明音乐性的抒情歌诗在西方戏剧中的重要美学意义。所以说，戏剧的诗化与抒情化在世界范围内是一个普遍存在的艺术现象，中国话剧在这方面并非“孤例”。只不过，中国话剧的诗化传统在诗化方式上，从中国的诗传统以及脱胎于诗传统的戏曲传统中汲取了大量营养，继承了许多汉语诗歌、汉语戏文的抒情语言和抒情方式。从中国话剧作家的成长环境来看，这是不可避免也不可能转变的文化惯性使然。在此意义上说，中国话剧的诗化传统乃是中国诗传统“人文化成”的结果。

中国现代话剧诞生于20世纪初，成熟于20世纪30年代，这个时段恰逢西方偏重现实主义的散文体剧方兴未艾之时。此时的中国话剧人要铸就具有中国特色和时代特色的中国话剧艺术，不仅需从西方戏剧宝库中汲取资源，还需从中国文化自身传统中吸收养分。汉语诗歌作为中国传统文人的看家本领，自然为中国话剧提供了充分的艺术滋养与文化熏陶。在笔者看来，中国话剧诗化传统得以形成，至少是以下这些艺术文化要素共同起作用的结果。

首先，20世纪前半叶的中国话剧剧坛，是以剧本或剧作家而非导演为创作中心的，彼时的剧作家身处新旧交替的中国文化转捩期，身上自带着古典“文人”的气息，精神世界和语言习惯很大程度上仍浸润在中国古典诗词的语境中，这使得其所创作的剧本成了典型的“文人”剧本，并对剧作的实际演出品格造成决定性的影响。田本相先生在《中国话剧的诗化传统》一书中设专章论述了“境界”“情景交融”“韵味”“意象”等中国古典诗学范畴在中国现代话剧中的表现，便是这方面的证据，读者可以详加参看。

其次，中国话剧诗化传统的诸多特点，也与新文化运动所引进的现代审美艺术观密切相关。我们知道，中国古典戏曲的作者并没有现代“审美艺术”（fine arts）的观念，不可能形成“文化英雄”式的“艺术家”的自我身份认知，但因为他们本就身在中国古典文化传统之中，因而能够自发但其实也是不自觉地创

---

① 徐承：《叙事艺术的抒情伦理》，载《美育学刊》2019年第6期。本书对此文亦有收录。

造出具有“诗(中国诗)化”品格的戏曲佳作。而中国现代话剧的作者们,却已经接受了西方“审美艺术”的观念,对自己的定位是“现代艺术家”,因而他们如果为自己的剧作输入了“诗化”的审美特点,那么不妨把这种工作视为一种有意为之的自觉行为。这样看来,“诗化”俨然是中国现代话剧人在新旧文化交替、中西文明碰撞的大时代中所做出的审慎的艺术抉择,一种带有强烈文化责任感与使命感的主动创作策略。

再次,中国现代话剧的诗化传统中,其实还掺杂着汉语新诗这一中介因素对古典汉语诗歌的镜像式想象。从晚清到新文化运动时期,西方的文学和艺术观念不断输入中国,在此之前,中国古人的“诗”的范畴是相对狭窄的,直到西方“poetry”的概念传入中国,新诗诗人及倡导新诗的学者才把中国古代多数有韵有节律亦即语言本身具有规律性音乐特征[①]的文学文体统统囊括进“诗”的范畴。于是乎,无论四言诗、乐府诗、古体诗、近体诗,还是辞、赋、词、散曲,以及杂剧、传奇等戏曲文学中的唱词,均被视为“诗”之一种。所以,与新诗诗人同时期的中国现代话剧作家对“诗”的理解,相对古代文人而言已经大大扩展,包括了现代文学理论意义上的所有中国古代诗歌,以及新文化运动以后兴起的白话新诗和传译而来外国诗。在这种文化氛围和思想环境下,“诗”的意义相对中国古代其实已经发生了微妙的变化,逐渐与一种理想化的、浪漫化的、非现实功利性的、具有一定观照距离或含混性的审美质素联系起来,这种审美质素即现代人所说之“诗意”。中国古代原不乏铺叙刻画现实场景与事件的诗作,如叙事诗、赋,以及杜甫等诗人的现实主义诗歌,但在新文化运动之后的现代文艺美学的目光下,现实主义诗歌似乎缺乏了那么点“诗意”,仿佛只有那些具有理想与浪漫色彩,能够超脱功利考量,拉开与现实之距离的文学艺术才是高级的、纯粹的文学艺术。现代美学家朱光潜的这段话,就带有这种典型的艺术等级论的论调:“一部好小说或是一部好戏剧都要当作一首诗看。……不爱好诗而爱好小说戏剧的人们大半在小说和戏剧中只能见到最粗浅的一部分,就是故事。所以他们看小说和戏剧,不问它们的艺术技巧,只求它们里面有有趣的故事。”[②]从某种程度上说,中国现代话剧作家所做出的“诗化”努力,也包含了对现代文艺

---

① 诗的语言本身所具有的规律性音乐特征,并非指诗歌入乐后的音调特征,而是指诗人精心营造的语言自身的音响效果和形式特征,通过吟诵即能实现。

② 朱光潜:《谈读诗与趣味的培养》,载《朱光潜全集》第三卷,合肥:安徽教育出版社 1987 年版,第 349—350 页。

美学观念下的"诗意"的追求。

二、诗化与抒情传统在当代剧坛的境遇

以上是笔者对"中国话剧诗化传统"这一美学命题所作的一些个人理解和阐述。以下笔者想就中国话剧诗化传统乃至更广泛的中国抒情传统在当代剧坛的境遇谈一些个人的观察和看法。

自20世纪80年代以来,中国的舞台剧在整体上逐渐进入了以导演甚至表演为创作中心的阶段,剧作家在各种现代主义和后现代主义浪潮的冲击下慢慢失去了原有的地位,剧本的文学价值尤其是"诗意"、"诗性"等质素已经不复现代话剧那个年代的荣光,甚至不再是戏剧质量的主要评价指标。与此同时,中国舞台剧在这三四十年里进入了一个在创作和演出数量上堪称繁荣的阶段,艺术风格和形式较以往任何一个时代都更加丰富、多元。在这些琳琅满目的剧目中,笔者认为,有两个特出的舞台剧作品,能够较有代表性地表明中国当代戏剧从业者对诗化和抒情传统的美学态度。这两部作品,一是孟京辉导演、廖一梅编剧的《恋爱的犀牛》,一是赖声川导演、台湾"表演工作坊"集体即兴创作的《暗恋桃花源》。

《恋爱的犀牛》创作于千禧年来临之际,整部作品似乎有一种雄心,要对行将成为过去的20世纪的文化生活作一番后现代主义式的反讽和戏谑。于是,在这部演员的舞台表演常常脱离于剧情而独立呈现的作品里,上演了许多更像是时代告别宣言而非围绕主角恋爱故事展开的形体和语言表达。而在作为其剧情核心的爱情故事里,男主角马路是个文化程度并不高的动物园犀牛饲养员,他不可救药地爱上了女主角明明,可明明的所爱却另有其人。马路对明明的爱极其执着,充满了浪漫的自我想象与渴望,并以写诗、诵诗、唱诗的方式来表达其爱情。编剧特意把马路的情诗写成了似乎毫无文学性可言的口水诗:"一切白的东西和你相比都成了黑墨水而自惭形秽,一切无知的鸟兽因为不能说出你的名字而绝望万分,一切路口的警察亮起绿灯让你通行,一切指南针为我指出你的方位。你是不留痕迹的风,你是轻轻掠过我身体的风,你是不露行踪的风,你是无时不在无处不在的风。你是我温暖的手套、冰冷的啤酒、带着太阳光气息的衬衫、日复一日的梦想。你是纯洁的、天真的、玻璃一样的;你是纯洁的、天真的,什么也污染不了;你是纯洁的、天真的,什么也改变不了;阳光穿

过你，却改变了自己的方向。”这样的“诗句”，不仅没有古典诗那种兴寄遥深的诗境、诗意可言，甚至连现代诗依然要讲究的韵律也不是那么精致优美，但有意思的是，《恋爱的犀牛》在悲喜剧的融合方面做得特别好，当马路为明明诵念情诗时，其语言效果滑稽可笑，透露出马路在爱情和文化方面的拙劣。当剧情逐渐进入高潮，音乐响起，马路以弹唱方式为明明和自己唱出他的这首情诗时，音乐却赋予了歌词以深厚充沛的情感和优美有致的形式，使拙劣的口水诗刹那转变为一首让人刻骨铭心的抒情歌。从这一独特的美学转化过程来看，《恋爱的犀牛》似乎并非要对诗化传统作一彻底的颠覆，它只是在世纪交替、一切价值行将被打碎的文化迷茫氛围中，表达一种对诗意生活执迷不舍但又难以达成的理想主义渴求。

《暗恋桃花源》创作于 20 世纪 80 年代中期的台湾，却在 21 世纪的大陆剧坛获得追捧式的翻演。诸多评论家对其颠覆性的拼贴结构、强烈的反讽意识和悲喜剧交互推动方式津津乐道，认为其形式创新带有典型的后现代色彩。但笔者认为，《暗恋桃花源》的拼贴结构并非后现代意义上的解构式的碎片化表演，而是一种意指明确的蒙太奇隐喻，这种手法在一定程度上仍属于典型的现代性美学范畴。而且，此隐喻的喻旨，明显与中国美学传统的审美理想有关，因而全剧的思想内涵仍维系于民族文化的历史与未来等重大主题，绝不是无意义的符码“延异”。

《暗恋桃花源》一剧尽管从形式上看由《暗恋》与《桃花源》两个戏中戏组合而成，但其剧名“暗恋桃花源”却完全可以在语法上被理解成动宾而不是并列结构。作品中，几乎每一个剧中人——无论《暗恋》故事中的人物、《桃花源》故事中的人物或是两个“剧组”中的各位“演员”——都在集体无意识中执着地“暗恋”着一个遥远而虚幻的“桃花源”，一个似乎只存在于梦境之中的理想的生活世界。如此看来，剧中《暗恋》与《桃花源》这两个段落并非毫无关联的平行拼贴，它们在意义上呈现出相互映照、互为隐喻的互文关系。

“桃花源”一词出自晋代文学家陶渊明的《桃花源诗》及其著名序文《桃花源记》，千百年来，它已成为“理想梦境”的代名词而深植于中国人的文化记忆之中。细究之下可以发现，《暗恋桃花源》中的每一个重要角色，几乎都在自己心中存有一个美好但又难以企及的“桃花源”：曾亲历“桃花源”的渔夫老陶自不必说，他真的走到了“另外一个世界”，在那里，“一切烦恼都没了”“太妙了，真像梦一样”“安静、幸福、纯净”，他去了“好像很久——可是又好像没几天”。游手好闲的袁老板也并非没有理想,他自陈"我的心中有一个伟大的抱负……在那遥远的地方,我们绵延不绝的子孙,手牵着手,肩并着肩,一个个儿都只有这么大"。在《暗恋》这个故事里,江滨柳的整个后半生都沉浸在对他自己心中的"桃花源"的想象与回忆之中——"三十七年(引者按,即公元1948年)夏天,我和她在上海认识。那是我这辈子最快乐的一个夏天。到秋天十月的时候,她要回昆明老家,我们在上海公园分手……"云之凡则有一段隐喻式的误入"桃花源"的经历:"二九年(引者按,即公元1940年)打日本的时候,有一次听说第二天会有100多架飞机要来轰炸昆明。一夜之间,整个昆明市都逃光了!我妈妈带我们逃难,从滇池出发,到高桥,从高桥连续走了两天的路,到了一个好特别的地方,一山的野花,那儿的人说的话我们听不懂,可是他们都对我们很友善。说是逃难,我们在那儿整整玩了一个月!后来发现那天敌人根本没有来,我们又下山了。到现在,我还常常会想到那个地方。"江妈妈也常常进入对她与江滨柳相亲那段"赞得不得了"的美好时光的怀念。而《暗恋》"剧组"的"导演"则总是把自己代入想象为江滨柳,竭力要在舞台上重现他心目中那个"云之凡"的"一朵在夜空中开放的最美丽最动人的白色山茶花"的理想形象,却始终无法在自己执导的现场表演中得到完美实现。哪怕是游离于两个戏中戏之外的那个彷徨徘徊的陌生女子,也一直在执着地追寻着属于她的"南阳刘子骥"——"那一天,在南阳街,下着毛毛雨,我们约好了去吃酸辣面。我永远都忘不了那种酸酸辣辣的感觉。"整部《暗恋桃花源》不啻于是各种痴恋"桃花源"的个体情境的大荟萃。每一次当有角色进入到对他(她)自己内心中的"桃花源"的沉醉、迷恋、神往的状态中时,戏的矛盾冲突就仿佛被暂时中止了,剧中人充满柔情蜜意的抒情语调把观众的心思意念带至另一个遥远的想象时空。在此,"桃花源"成了一个诗意的意象,它穿插、游荡于《暗恋桃花源》的整部戏中,既是各种戏剧冲突得以产生的导源,同时又是化解一切矛盾的希望所在。《暗恋桃花源》每处感人泪下的情节,无不出于此抒情声音的激化与变奏。抽象的难以捉摸的"桃花源"理想,以超越现实时空的方式勾勒出一个短暂圆满的抒情境界。

然而,"桃花源"的抒情境界在整部《暗恋桃花源》中乃至在当代中国人的文化生活中毕竟是破镜难圆,甚至充满误解的。作者特意在剧中安排了一个抒情传统被误解的场景:《桃花源》"剧组"中游手好闲的顺子指挥"绘景师"小阎把桃花源山水画布景生生挖出一大块,美其名曰"留白"与"蒙太奇"。这场闹剧虽然在顺子老板的斥责与追打中结束了,但那块残破的布景却遗留在了舞台上,并和飘零的桃花瓣一起为接下来两个"剧组"合用场地排戏提供了背景,造成了喻指明确的对失落的"桃花源"的隐喻。

在《暗恋桃花源》的全剧结尾处,两个"剧组"中的"演员"终于相互和解、宽慰,怀着各自的念想与隐痛缓缓退场。此时,那个游离于两个"剧组"外的陌生女子突然起身走入舞台中央,从遍地桃花花瓣中拣出一叠间杂于其中的来自《桃花源》"剧组"的纸钱,奋力抛撒至空中。漫天飞舞的纸钱,与舞台后方被挖空了一大块的桃花源山水画布景以及铺满地面且仍在不断飘落的红花一起,组成了一幅神秘的意在言外的象征图景,似乎是在向消逝的难以复归的"桃花源"理想境界——同时也是中国抒情传统美学经验的遗产——献以仪式性的祭奠与挥别!

须臾间,21 世纪也已经走过了二十多年,而中国话剧诗化传统的当代走向,也越来越不明朗了。艺术史的未来发展路向是难以预料的,我们只能观察到,至少在当下的戏剧创作与演出中,诗化传统还是能够时不时为作品提供审美价值方面的支持,尽管这种支持常常是碎片式的或怀旧式的。代表着古典美学精神的中国抒情传统已经由《暗恋桃花源》为之献上了祭仪,而融合了现代美学经验的中国话剧诗化传统似乎仍在艰难赓续延承自抒情传统的顽强生命力。无论如何,当代人仍须通过倡导和评说来避免艺术史走向价值虚无。

中国美育史中的仪式原型

——从《牡丹亭》中的《关雎》公案说起

时至今日，学界在这一点上大概已经形成共识：戏曲《牡丹亭》的故事反映了中国古代诗教的某种内部矛盾——剧中私塾先生陈最良奉杜宝命为杜丽娘讲授《诗经》，本意是为了阐扬妇德，却不料因此而引发后者春情萌动，乃有游园惊梦之举。已故学者徐朔方认为："她（杜丽娘）的人生第一课就是《诗经》首篇《关雎》。在她的父亲和陈最良看来，《关雎》说的是'后妃之德'，是最适当的教本；但在不按照封建道德标准而思想的杜丽娘，却直觉地认出了这是一首热烈的恋歌。这次启蒙教育对她有很大的影响，其结果就是《惊梦》。"[①]然而最近，青年学者李思涯敏锐地指出，陈最良为杜丽娘说《关雎》并未全然依照代表着诗教正统的《毛诗》注解，而是"采用了解诗传统中少数人的释义方法"，这才激发了杜丽娘的男女情思。[②] 李思涯对徐朔方所下的杜丽娘乃是完全"直觉地认出了"《关雎》本质的判断给予更正，补充了陈最良曲解《毛诗》这个外部机缘，但对于《关雎》的本来面目，李思涯仍基本沿袭徐朔方的"一首热烈的恋歌"的看法，并给予颇具浪漫主义风格的申说。

在笔者看来，《牡丹亭》中的《关雎》公案其实包含着更为宏富的文化史意涵。《关雎》所代表的"风"诗就如同一个内蕴丰赡的历史标本，透过它不仅可以一览诗教的内容、礼教的形态，还可以窥见上古诗乐舞仪式的演出场景。如果我们从仪式—原型批评的视角出发，重新审视《关雎》等"风"诗在历史上曲折的生存轨迹，同时把视野扩展至《牡丹亭》本身所具有的仪式意义，追究它与"风"

① 徐朔方：《前言》，载《牡丹亭》，北京：人民文学出版社 1963 年版，第 2 页。

② 李思涯：《〈牡丹亭〉中〈关雎〉的意义》，《文学评论》2015 年第 3 期，第 201 页。

诗的仪式意义之间的内在关联，继而考量这几种仪式原型对受众所产生的不同的感化作用，那么，我们或许可以为中国美育史勾勒出一条别开生面且具有深刻现实意义的线索。

一、诗教公案

《牡丹亭》第五出，南安太守杜宝为使独女杜丽娘“知书知礼”，为她延请了一位老儒陈最良作教书先生，专门教习“六艺之教”中的《诗经》，原因是“《诗经》开首，便是后妃之德”。[①] “后妃之德”的说法出自《毛诗序》。《毛诗序》开宗明义：“《关雎》，后妃之德也，风之始也，所以风天下而正夫妇也，故用之乡人焉，用之邦国焉。风，风也，教也。风以动之，教以化之。”[②]言下之意是，《关雎》乃圣王宫中之人所作之诗，它所代表的“风”诗具有以圣王道德教化天下的伦理美育功能。杜宝请陈最良教杜丽娘《诗经》的用意正在于此。

《牡丹亭》第七出，陈最良号称以《毛诗》和“毛注”教授杜丽娘，可他一开口解说，就偏离了“毛注”的思想：“关关雎鸠，在河之洲。窈窕淑女，君子好逑。好者，好也；逑者，求也。……窈窕淑女，是幽闲女子，有那等君子好好的来求他。”[③]这就把“君子好逑”解释成了君子追求淑女。然而《毛传》对此的注解是：“逑，匹也。言后妃有关雎之德，是幽閒贞专之善女，宜为君子之好匹。”[④]唐孔颖达进一步疏解道：“后妃既有是德，又不妬忌，思得淑女以配君子，故窈窕然处幽閒贞专之善女，宜为君子之好匹也。以后妃不妬忌，可共以事夫，故言宜也。”[⑤]这里出现了两个女子，主角是以关雎为喻的后妃，她没有嫉妒心，寻思得一淑女以配君子，从而共事一夫，所以这有德之后妃宜为君子之好匹。这一解释与《毛诗序》的提法基本一致，《诗大序》中提到：“是以《关雎》乐得淑女以配君子，忧在进贤，不淫其色。哀窈窕，思贤才，而无伤善之心焉，是《关雎》之义也。”[⑥]总之，代表着儒家经学正统的“毛注”对“君子好逑”的解释乃是有德之后妃宜为君子之好匹。如果如陈最良般把“逑”释作“求”，把“君子好逑”理解为

① 汤显祖：《牡丹亭》，载《汤显祖全集》第三册，北京：北京古籍出版社 1999 年版，第 2079 页。
② 毛亨传、郑玄笺、孔颖达疏：《毛诗正义》，北京：北京大学出版社 1999 年版，第 4—6 页。
③ 汤显祖：《牡丹亭》，载《汤显祖全集》第三册，北京：北京古籍出版社 1999 年版，第 2084—2085 页。
④ 毛亨传、郑玄笺、孔颖达疏：《毛诗正义》，北京：北京大学出版社 1999 年版，第 22—23 页。
⑤ 毛亨传、郑玄笺、孔颖达疏：《毛诗正义》，北京：北京大学出版社 1999 年版，第 23 页。
⑥ 毛亨传、郑玄笺、孔颖达疏：《毛诗正义》，北京：北京大学出版社 1999 年版，第 21 页。

“有那等君子好好的来求他”，那整首诗就显不出所谓的“后妃之德”了，其“风天下而正夫妇”的伦理美育功能也不免要落空。

果然，陈最良刚说完“有那等君子好好的来求他”，丫鬟春香就接口问：“为甚好好的求他?”陈最良似是无心地斥一句“多嘴哩”，之后便应杜丽娘之请而把《诗经》大意敷演一番：“论六经《诗经》最葩，闺门内许多风雅。有指证姜嫄产哇，不嫉妒后妃贤达。……有风有化，宜室宜家。……《诗》三百，一言以蔽之，没多些，只‘无邪’两字，付与儿家。”[①]此处陈最良对《诗经》主旨的概括，却不仅符合孔子“思无邪”[②]的教诲，也与官方经学所认可的“毛注”契合无间，总算回归到诗教传统。然而这样的高台教化已经不能吸引杜丽娘的兴趣，她的心思早就随着春香的那句“为甚好好的求他”而飞到天边云外去了，这才有了《惊梦》一出中杜丽娘满腔春情一发而不可收的局面。至此，诗教的伦理美育模式遭到否弃，杜丽娘形象所代表的情本美育思潮登上了舞台。

汤显祖安排陈最良曲解《毛诗》、“逗引”丽娘，当然有他的特别用意。在进入对汤显祖及晚明文人的美学、美育思想的辨析之前，我们还是先回到《诗经》，看看在中国文化史和美育史的开端处，曾经发生过什么，才会导致后人产生激烈的“情”“理”之争。

二、庙堂仪式

《史记·孔子世家》说：“古者《诗》三千余篇，及至孔子，去其重，取可施于礼义。”[③]从美育史的角度看，“孔子删诗”是《诗》文本被儒者高度伦理化、诗教的伦理美育传统得以在文本基础上迅速发展的一个标志性事件。按照《史记》的说法，只有删订后的定本，才能当得起孔子的这番定性：“《诗》三百，一言以蔽之，曰：‘思无邪。’”[④]然而，司马迁所说的“三百五篇孔子皆弦歌之……礼乐自此可得而述”[⑤]的诗乐合一的盛况，却似乎只是一次回光返照。朱自清指出：“孔子时代，《诗》与乐开始在分家。从前是《诗》以声为用；孔子论《诗》才偏重在

① 汤显祖：《牡丹亭》，载《汤显祖全集》第三册，北京：北京古籍出版社 1999 年版，第 2085 页。

② 何晏注、邢昺疏：《论语注疏》，北京：北京大学出版社 1999 年版，第 14 页。

③ 司马迁：《史记》第二册，北京：中华书局 1999 年版，第 1559 页。

④ 何晏注、邢昺疏：《论语注疏》，北京：北京大学出版社 1999 年版，第 14 页。

⑤ 司马迁：《史记》第二册，北京：中华书局 1999 年版，第 1559 页。

《诗》义上去。到了孟子,《诗》与乐已完全分了家,他论《诗》便简直以义为用了。从荀子起直到汉人的引《诗》,也都继承这个传统,以义为用。”[①]按照朱自清的观点,《诗》三百删定以后,诗与古老的乐舞仪式相分离的趋势进一步加剧,最终演变为孤立的文本形态。与此同时,历代儒者纷纷以儒家伦理强制阐释《诗》义,逐渐形成一个以“思无邪”为旨归而罔顾诗中原义的诗教(亦即以诗义的伦理教化为中心的美育)传统。

那么,在《诗》转向“以义为用”以前,早期的诗篇尤其是“风”诗的演出和创作状况究竟是怎样的呢?《牡丹亭》中陈最良曲解《毛诗》,是歪打正着地释放了《关雎》的原义吗?《关雎》究竟是圣王宫中之人所作之诗,还是情人之间的“一首热烈的恋歌”,抑或另有复杂的历史形态?

诗在上古本是仪式乐歌的歌词,这种仪式乐歌是周代礼乐的重要组成部分。要辨明礼乐中的乐歌的历史变迁,就要厘清“制礼作乐”和“礼崩乐坏”这两个概念。

马银琴认为,周公的“制礼作乐”虽然“只是周代礼乐制度形成过程的一个开始”,但它反映了周代礼乐的一些根本特征:礼乐活动是由原始祀天祭地的宗教活动发展而来的,周礼是政治化、制度化的仪式,周代仪式乐歌的创作是与政治化、制度化的礼纠缠在一起的,用于体现和固化“尊尊亲亲”的社会秩序。[②]

“礼崩乐坏”原指东周时期社会秩序变乱、礼乐制度遭废弃、地方诸侯不尊周天子而僭用礼乐等现象。从艺术史的维度观察,“礼崩乐坏”所带来的严重后果就是诗乐分离,或者说仪式音乐的失落。朱自清曾指出:“到春秋时止,诗乐还没有分家。……诗与乐分家是有一段历史的。孔子时雅乐就已败坏,诗与乐便在那时分了家。”[③]马银琴在《两周诗史》中详细描述了这一诗乐分离的历史过程,并提出:“周代礼乐制度的发展经历了以乐教为中心到以德教为中心的转变与发展。”[④]

笔者不否认马银琴所述的诗乐分离过程,但对她的理论判断表示怀疑:诗

① 朱自清:《诗言志辨》,桂林:广西师范大学出版社 2004 年版,第 105 页。
② 马银琴:《两周诗史》,北京:社会科学文献出版社 2006 年版,第 102 页。
③ 朱自清:《诗言志辨》,桂林:广西师范大学出版社 2004 年版,第 16—17 页。
④ 马银琴:《两周诗史》,北京:社会科学文献出版社 2006 年版,第 295 页。

义之教诚然是以德教为中心的，但乐教难道不也是以德教为中心的吗？荀子《乐论》[①]和《礼记·乐记》[②]这两种儒家音乐文献，不正大肆渲染了乐教在施行德教方面的无以伦比的强烈效果？

在笔者看来，礼乐教化代表了西周官方美育的基本方式，也代表了后来儒家的理想的美育方式，即通过仪式和仪式化的乐歌等感性手段来感化观礼的人群，使之接受一套特定的社会伦理秩序的规训。在这些具有道德意义的感性手段中，相较于以语言为载体的诗义，音乐尽管道德指向性不那么明确，但毫无疑问具有更加强烈的感化效果；而当音乐被仪式化以后，其原本模糊的道德指向性也变得明确起来，从而成为首要的德教（伦理美育）手段。这就是孔子面对"礼崩乐坏"的社会现象，悲愤失望之余仍勉力重兴诗教的内在原因——作为理想美育方式的仪式化音乐已经逐渐失落而难以复得，礼乐全盛时期的德教眼看难以为继，儒者接下来所能做的就只能是通过文献编订、文本阐释等工作，尽力发扬诗义之教，为德教重辟一条新路。理解这一问题的关键在于，伦理美育的本质乃是由道德观念引导的"感性教育"，因此德教并不等同于依赖语言及其意义的"道德说教"，它完全可以借助非语言的感性手段——尤其是仪式和仪式化的音乐——来施行。"制礼作乐"的过程表明，礼乐作为中国古代以统治集团意志强制推行的权威仪式，从其制作之初就充当着规训臣民的德教（伦理美育）工具，因此诗义之教跟乐教在以德教为中心这一点上是一脉相承的，只不过诗义之教后来日益走向"断章取义"[③]，而在道德阐释方面越来越离谱，从而也越来越矛盾百出、捉襟见肘，终成一纸笑谈罢了。

现在的问题是，诗义之教在道德阐释方面的"离谱"究竟远离的是怎样的原谱？诗乐未分之时的"风"诗究竟具有怎样神秘的面目，以至于它在诗乐分离后开展诗义的德教时仍会让人产生非道德的直觉性联想？

宋儒朱熹认为，"'风'者，民俗歌谣之诗也。……诸侯采之以贡于天子，天子受之而列于乐官"。《国风》首卷《周南》系周公"采文王之世风化所及民俗之诗，被之管弦，以为房中之乐，而又推之以及于乡党、邦国"；而《关雎》却是"宫中之人，于其始至，见其有幽闲贞静之德，故作是诗"。[④] 既然《国风》及其首卷《周

① 王先谦撰：《荀子集解》，北京：中华书局1988年版，第379—382页。

② 郑玄注、孔颖达疏：《礼记正义》，北京：北京大学出版社1999年版，第1081—1123页。

③ 朱自清：《诗言志辨》，桂林：广西师范大学出版社2004年版，第15—19页。

④ 朱熹注：《诗集传》，南京：凤凰出版社2007年版，第1—2页。

南》初始均为民俗歌谣，其开篇《关雎》为何又是宫人之作？朱夫子之言若非加诸复杂离奇的揣想，很难自圆其说。

有关这一问题，马银琴给出了一个乐与诗分别创作、各有先后的思路，认为《关雎》的音乐部分更加古老，经历了由乡乐而至王室房中乐终至王室正乐的过程，而其歌词部分（“诗”）则相对晚出，是由东周平王时代的忧国诗人创作的，合乐之后形成了王室仪式正乐的乐歌。① 马银琴对《关雎》原创情形的判断主要依据《史记》“周道缺，诗人本之衽席，《关雎》作”②的说法，该说法明显受《鲁诗》学派的影响，倾向于把《关雎》的诗义要旨认作“刺时”。当然，不管是《鲁诗》学派的“刺时”说，还是《毛诗》学派的“美后妃之德”说，有一点是大同小异的，即把《关雎》视作周代礼乐这一庙堂仪式的代表性曲目，强调仪式过程中的政治教化功能，强调其对儒家社会伦理的阐扬。

三、民间仪式

无论古人朱熹还是今人马银琴，他们的看法都不足以解释，为何以《关雎》为代表的“风”诗，明明承担着德教的任务，其内容却常常让人产生非儒家伦理的直觉性联想。《关雎》文本中所遗留的浓烈的情色意味总是能够“先声夺人”，占据接受者感性体验的中心；而无论孔子及其弟子们如何解释《关雎》其实是“以色喻于礼”③，这种经由隐喻推导的道德联想总是在初读《诗经》者的经验顺序中慢半拍，也在实际的育人效果上难以深入人心。

有鉴于此，晚近以来，不断有学者对《关雎》中的情色描写予以正面肯定，而不主张以道德隐喻来遮蔽诗本义对“情”的表现。清代崔述论及《关雎》时提出：“细玩此篇，乃君子自求良配而他人代写其哀乐之情耳。”④“五四”新文学运动中，多位新诗诗人兼现代学者受西方浪漫主义文学的影响，主张把《关雎》主旨理解为男子爱上女子，如胡适⑤和闻一多⑥，而刘大白则索性直言“其实这都是

① 马银琴：《两周诗史》，北京：社会科学文献出版社 2006 年版，第 258—260 页。

② 司马迁：《史记》第一册，北京：中华书局 1999 年版，第 365 页。

③《孔子诗论》，载马承源主编《上海博物馆藏战国楚竹书（一）》，上海：上海古籍出版社 2001 年版，第 139 页。

④ 崔述：《读风偶识》，载《崔东壁遗书》，上海：上海古籍出版社 1983 年版，第 532 页。

⑤ 胡适：《论〈野有死麕〉书》，载顾颉刚编著《古史辨》第三册，上海：上海古籍出版社 1982 年版，第 443 页。

⑥ 闻一多：《风诗类钞乙》，载《闻一多全集》第四册，武汉：湖北人民出版社 1993 年版，第 503 页。

那位单相思的诗人，想象中的预备；而此诗不过是一篇片恋的恋歌罢了"[①]。前文述及徐朔方谓杜丽娘学习《关雎》时"直觉地认出了这是一首热烈的恋歌"，就是沿袭了刘大白的说法。

不难发现，这一系主张"某男情歌说"的现代学者多数持有以下两点看法：其一，《关雎》并非宫廷仪式乐歌，而是一首民间歌谣；其二，《关雎》的"诗"是由某位个性鲜明的"诗人"凭借其强烈的个人情感和非凡的文学才能创作出来的，并且这一创作在某种程度上是"诗人"把自己代入诗中的"君子"角色进行文学想象和拟写的过程。

对诗人的个性、才能、想象力的倚重，属于浪漫主义抒情诗的创作观。换言之，"某男情歌说"的支持者们在一定程度上把《关雎》视作了浪漫主义抒情诗——这无疑是新文学运动中西潮涌入、新诗勃兴、学者在此基础上重审中国文学史的结果。

但是，按照现今的中国文学史常识，中国古代出现以个人才具抒写私人情感的诗歌创作活动，那是直至汉末、魏晋时代，文人形成了主体意识，文学创作趋于独立自觉，士人的审美关注集中于个体的独特性之后才发生的。对于《诗经》中的"风"诗，法国人类学家葛兰言的这一分析判断显然更符合我们对文学创作活动的基本认识："在这些上古歌谣中，一个显著的事实是，诗歌中不含任何的个人情感。……全都在一个纯粹程式化的背景里，体验着完全相同的没有个性的情感……绝非诗人的创作。诗歌缺乏个人性，这必然可以假定，诗歌的起源是非个人性的。"[②]

根据葛兰言的人类学考察与推断，"风"诗的原始样态，既不是某位诗人用以抒写个人情感的抒情诗作，也不是宫廷乐歌，而是集体创制的民间歌谣。这一判断可与历史上的许多文献参照对证。如清人方玉润认为《关雎》是"咏初婚"的"民间歌谣"，他一方面发挥朱熹"文王之世风化所及民俗之诗"的传统思想，强调《关雎》中正和平的风格乃是出于文王与后妃之德的"化民成俗"，另一方面则明确排除了朱熹"宫人作诗"的自相矛盾的说法。[③] 民歌风格是否出于圣王道德之风化，这一问题很难考证，方玉润给出这一假设，也是"仁者见仁"之

---

① 刘大白：《白屋说诗》，北京：中国书店 1983 年版，第 22 页。

② 〔法〕葛兰言：《古代中国的节庆与歌谣》，赵丙祥、张宏明译，桂林：广西师范大学出版社 2005 年版，第 73—75 页。

③ 方玉润：《诗经原始》，北京：中华书局 1986 年版，第 71 页。

举；至于“咏初婚者”一说，似乎是为了配合《关雎》曾作为“房中乐”的历史记载而提出的假设。作为儒家学者，方玉润的假设必须符合德教的指导思想，但他坦承“风者，皆采自民间者也”，坚定否弃与之相矛盾的“宫人作诗”说，则使“风”诗的本来面目渐趋明朗化。

方玉润之后，越来越多的学者倾向于把“风”诗视作民间歌谣，但在民歌论阵营内部，也出现了两种不同的观点。第一种从浪漫主义文学观出发加以推导，把这些民歌理解为由某一诗人个体所创作的抒写个人情感的抒情诗，这一观点的代表学者就是之前提到的胡适、闻一多、刘大白、徐朔方等人；第二种则借助人类学方法，从原始形态社会的一般习俗出发加以推导，把这些民歌理解为初民在特殊社会活动中集体创制的歌谣，葛兰言便是这一派学者的主要代表。

葛兰言如此分析《诗经》“风”诗的原初创作和表演情形：“根据《诗经》中表现的田园主题和乡村景物，个人情感的缺乏，简单直白的艺术手法，对称的形式，进行曲的步调，以及似乎适于轮流对歌和需要借助手势补充语言表达的特点，我认为，《诗经》中的歌谣是在乡村的即兴对歌中产生的。”“在古代农民共同体举行的季节节庆过程中，青年男女在竞赛中相互挑战，轮流演唱，歌谣就是这样创作出来的。”①比较而言，葛兰言的分析、判断比抒情诗论者更符合“风”诗现存的文本特征。

根据葛兰言的说法，无论后来被采入宫中“制礼作乐”时是否被重新配以符合宫廷礼仪要求的音乐，“风”诗在其原初的创作、演出阶段就已经是一种仪式乐歌，只不过这些仪式并非由宫廷贵族所主导的浸润着统治伦理的庙堂仪式，而是各地的农民共同体出于其公共生活习俗而开展的民间仪式。质言之，“风”诗的本来面目可能是一种集体创制的民间仪式乐歌。译者赵丙祥如此概括葛兰言所描述的这种上古民间仪式的活动过程和社会学意义：“葛兰言从《诗经》的情歌中读出了上古的仪式集会。男女两性在春季的特定时间里，在一个特定的场景中举行集会，这种场景一般是山麓、河边等。他们分为两队，相互唱和，‘爱情’就是从中产生的，然后他们就缔结‘婚约’，而婚礼则在秋季举行。……在举行集会时，村落的日常边界被打破了，人们超越日常生活的界限，缔结了一

① 〔法〕葛兰言：《古代中国的节庆与歌谣》，赵丙祥、张宏明译，桂林：广西师范大学出版社 2005 年版，第 78、183 页。

种社会共约。因此，集会的圣地也由此而拥有了神圣的力量，山川的威力是由社会赋予的，而不是相反。……这是古代节庆的基本特征：它们本身就是性爱仪礼的活动，成为构建社会秩序的模式。”[①]这种经由人类学一般经验所推导出的上古民间社会活动，尽管也只是诸多有关“风”诗原初情形的假说之一，但目前看来，似乎是最能有效解释“风”诗文本特征及其所裹挟的神圣情感和象征意涵的一种假说。

四、生命之教与德教的对峙

仪式无疑具有强大的教育功能。仪式教育的实现方式当然不仅仅是在仪式过程中植入对思想观念的灌输式宣讲——那种教法其实已经退化成简单粗暴的说教了。真正的仪式教育，是指通过仪式的感性活动对参与者或观礼者予以情绪感染从而使其发自内心地转变或深化思想观念的一种感性教育，在此意义上说也是一种审美教育。就此而言，无论是作为庙堂仪式还是民间仪式，“风”诗的感性教育功能亦即美育功能都不容小觑。与经历了“制礼作乐”这一系统的秩序化、道德化过程的“风”诗庙堂仪式相比，“风”诗民间仪式只是体现了一些朴素的社会秩序和道德关系，其最主要的美育功能，并非为政治教化服务的伦理美育、以审美因素为特定道德理念之传播工具的德教，而是一种通过人际情感的感染、感动来促成个体自我感悟、自我成长的生命之教。生命之教体现了民间仪式美育功能的特殊性与复杂性——其发端是集体仪式氛围中公共情感的张扬，而其落脚点则是集体中某一个体的自我感悟与成长。

立足于民间仪式的生命之教后来是如何转化为立足于庙堂仪式的德教的？这里涉及一个民歌的宫廷化过程。在葛兰言看来，民间歌谣具有神圣的特征和象征的可塑性，因此有可能被当作道德教化的训辞，于是古老的歌谣被用作新的目的，赋予新的意义，在宫廷中被演唱，宫廷中创作的诗歌也与它们的差别甚微。[②]

《关雎》等诗歌与婚礼相关，这一点说明方玉润称《关雎》为“咏初婚者”的说

① 赵丙祥：《译序》，载葛兰言《古代中国的节庆与歌谣》，赵丙祥、张宏明译，桂林：广西师范大学出版社2005年版，第3页。

② 〔法〕葛兰言：《古代中国的节庆与歌谣》，赵丙祥、张宏明译，桂林：广西师范大学出版社2005年版，第193—194页。

法并非空穴来风。根据葛兰言上述思想，同时结合前文所得出的一些历史结论，我们大致可以推测出"风"诗所经历的曲折的发展过程：作为民间仪式乐歌，"风"诗本就具有神圣庄严的特征，于是它们被搜集起来，采入宫中，供官家"制礼作乐"，重新制作成庙堂仪式乐歌，成为国民道德教育（用以建立"尊尊亲亲"的社会秩序）的一项重要内容。后来礼崩乐坏、诗乐分离，孔儒在"思无邪"这一道德原则的指导下，删订编纂出一个统一的文本，并借助从仪式乐歌中保留下来的象征力量对《诗》文本作出陈陈相因的符合儒家道德论的象征主义解释。当《诗》被奉为官方教育体系的"六经"之一以后，其道德教育内容日趋僵化，对自然人性的压制日益紧迫，终于在明代以后遭到民间文艺形式的有针对性的批评，《牡丹亭》的出现即可视为对《诗经》德教的一种强烈反弹。

从这样一种史观来看，《牡丹亭》中的《关雎》公案便有了特别的意义。汤显祖安排陈最良曲解"毛注"，暗示了《诗》教作为美育其实具有两重性：渊源于庙堂仪式、立足于象征主义解释的德教在实际教学过程中常常因其违背自然人性而流于表面，难于深入人心；而时不时对人产生深刻内在影响的，却是保存在《诗》文本中的由上古民间仪式的生命之教所遗留下来的对人情的强大感染力，后者甚至能推动人脱离《诗》文本的官方解释，开展"越礼"的联想。汤显祖在《牡丹亭题词》中说："如丽娘者，乃可谓之有情人耳。情不知所起，一往而深。"①为何"情不知所起"？盖因她在读《关雎》时受陈最良、春香的挑动，从诗歌语言所保留的古老的乐歌形式中依稀听到了初民在约婚仪式中深情对唱的声音，感受到了那种生于公情、止于私情的难以名状的情感状态，生发出自己内心中对男女之情的集体无意识。剧中春香解释杜丽娘为何要去游园时说："只因老爷延师教授，（小姐）读到《毛诗》第一章，'窈窕淑女，君子好逑'。悄然废书而叹曰：圣人之情，尽见于此矣。今古同怀，岂不然乎？"②"圣人之情"是杜丽娘在《诗经》德教语境下说出的话语，其实真正触动她心弦的，当然不是被儒家道德规范所约束的圣人之情，而是先民在自然生命秩序框架下萌发的具有普遍性的男女之情。上古的民间约婚仪式原是以自然风物与人世的类比来引发仪式参与者的联想的，这种类比思维仍隐藏在《诗》文本的字里行间，不仅促使杜丽娘悄然感慨诗中以雎鸠为喻的淑女"有那等君子好好的来求他"却又"求之不

① 汤显祖：《牡丹亭》，北京：人民文学出版社 1963 年版，《作者题词》。
② 汤显祖：《牡丹亭》，载《汤显祖全集》第三册，北京：北京古籍出版社 1999 年版，第 2093 页。

得”[①]的怅惘，更导致她深深动情于眼前“原来姹紫嫣红开遍，似这般都付与断井颓垣”的青春无寄的遗憾，从而“因春感情”，联想到自己“吾今年已二八，未逢折桂之夫；忽慕春情，怎得蟾宫之客”，[②]这才引出全剧为情死、为情复生的感天动地的传奇故事。

回到中国美育史的话题。德教和生命之教的最大区别，在于被儒者标举为万古不变之“天理”的道德准则，其实只是维护社会各阶层之权力关系的观念原则，那是会随着社会关系的变迁而松动乃至改变的；而生命之教所根系的人与人之间的情感尤其是男女相悦之情，却随着生命的延续与更新而永葆青春。当然，以庙堂仪式为原型的德教作为一种美育（感性教育），也需利用人的情感对之进行道德感化，但这种情感由于不是出自生命的根本处，而是人为制造出来包装特定的道德观念的，俗话叫作“煽情”，因此其道德观念也常常给人以“伪善”之感。“煽情”与“伪善”，正是中国古代从礼乐教化到《诗》教这一伦理美育传统所具有的最大的伦理美学问题！

汤显祖创作《牡丹亭》，在某种意义上也可以说是有感于德教与生命之教之间的这种对峙，而想要抑止“煽情”与“伪善”的德教，恢复和发扬亘古以来的生命之教的一项举措。他在论《牡丹亭》之创作时强调“理之所必无”“情之所必有”，[③]高扬“情”而贬抑“理”，恰与《诗》教代表人物朱熹的这句名言针锋相对：“圣贤千言万语，只是教人明天理，灭人欲。”[④]理学家所说的“理”，不仅指天地运行之“物理”，还包括为人处世的“道理”，即“圣人”为世人所制定的道德准则，如朱熹就对理与性，以及做事的道理，即道德准则作了贯通式的诠解。[⑤] 由此可见，汤显祖之扬“情”抑“理”，其实质正是发扬生命之教而抑止德教。晚明文学家、戏曲家冯梦龙曾更定汤显祖的传奇剧本《牡丹亭》，为之修订词谱、制订曲律，使这部“案头之书”成为宜于表演的“当场之谱”；他在中国美育史上有一个重要贡献，就是提出了“情教”之说：“我欲立情教，教诲诸众生。……六经皆以情教也，《易》尊夫妇，《诗》有《关雎》……岂非以情始于男女。”[⑥]冯梦龙借以树立情教的思想基础，也是把《关雎》的主旨理解为对男女之情的表现。如今看

① 程俊英、蒋见元：《诗经注析》上册，北京：中华书局 1991 年版，第 4 页。
② 汤显祖：《牡丹亭》，载《汤显祖全集》第三册，北京：北京古籍出版社 1999 年版，第 2096—2097 页。
③ 汤显祖：《牡丹亭》，北京：人民文学出版社 1963 年版，《作者题词》。
④ 黎靖德编：《朱子语类》第一册，北京：中华书局 1986 年版，第 207 页。
⑤ 黎靖德编：《朱子语类》第一册，北京：中华书局 1986 年版，第 63—64 页。
⑥ 冯梦龙：《情史》，载《冯梦龙全集》第 7 册，南京：凤凰出版社 2007 年版，第 1—3 页。

来，不妨把情教视为生命之教的某种变体。在中国历史上，历次尚情思潮的出现几乎都是对被权力推至高峰的儒家德教的反拨，如汉代独尊儒术、经学盛行、《诗经》被经典化，至魏晋就在名士群体中出现了“越名教而任自然”的崇情思潮；宋代理学一统天下，至明代即有心学起来取代理学，并在此基础上发展出晚明的尊情思潮。考虑到魏晋的崇情思潮、晚明的尊情思潮都是以诗文创作为载体的，诗文的传播过程其实也是一种感性教化过程，那情教确然在冯梦龙为之命名以前就已经实际存在于历史当中了。

放眼长时段的中国历史，从上古的民间仪式活动开始，到周朝作为庙堂仪式的礼乐活动，再到始于先秦、兴盛于汉唐两宋的以象征主义解释为核心的《诗》教，又至始发于魏晋、全盛于晚明、流播于清代（以《红楼梦》为高峰）的情教，古代中国的美育发展历程几乎可以看作是生命之教与德教前后转化、交相更替、互为对峙的二元历史。

五、仪式与戏剧

仪式与戏剧之间具有天然的亲缘关系。葛兰言在描述与“风”诗相关的民间节庆及其仪式场景时，不仅指出这种仪式中包含着大量表演与戏剧因素，还点明其神圣、庄严的仪式性在技术上出自超越了日常语言的诗性语言及其音乐化、姿势化（舞蹈）的表演。[①] 这一观察结果具有普遍的理论意义。现代的艺术发生学说，多倾向于把戏剧艺术的起源追溯至仪式中的表演。胡志毅提出：“现在许多学者都认为戏剧起源于仪式。……戏剧作为一种行动的模仿，应该是仪式中的参与者对神的‘行动的模仿’。”[②]从这个意义上说，民间仪式中表演者对神或神秘自然力量所采取的诗化的行动模仿，是戏剧艺术最根本的审美原型。

据说，中国戏曲的诞生直接导源于宋元时期民间仪式传统和民间表演传统（如百戏、讲唱、戏弄等）的多元融合。[③] 这样看来，《牡丹亭》中包含有某些仪式因素也就不足为奇了。在第十出《惊梦》中，杜丽娘与柳梦梅梦中相会，赴花前

---

① 〔法〕葛兰言：《古代中国的节庆与歌谣》，赵丙祥、张宏明译，桂林：广西师范大学出版社 2005 年版，第 184—187 页。

② 胡志毅：《神话与仪式：戏剧的原型阐释》，上海：学林出版社 2001 年版，第 3—4 页。

③ 高友工：《中国之戏曲美典》，载《美典：中国文学研究论集》，北京：生活·读书·新知三联书店 2008 年版，第 309—317 页。

石边恩爱，此时出现了一段对神的行动的模仿，一段具有强烈仪式色彩的表演：

> 〔末花神束发冠红衣插花上〕催花御史惜花天，检点春工又一年。蘸客伤心红雨下，勾人悬梦彩云边。吾乃掌管南安府后花园花神是也。因杜知府小姐丽娘，与柳梦梅秀才，后日有姻缘之分。杜小姐游春感伤，致使柳秀才入梦。咱花神专掌惜玉怜香，竟来保护他，要他云雨十分欢幸也。
>
> 【鲍老催】单则是混阳烝变，看他似虫儿般蠢动把风情搧。一般儿娇凝翠绽魂儿颤。这是景上缘，想内成，因中见。呀！淫邪展污了花台殿。咱待拈片落花儿惊醒他。〔向鬼门丢花介〕他梦酣春透了怎留连？拈花闪碎的红如片。
>
> 秀才，才到得半梦儿，梦毕之时，好送杜小姐仍归香阁。吾神去也。〔下〕①

这是一段"花神"的独白与独唱，在实际的舞台表演中，还需加入独舞（在一些当代的昆剧表演如白先勇制作的青春版《牡丹亭》中，"花神"的角色被群体化，独舞演变成群舞）。中国的古典艺术向来讲究"含蓄"，总是尽量避免对男女欢爱场面的直接"表演"；但是出于民间仪式原型古老而强大的情感力量和惯性力量的推动，作者专门安排了这一段"对神的行动的模仿"，让两位主角藏身幕后，借神秘的"花神"形象以第二人称从旁叙述，既遵循了"含蓄"的美学原则，又完成了呈现男欢女爱的仪式要求。"鲍老催"这一唱段，便是典型的"诗乐舞"综合的仪式表演：从"神"的超越的旁观视角，以非日常的神圣庄严的诗性语言，融合了音乐的曲调韵律，以及身体在空间中的节奏化舞动，造就了这一段堪称全剧高潮的仪式性表演。对观众而言，这一诗化仪式表演为他们带来了高峰体验，其间强烈的感化效果与剧中丽娘接受《毛诗》"后妃之德"教化的效果形成巨大的反差，在张力中观众个体纷纷得到出于本心的情感发展与思想体悟，实现了各自的生命启蒙。

思及"花神"的表演内容对历代《牡丹亭》观众的教育意义，如果我们把"花神"仪式视作汤显祖对《关雎》所代表的上古仪式生命之教跨越千年的情感共鸣

---

① 汤显祖：《牡丹亭》，载《汤显祖全集》第三册，北京：北京古籍出版社1999年版，第2098—2099页。

和舞台延续，又有何妨？纵观中国美育史，尽管民间仪式的生命之教与庙堂仪式的德教长期处在相互纠缠、彼此对抗的状态当中，但《牡丹亭》的重大意义在于，它是历史上罕见地由一位文人自觉地从民间仪式中汲取力量，大胆讽刺《诗经》德教的虚伪本质，高调宣扬情爱作为生命本源的正面价值，由此发挥出以民间仪式表演为原型的戏剧所具有的天然的生命之教的美育功能。

六、重建美育原则

经过对中国美育史的这番案例考察与分析后，让我们回到普通美育哲学的话语域，探讨历史经验能为当下美育建设提供怎样的启示。

如果我们把美育看成是一种以审美感化为途径的人文教育，那么，理想的人文教育必不能囿于德教或生命之教中的任何一端，而必须二者兼顾，让它们在审美的、感性的语境中相互开放，共同发挥作用。如果单单执着于德教，把某时某地某一特定人群的道德观念当作历久不变的绝对真理予以教条式的推广，那就会不可避免地产生诸如“煽情”“伪善”之类的伦理问题，最终造就的只能是有违人之常情的“空心人”；同样，如果单单执着于生命之教，任生命的情欲自由张扬，那受教育者在面对现实社会关系时也不免会无所适从，成为悖理的“怪人”——这也是为什么杜丽娘、林黛玉、贾宝玉等人物作为文学艺术形象深受读者喜爱，但如出现在现实生活中则会让身边人有些难以接受的原因。恰当的美育原则或许应该是：在合宜的审美形式的庇护下，以真诚的生命之教为基础，同时不仅发扬生命的情感本能，更注重展现生命中超越于动物性的人性价值——同情，使之向着带有一定社会性的道德情感——宽容、公义、正直、虔敬等等——发展扩充；另外，还须防范这些道德情感沦为固化的道德教条。如此，则使生命之教也具有了丰沛的伦理内涵，不至于停留在情欲和本能的水平，也克服了传统德教所难以规避的“伪善”的问题。简言之，作为人文教育的美育应该是对理想的人性光辉的阐扬。在这个意义上，无论《诗经》或是《牡丹亭》，其美育价值仍有其历史局限，我们期待当代中国能有更多更好的艺术创作，为促进人的健康发展——从身体感官到精神思维、从人际情感到公共道德——贡献力量。

下编　美育话语的言与诠

当代艺术批评的归途与人的审美发展

艺术批评作为一种对艺术实践的理论评价活动，是每一个成熟的艺术生产机制中必不可少的环节，发挥着拉近艺术家与接受者之关系、帮助接受者理解创作、敦促艺术家改善其创作等功用。此般对艺术批评的功能论述是以描述的方式进行的，虽说有一定的普泛意义，但并没有充分揭示出艺术批评的个性化内涵。笔者更愿意对艺术批评的功能予以规范性论述，超越客观的描述，赋予其理想化的内涵。以这样的方式思考艺术批评的功能，需要考虑的是艺术批评“应该”为其所服务的社会带来什么。这一问题的答案或许是言人人殊的，笔者的看法是把它归结到对“人的发展”之促进上面。将促进“人的发展”作为艺术批评的规范性功能，其实也就是对艺术批评提出了“育人”的理想要求，亦即把艺术批评活动当成一种特殊的审美教育活动。这一要求的产生有着怎样的艺术史、思想史和批评史逻辑？它在当下的批评实践中应该如何实施？本文尝试在这方面作一些初步探讨。

一、从现代艺术的“去人性化”说起

早在20世纪前半叶，欧美现代主义艺术方兴未艾之际，西班牙艺术批评家奥尔特加·加塞特就发表了他的名著《艺术的去人性化》，敏锐地指出了新艺术在发展过程中所暴露出的“去人性化”问题。加塞特指出：“从广义上来说，新艺术风格就是要剔除‘人性化的、太过人性化的’元素，而只留下纯艺术的本质。

这似乎表明了对艺术的巨大热情。"①加塞特的结论基于他对他那个时代新兴艺术的感性经验及哲学思辨。实际上,从艺术史的发展历程来看,现代艺术走向"去人性化"是有其内在逻辑脉络的。

众所周知,启蒙哲学对艺术史进行过一次重要的"重塑"。当启蒙哲学的集大成者康德以"无目的的合目的性"为标志,将审美划定为独立于认知活动与道德实践活动的第三种重要人类活动之后,艺术界逐渐形成了对艺术的"自省",并把这种省思建立在对艺术的审美性的认同之上,此即所谓艺术应追求其"审美自主性"的由来。"审美自主性"作为现代艺术的最强有力的观念驱动力,掀起了一波又一波的艺术新浪潮,不断推陈出新之际,也使艺术创作走上了一条渐趋专业化的日益狭窄的道路。

艺术追求"审美自主性"所引发的第一波重大艺术潮流是席卷大半个欧洲的浪漫主义运动。浪漫主义艺术家摒弃了从古希腊以来一直大行其道的道德功利主义模仿论,而接受和采纳了将艺术创作视为个我内心情感之真诚倾吐或自然流露的表现论。浪漫派继承了自启蒙哲学而来的个性化思想和"天才论",崇尚纯真与自然,反对把艺术当作道德训诫或政治宣传的工具,认为这种做法会使艺术沦为虚伪之作。从某种程度上说,反对把艺术降格为被他者利用的工具,坚持艺术要通过表现个体内心的真情实感来取得普遍的审美共鸣,正是追求"审美自主性"的一种典型表现。

然而时过不久,浪漫主义的美学追求就被新的艺术潮流推向了"审美自主性"的反面。法国唯美主义者王尔德提出了著名的口号"为艺术而艺术"(Art for art's sake),英国形式主义批评家罗杰·弗莱提出了绘画的视觉特征(形式)优先于主题内容的批评标准,俄国形式主义文论家什克洛夫斯基提出了文学艺术的核心技术在于制造语词的陌生化效果的诗学主张,奥地利音乐美学家汉斯立克把音乐美的产生归结为乐音的运动和组织形式……这些现代主义艺术运动的先声,无不把浪漫主义的情感表现论斥为对形式审美的僭越,从而淡化了艺术与个人生活经验之间的联系,把"审美自主"的范围限定在作品形式的组织构造中。

在现代主义旗帜的号召下,各个门类的艺术都兴起了一场专注于自身类型特点或媒材特征的自我合法性论证。如文学领域内,T. S. 艾略特提出"论诗,

① 〔西〕加塞特:《艺术的去人性化》,莫娅妮译,南京:译林出版社 2010 年版,第 44 页。

就必须从根本上把它看作诗,而不是别的东西",由此引发了世界性的追求"艺术客观性"和"纯诗"的热潮,此类做法被新批评派学者兰赛姆归结为对"作品本身为了存在而存在的自主权"的捍卫。[①] 在音乐领域内,先锋派作曲家抛弃了传统的以表现人性特征及其对比的调性音乐,转而寻求无调性状态下音的自由变化和创造性组合(尤以十二音技法和序列音乐的实验为代表),开启了现代主义音乐所谓"回归音乐本身"之旅。在绘画领域内,批评家格林伯格把从莫奈开始、经过莫奈与塞尚,直至毕加索、蒙德里安的现代主义绘画历史描述成了一个不断向"平面性"这一绘画专属的形式特征演进的发展过程。[②] 在戏剧领域,剧作家、导演、理论家布莱希特否定了传统舞台上"第四堵墙"式的现实主义表演模式,倡导在演员与角色之间、观众与演员之间、观众与角色之间造就"间离效果",从而阻止观众与剧中人在情感上发生融合,使观众对剧情与剧中人始终保持超脱的审视与批判。正如对"平面性"的追求令现代绘画暂时避开了来自摄影艺术的冲击,后者在依靠三维错觉营造似真性方面具有绘画所无可比拟的技术优势;对"间离效果"的追求也令现代戏剧暂时避开了来自电影艺术的冲击,后者在依靠光影打造镜框式屏幕从而使观众产生强烈代入感方面具有戏剧所无法比拟的技术优势。

上述各门类艺术的现代主义动向,都不约而同地采取批判性思维来寻求自身合法化,都在形式层面大做文章而最终把本门艺术的审美价值论定为该类艺术的媒材独特性。其结果是,在大大开发了艺术的形式潜能、大大增加了艺术表现方式的可能性的同时,也使大量现代艺术作品在呈现人类生活经验方面越来越无所作为,越来越如加塞特所说的"去人性化";更明确地说,是有意割断了与艺术家、接受者鲜活的生活经验之间的联系,走向了观念化的物质材料形式建构,或者说走向了"物化"。

随后兴起的后现代主义艺术文化,尽管在理论上对现代主义作出了激进的批判和颠覆,但它并没有对现代主义时期已然出现的艺术"去人性化"问题予以纠偏。后现代主义追求的是"去中心化",在张扬了边缘价值、大大增加了艺术

---

① 〔美〕艾布拉姆斯:《镜与灯:浪漫主义文论及批评传统》,郦稚牛等译,北京:北京大学出版社 2015 年版,第 25 页。

② Clement Greenberg, "Modernist Paintings", in *Art in Theory 1900 - 2000: An Anthology of Changing Ideas*, ed. Charles Harrison & Paul Wood, Oxford: Blackwell Publishing, 2011, pp. 773 - 779.

文化多样性的同时,其形式革命采取了解构的手段,导致了作品结构的碎片化和意义的“延异”。依靠解构这把利刃,后现代主义终于彻底瓦解了启蒙现代性所欲建立的“大写的人”的宏伟理想,却也并没有能够(或不愿)为小人物的生活建构出丰满的意义或可信靠的价值。从某种意义上说,后现代主义进一步加剧了艺术的“去人性化”趋势。

二、重建艺术批评的人文之维

笔者无意否认现代主义与后现代主义艺术在历史上的重要地位和对人类文化生活的巨大影响,但笔者并不赞同“存在即合理”式的历史主义态度。笔者认为,至少在艺术批评领域内,不能因为顾及某一现象的历史地位而丧失了以人为本的批判维度,否则艺术批评对创作及其与受众之联系的促进作用将大打折扣。加塞特在《艺术的去人性化》一书的结语中提出:“无论新艺术有多少错漏,我认为,有一点是肯定的:它已无法回头了。……除了谴责,人们更应该为艺术指出另一条道路,既无需摒弃人性,也不需重走早已走过、走滥的老路。”①美国艺术史论家、批评家卡斯比特则更加明确地指出,要避免现代艺术走向“终结”,就必须仰赖既有新的形式创造力又能复兴人文传统的“新老派艺术家”,这就是“能够完全掌控各自技艺的有远见卓识的人文主义者。在他们看来,富有表现力的形式是对主题进行思考的一种方式”,这类艺术家的杰出之处在于他们能够带给人类“一种艺术的内在人性的(interhumanity)新感觉”。② 卡斯比特的批评话语既关注到了对新艺术形式的创构,又不失人文主义旨趣,其批评效果是有力的、积极的、健康的。

像加塞特、卡斯比特这样的同情或倾向于人文主义的批评家,并没有被现代艺术不断“去人性化”的潮流所吞没,而是薪火相传、交相辉映,始终在艺术批评界顽强、沉稳地发出一己之声。人文主义批评传统其实源远流长,往前至少可以追溯自塞缪尔·约翰逊、马修·阿诺德等英国批评家所建立的批评统绪,20世纪以降则更增添了欧文·白璧德、埃德蒙·威尔逊、弗·雷·利维斯、利昂奈尔·特里林等响亮的名字。这一批评传统在晚近的代表,则数美籍犹太学

① 〔西〕加塞特:《艺术的去人性化》,莫娅妮译,南京:译林出版社2010年版,第52页。

② 〔美〕卡斯比特:《艺术的终结》,吴啸雷译,北京:北京大学出版社2009年版,第184、193页。

者乔治·斯坦纳和美籍巴勒斯坦学者爱德华·萨义德最具文化影响力。他们两位身居后现代文化的核心地域，却并没有在后现代主义的强力旋涡中丧失品格和定力，而是面对人类文明之困厄持续发出具有强烈人道关怀的批评声音。

斯坦纳坚持文学艺术应持续关注“人的形象”以及“人类行为的方式与动机”。[①] 他的批评从艺术语言入手，对现代艺术语言偏向于指涉语言自身而非外部意义的现象予以严厉批判。他指出，“现代艺术背叛的正是这种语词对等或一致”，以音乐为例，“在古典形式的音乐结构中，存在某种时间语法或表达，的确与语言进程相似……有效传达了与语言相似的经验秩序。现代音乐没有显示出这样的关系。为了实现某种完全的独立自主，现代音乐断然偏离了可理解的‘外部’意义范畴。它拒绝听众辨别意义，或者更准确地说，它拒绝听众将纯粹的听觉印象与任何语词化的经验形式联系在一起的可能。”[②]在斯坦纳看来，批评家应该克服科学“客观性”和道德中立的诱惑，承担起人道主义的社会责任，一方面敦促艺术家恢复艺术“语言的生命”，另一方面帮助接受者在艺术接受活动中打开“心眼”，通过艺术“改变他的人生”“改变他对自己生命的领悟”。[③]

以要求知识分子“向权力说真话”而闻名于世的批评家、思想家萨义德，在世时所写的最后一本完整的书题名为《人文主义与民主批评》。尽管世人常常给他贴上“后殖民主义”理论家的标签，他却在最后这本表明自身学术立场的小书中坦言“我从未信服后现代主义或它的轻蔑态度”，直斥后现代主义对主体的挑战其实是将人“移置或降格到虚幻的自治或凭空杜撰的地位”，积极倡导“作为一种行动的人文主义”“世界主义的，以文本和语言为界的人文主义”。[④] 萨义德在人文批评方面的伟大之处在于他对保守派人文主义者的狭隘沙文主义态度予以严厉批判，要求把人文主义理解成一种民主、开放的批评实践。他指出：“从根本上说，认识人文主义，就是把它理解成民主的，对所有阶级和背景的人开放的，并且是一个永无止境的揭露、发现、自我批评和解放的进程。我甚至要说，人文主义就是批评……它以其民主的、世俗的、开放的特性，凝聚它的力

① 〔法〕斯坦纳：《语言与沉默：论语言、文学与非人道》，上海：上海人民出版社 2013 年版，第 10 页。
② 〔法〕斯坦纳：《语言与沉默：论语言、文学与非人道》，上海：上海人民出版社 2013 年版，第 30—31 页。
③ 〔法〕斯坦纳：《语言与沉默：论语言、文学与非人道》，上海：上海人民出版社 2013 年版，第 17 页。
④ 〔巴〕萨义德：《人文主义与民主批评》，朱生坚译，上海：上海三联书店 2013 年版，第 9—13 页。

量和适用性。”[①]萨义德所谓批评的“开放性”，是指把历史视为尚处在构成之中而非已完成和固定了的，从而推动艺术向思想文化中所出现的新事物开放。他所谓批评的“民主性”，是指在批评过程中阐发作品的复杂性，保护和呈现作品中那些不可调和的紧张和对立因素，以辩证的方式维护其未解决状态，不把矛盾简化为二元对立并压制其中一端，从而使文化的对立面得以共生、共存。

斯坦纳和萨义德的人文批评论各有侧重，但在对待现代主义和后现代主义的“去人性化”问题时却有着许多一致的地方。其一，他们反对现代主义的核心美学观——形式主义审美论，但他们也并不轻视艺术形式的审美功能，他们复兴人文主义的基本策略都是通过批评活动唤起人们对艺术语言之伟大生命力的新感受。其二，他们在一定程度上承认后现代主义者对于“大写的人”的宏大抽象叙事的瓦解，但他们并不因此而否定艺术的人道关怀责任，而把对艺术的评价标准牢牢维系在活生生的“个人特殊性”上面。其三，他们一致反对日益细分的“专业化进程”（现代艺术追求“审美自主性”之路很大程度上可被视为各门类艺术在技术手段上日趋专业化的过程），认为在某种意义上正是专业主义导致了许多当代艺术家的趣味和表现力越来越狭隘，由此他们提倡在艺术创作和接受过程中充分实现跨越不同艺术门类和不同文化传统的综合与融通。

三、在批评实践中促进人的审美发展

概而言之，人文批评的特点，在于将批评视角聚焦于作品的审美效果是否促进了人性之完善或人格之发展。其实，将艺术批评与人的发展联系起来的做法由来已久。如柏拉图在《理想国》第十卷中发出的著名的“逐诗令”，就是对诗人（艺术家）创作之不利于城邦公民理性发展的严厉批判：“因为像画家一样，诗人的创作是真实性很低的；因为像画家一样，他的创作是和心灵的低贱部分打交道的。因此我们完全有理由拒绝让诗人进入治理良好的城邦。因为他的作用在于激励、培育和加强心灵的低贱部分毁坏理性部分。”[②]其学生亚里士多德则本着“吾爱吾师，吾更爱真理”的原则，以“净化说”重为悲剧诗人正名：“悲剧……通过引发怜悯和恐惧使这些情感得到疏泄。”[③]且不论师徒俩的观点孰

---

① 〔巴〕萨义德：《人文主义与民主批评》，朱生坚译，上海：上海三联书店 2013 年版，第 27 页。

② 〔古希腊〕柏拉图：《理想国》，郭斌和、张竹明译，北京：商务印书馆 1986 年版，第 404 页。

③ 〔古希腊〕亚里士多德：《诗学》，陈中梅译，北京：商务印书馆 1996 年版，第 63 页。

是孰非，他们批评的着眼点均在于艺术（诗）对接受者内心情感所起的作用（或张扬恣肆或疏泄净化）以及这种作用对接受者心智成长的利弊。

古典人文批评在启蒙运动之后逐渐失去市场。正如前文所言，启蒙现代性中包含了两种互相矛盾的美学态度，其一是要把艺术审美活动从其他人类活动中独立出来，独立的方式是将审美与一切“功利”考量绝缘；其二则试图把艺术的价值与“人的尊严”联系起来。这两种极易对立的思想曾辩证地共存于康德的美学体系中。后来浪漫主义运动因过度发展了后一条思路而招致批评，现代主义—形式主义—后现代主义的运动路线则极端强化了前一条思路。简言之，审美现代性与专业主义潮流一度强势掩盖了略显过时的古典人文批评话语，而矫枉过正和极端激进的做法又令前者在作品的意义建构方面陷入死胡同。

卡斯比特、斯坦纳、萨义德等人的新人文批评主张正是基于对上述历史发展过程的深刻洞察。他们的批评实践和思想提醒我们：启蒙现代性所孕育的“大写的人”的文化理想尽管过于抽象，容易造就空洞的宏大叙事，但其最初的愿望是好的，不能因噎废食，就此放弃了批评的人道原则，任由艺术创作迷失在物化的荒漠中。诚然，“人类中心主义”的观念是不可取的，“非人性化”的艺术也并非没有存在的理由，但艺术批评作为一种文化导向，在欢迎创新、宽容异见、促进多样性的同时，也应该在价值尺度上给予那种具体而微地陈说个体生存境遇的作品以相当优惠，激励它们在启发接受者超越日常平庸、持续健康发展方面有所作为。

按照这样的要求，当代艺术批评似应走上一条结合内部批评与外部批评、体类批评与跨体类批评的综合批评道路，把生动活泼、细腻入微的人道关切建立在熟谙技术语言、推崇风格创新的形式分析基础上——这种形式分析既要注重某一类艺术媒材独有的特殊性，又要关注不同类艺术媒材的共通性与相关性，尤其在面对综合艺术作品时敏锐发现或推进所涉媒材之间的转换、结合与融通，并把形式分析的结果向进一步的心理分析、意识批评、原型批评、文化研究等涉及内涵阐释的批评方法开放，最终以创作者和接受者的个人发展为尺度作出价值判断即评价。如此，或能破除一度笼罩于艺术批评界的形式崇拜和体类自主乌托邦的迷雾，营造出既非专业主义又不失专业水准的批评语境。

正如萨义德在《人文主义与民主批评》中所指出的：“归根结底，人文主义教育都是围绕一种未经阐明的自由思想，人们相信它来自一种虽则充满必胜信念、但并非强迫性的态度，期待着我们设想中的‘更好’的现实。”“我甚至要说，人文主义就是批评。”[①]质言之，人文教育的最终目的是让人得到自由发展从而活出更好的生活状态，艺术批评的最终目的也应如斯。在一点上，无论是当代美育学者拉尔夫·史密斯，还是当代文艺批评家斯皮瓦克，都有着相一致的看法，前者将艺术批评尤其是审美批评作为美育的重要手段[②]，后者把美育当作当代艺术文化批评的旨归[③]。不难发现，一种思想共识正在逐渐形成：面对当代艺术在科学主义与专业主义大行其道的社会文化环境中有可能随波逐流的风险，艺术批评作为一种人类文化调节机制，有必要肩负起应有的社会责任，鼓励更多更好的有益于促进人（在特殊个体的意义上）的审美发展的艺术作品出现——尽管其手段务须民主、开放、具有充分的形式技巧说服力。这或许可以看作是启蒙理想的一种修正式重现。

---

① 〔巴〕萨义德：《人文主义与民主批评》，朱生坚译，上海：上海三联书店 2013 年版，第 45、27 页。

② 参见〔美〕拉尔夫·史密斯：《艺术感觉与美育》，滕守尧译，成都：四川人民出版社 2005 年版。

③ 参见 Gayatri Chakravorty Spivak, *An Aesthetic Education in the Era of Globalization*, Cambridge: Harvard University Press, 2012.

中国心性论美育传统中的准“民主”经验

对教育活动中的个体而言，传统、当下和未来应该是一个绵延统贯的连续体，既要基于对传统的理解来检视当下、谋划未来，又要以当下和未来为发展目标重新审视并激活传统。美国音乐教育家艾斯特尔·约根森指出：“每一代人都需要为其特定的时代和地域（像一尊古罗马两面神一样同时面向过去和未来）更新教育和文化，正是这种更新孕育了音乐、文化或社会的转型的种子。”①两面神是一个非常生动的比喻，按照这一逻辑，中国当代美育建设既要面向未来，面向现代民主社会的发展要求，又要尊重传统，从传统中汲取思想资源和方法的灵感。美国哥伦比亚大学的兰德尔·奥尔索普博士在论及教育与传统的关系时谈道：“没有人能够脱离传统而存在，所有人都是多重遗产和交叉文化的独一无二的混合体。”②就此而言，中国当代美育要进一步焕发“民主”色彩，迎接现代社会的挑战，就必须同时拥抱中西美育传统，同时从这两个伟大的传统中汲取有益的资源。诚然，“民主”（democracy）最早在欧洲得到命名并获得其内涵的拓展，它作为一个概念直到新文化运动时期才以“德先生”之译名传入中国，但这个名相所概括的那种活生生的经验，在古老的中国美育文化传统中也曾经鲜明地闪现过，只不过当我们把古代中国想象成一个自上而下无处不专权的“封建”社会、把古代中国的教育活动全部归结为封建专制主义教育时，这种准“民主”的经验火花就被盖棺定论的思维给遮蔽了，长久以来难以得到充

---

① Estelle R. Jorgensen, *Transforming Music Education*, Bloomington: Indiana University Press, 2003, p. 8.

② Randall Everett Allsup, *Remixing the Classroom: Toward an Open Philosophy of Music Education*, Bloomington: Indiana University Press, 2016, p. 78.

分的审视。

当然，笔者并非传统主义者和文化保守主义者，并不倡导无条件地回归传统。美国教育家大卫·汉森曾区别了两种不一样的对待传统的态度："其一是传统主义，通常被理解为面对变化采取向后看的保守态度；其二是传统或'传统意识'，被理解为对新变化做出反思性的回应，同时对于在历史上被普遍尊重的理想和价值给予深思熟虑的忠诚。与传统主义不同的是，传统感有助于人们理解以下行为的意义：带着不逾矩的意识远离家园，同时带着开放意识留守家园并对其保持敬意。"[①]换言之，非传统主义的传统意识把传统视作面向当下、未来以及异文化传统开放自身的"活的传统"[②]。在本书的写作中，笔者尽可能坚持这样一种传统意识，努力在中国美育传统的发展脉络中挖掘出可为当下美育活动提供借鉴的准"民主"经验，从而尝试呈现一个充满现实生命力的"活的传统"。

一、儒家美育的教化传统及其内在分歧

中国古代本没有"美育"一词，当现代学者用"美育"这个词汇来"重组"中国历史时，一般把它理解为以审美、感性的方式施教的育人活动。在这种活动中，最常见的是艺术教育，于是，儒家"六艺"[③]教育体系中的"诗教"和"乐教"就被视为中国美育传统的主体内容。由于在"礼未崩乐未坏"的上古时代，"诗乐舞"是三位一体的仪式活动，所以尊上古社会为教化理想的"诗教"和"乐教"，内容常常相互联系，教育宗旨也基本一致。儒家"诗教"和"乐教"传统的理论建构最初得益于孔子思想的传播与接受——这种接受也包括了曲解。

孔子哲学的逻辑起点是一种被称为"正名"的社会治理方法，根据这一学说，"名"事先规定了社会关系中某一类人的责任与义务，亦即"名"的理想本质"实"，治理社会就是要让"名实相符"。《论语》记载："齐景公问政于孔子。孔子

---

① David T. Hansen, *The Teachers and the World: A Study of Cosmopolitanism as Education*, London: Routledge, 2011, p. 18.

② David T. Hansen, *Exploring the Moral Heart of Teaching: Toward a Teacher's Creed*, New York: Teachers College Press, 2001, pp. 114 – 156.

③ 孔子以前，"六艺"指礼、乐、射、御、书、数六门功课；孔子以后，对《诗》《书》《礼》《乐》《易》《春秋》的学习逐渐取代了旧有的"六艺"，成为新的"六艺"，亦称"六学"。

对曰:'君君,臣臣,父父,子子。'"[①]意思是说,要让君行君道,臣行臣道,父行父道,子行子道。可见在孔子的思想中,君臣父子之间,各有责任与义务,权力关系建立在这一基础之上,而非无条件、单向度的压制与臣服;统治者权力的施行必须以他履行了相应的责任和义务为前提,否则就是"名不符实",其权力也就失去了正当性。孔子提出"正名"说的原意在于劝诫所有的社会人——包括掌权者——都妥善扮演各自的社会角色,但孔子之后的官方学者很快把"正名"说篡改成了一种专权思想,仅仅强调统治者的权威,而要求臣子无条件地服从统治者。如董仲舒直接把"君君,臣臣,父父,子子"修改成了"君为臣纲,父为子纲,夫为妻纲"的所谓"三纲",使互动的社会关系简化为上下等级关系,并假托"天命"将统治一方的权力绝对化。在这一思想基础上,"天地君亲师"被确立为高高在上的崇拜对象。最初,"师"特指周公、孔子这样的往圣先师,后来逐渐开始泛指一般意义上的老师。

在这样一种话语环境中,教师面对学生就拥有了绝对的权力,学生被要求无条件服从老师。这一师生关系构成了典型的威权教育模式,甚至在今日中国的许多艺术教育活动中仍能见到这种模式的影子,尤其在表演艺术教学中,一对一的师生关系常常落入"大师—学徒"模式[②]的窠臼。"大师—学徒"模式是典型的民主美育反例,"大师"式教师享有各种决定权:谁有资格来学(这一审定活动明显违背孔子"有教无类"[③]的教育原则)、学什么、如何做才是"正确"的、学到什么时候才算完成阶段性目标并可以取得进阶,等等。这样的教学过程是依据教师的知识结构和喜好来设计的,学生的适应性和兴趣很少得到尊重和考虑,学生的主观能动性、创造性、个性和自我发展空间被严重压制,其教育结果最多只能复制老师的成就,而难以实现超越和多元化发展。

让我们把关注点转回到儒家的"诗教"与"乐教"。儒家教育的育人目标在于培养"君子",这一点与古希腊学校培养"优秀的人"的教育目标颇为近似。孔子在论述他的自我成长时说:"兴于诗,立于礼,成于乐。"[④]这番话使得诗教、礼教与乐教一并成为君子培养过程中的三个重要阶段,而乐教在三者之中显得尤

---

① 杨伯峻译注:《论语译注》,北京:中华书局 1980 年版,第 128 页。

② Randall Everett Allsup, *Remixing the Classroom: Toward an Open Philosophy of Music Education*, Bloomington: Indiana University Press, 2016, p. 9.

③ 杨伯峻译注:《论语译注》,北京:中华书局 1980 年版,第 170 页。

④ 杨伯峻译注:《论语译注》,北京:中华书局 1980 年版,第 81 页。

为关键。孔子似乎是说,只有掌握了乐的精神,君子的培养(或自我培养)才算最终完成。孔门乐教反对形式主义,崇尚道德象征主义。《论语》记载:“子谓韶,‘尽美矣,又尽善也。’谓武,‘尽美矣,未尽善也。’”[①]可见孔子对音乐的评价不仅要求形式美,还要求同时具有积极的道德内涵,美善相谐、形式与内涵俱佳才是孔子心目中礼乐文明的理想境地,也是孔门乐教的教育标准。孔子在这方面的典型论述还有:“人而不仁,如乐何?”[②]从美育史上看,孔子开启了将艺术活动的审美判断与人格评价联系在一起的先河。

如果说,孔子对乐的道德象征主义阐释还主要用于人伦评价,那么,荀子则以更彻底的社会功利主义态度,直接把乐的道德象征运用到社会治理上面,把“乐教”等同于借用音乐善导民心、移风易俗、安定社会。荀子在《乐论》中宣称:“先王恶其乱也,故制《雅》《颂》之声以道之,使其声足以乐而不流,使其文足以辨而不諰,使其曲直、繁省、廉肉、节奏足以感动人之善心,使夫邪污之气无由得接焉。是先王立乐之方也……故乐在宗庙之中,君臣上下同听之,则莫不和敬;闺门之内,父子兄弟同听之,则莫不和亲;乡里族长之中,长少同听之,则莫不和顺。故乐者,审一以定和者也,比物以饰节者也,合奏以成文者也,足以率一道,足以治万变。是先王立乐之术也。……乐者,圣人之所乐也,而可以善民心,其感人深,其移风易俗,故先王导之以礼乐而民和睦。……故乐行而志清,礼修而行成,耳目聪明,血气和平,移风易俗,天下皆宁,美善相乐。”[③]

荀子的移风易俗论很快获得了统治者和官方学者的青睐,一举成为主流的乐教传统的理论依据。作为乐教经典文献的汉代《礼记·乐记》,其论述礼乐之社会功能的话语,主要便是从荀子《乐论》中摘抄改编而来:“乐也者,圣人之所乐也,而可以善民心。其感人深,其移风易俗,故先王著其教焉。……故乐行而伦清,耳目聪明,血气和平,移风易俗,天下皆宁。……先王耻其乱,故制《雅》《颂》之声以道之,使其声足乐而不流,使其文足论而不息,使其曲直、繁瘠、廉肉、节奏,足以感动人之善心而已矣,不使放心邪气得接焉。是先王立乐之方也。是故乐在宗庙之中,君臣上下同听之,则莫不和敬;在族长乡里之中,长幼同听之,则莫不和顺;在闺门之内,父子兄弟同听之,则莫不和亲。故乐者,审一以定和,比物以饰节,节奏合以成文,所以合和父子君臣,附亲万民也。是先王

① 杨伯峻译注:《论语译注》,北京:中华书局1980年版,第33页。
② 杨伯峻译注:《论语译注》,北京:中华书局1980年版,第24页。
③ 王先谦撰:《荀子集解》,北京:中华书局1988年版,第379—382页。

立乐之方也。”①

荀子《乐论》和《礼记·乐记》的移风易俗论造就了儒家乐教传统的审美意识形态话语体系，在施行礼乐教化、维护中国皇权社会之稳定方面发挥了很大作用，从某种程度上说，它所形成的美育思想堪称中国古代美育传统之主流，庙堂祭祀场所及各种官学、乡学的课堂几乎都笼罩在这种话语之下。然而，建构这一话语体系的两大文献其实是存在着深刻的内在矛盾的，要认识这种矛盾，须从儒家内部荀子的现实主义路线和孟子的理想主义（亦即心性论）路线的分歧说起。

众所周知，孟子在儒家内部特别强调个人的主体性，肯定人的“心源”具有积极的道德潜能和主观能动性，其在伦理学方面的论述一般被称之为“性善论”。孟子曰：“人皆有不忍人之心。……无恻隐之心，非人也；无羞恶之心，非人也；无辞让之心，非人也；无是非之心，非人也。恻隐之心，仁之端也；羞恶之心，义之端也；辞让之心，礼之端也；是非之心，智之端也。人之有是四端也，犹其有四体也。……凡有四端于我者，知皆扩而充之矣，若火之始然，泉之始达。苟能充之，足以保四海；苟不充之，不足以事父母。”②在孟子看来，每个人的内心中都包含着善的萌芽（“四端”）即道德潜能，教育过程是正面扩充、发展这种善的萌芽的过程，教育的结果是将人培养成为能实践善行的大丈夫。所谓“性善论”，并不是说每个人生来就是善良之人，而是指每个人生来都具有平等的趋于善良的潜能；后天的教育方式很重要，不能扭曲了人的天性，而应该顺应人的天性，予以正面的引导、培养和发展。在“性善论”的基础上，孟子提出了振聋发聩的“人皆可以为尧舜”③的命题，以及著名的“民本”思想：“民为贵，社稷次之，君为轻。”④孟子的美育思想也应该从其“民本”立场去理解。他提出：“仁言不如仁声之入人深也，善政不如善教之得民也。善政，民畏之；善教，民爱之。善政得民财，善教得民心。”⑤此处“善教”主要指通过“仁声”施行乐教。孟子虽然也强调乐教的社会功能，但他的着眼点并不是通过圣人的高人一等的礼乐去移风易俗、强制“改变”民心，而是以“仁声”“善教”来顺应百姓向仁向善之心，来

① 郑玄注、孔颖达疏：《礼记正义》，北京：北京大学出版社1999年版，第1103—1145页。
② 杨伯峻译注：《孟子译注》，北京：中华书局1960年版，第79—80页。
③ 杨伯峻译注：《孟子译注》，北京：中华书局1960年版，第276页。
④ 杨伯峻译注：《孟子译注》，北京：中华书局1960年版，第328页。
⑤ 杨伯峻译注：《孟子译注》，北京：中华书局1960年版，第306页。

"得民",即获得百姓的首肯和拥戴。其立论的关键在于,"民"或者"民心"才是政权正当性的来源。

荀子则提出了与孟子针锋相对的"性恶论":"人之性恶,其善者伪也。……今人之性恶,必将待师法然后正,得礼义然后治。今人无师法则偏险而不正,无礼义则悖乱而不治。古者圣王以人之性恶,以为偏险而不正,悖乱而不治,是以为之起礼义、制法度,以矫饰人之情性而正之,以扰化人之情性而导之也。"[①]这就是说,乐教移风易俗论的逻辑起点在于人性本恶,为解决人人自私、相互争夺利益的社会纷乱,上古的圣王才制礼作乐,要通过礼乐教化来改变和导正人性。荀子把通过礼乐教化改变和导正人性的过程称为"化性起伪",他说:"凡性者,天之就也……礼义者,圣人之所生也……凡礼义者,是生于圣人之伪,非故生于人之性也。……故圣人化性而起伪,伪起而生礼义,礼义生而制法度。……故圣人之所以同于众,其不异于众者,性也;所以异而过众者,伪也。"[②]荀、孟之间的根本不同就在于荀子区分了"性"和"伪",认为人之性恶乃是天生的,而"伪"亦即人为的礼乐教化则出于圣人的创造,这就把圣人与民众区别开,把圣人预设为理所当然的道德规定者——这样的道德等级论与孟子所宣扬的"人皆可以为尧舜"当然是格格不入的了。

事情的有趣之处在于,作为儒家乐教正典的《礼记·乐记》却是一篇杂糅了各派思想的"集大成"之作,它把荀子、孟子各执一词的观点不加分辨地掺和在了一起。尽管大段袭用了荀子《乐论》有关以礼乐移风易俗的话语,《礼记·乐记》在音乐发生论问题上却延承了孟子的心性论,同时融入成熟于汉代的物感说,提出了"乐由心生"的著名论断:"凡音之起,由人心生也。人心之动,物使之然也。感于物而动,故形于声。声相应,故生变,变成方,谓之音。比音而乐之,及干戚、羽旄,谓之乐。乐者,音之所由生也,其本在人心之感于物也。"[③]此处,《乐记》作者虽然细微地区分了"声""音""乐"之不同,但肯定三者的最初来源都是起于人心,起于普通人心灵对物的感动,这展示出典型的孟子思维。《礼记·乐记》与孟子思想更明显的关联出现在另一个著名的段落中:"德者,性之端也。乐者,德之华也。金石丝竹,乐之器也。诗,言其志也。歌,咏其声也。舞,动其容也。三者本于心,然后乐器从之。是故情深而文明,气盛而化神,和顺积中,

---

① 王先谦撰:《荀子集解》,北京:中华书局 1988 年版,第 434—435 页。

② 王先谦撰:《荀子集解》,北京:中华书局 1988 年版,第 435—438 页。

③ 郑玄注、孔颖达疏:《礼记正义》,北京:北京大学出版社 1999 年版,第 1074—1075 页。

而英华外发，唯乐不可以为伪。”[①]把“德”视为“性之端”，这无异于认同了孟子基于“四端说”的“性善论”，否定了荀子的“性恶论”。而《乐记》作者的伟大发明，在于在孟子心性论的基础上，进一步指出“乐”是“德之华”即德性的感性表现，并最终沿着此一逻辑顺理成章地提出了“唯乐不可以为伪”这一流传千古的美学命题。联系荀子“人之性恶”“圣人化性而起伪，伪起而生礼义”的说法，我们不难发现，《乐记》作者尽管在音乐社会功能论方面借重于荀子思想，但在音乐本体论、音乐美学、人性论等方面均与荀子格格不入。

儒家乐教传统的内在分歧提醒我们，中国美育的历史并非威权教育模式这铁板一块；而要发现中国美育史中的准“民主”经验，须从心性论这一肯定人人具有先天平等之本性的思想路线入手。

二、先秦儒家美育案例中的准“民主”经验

美国哥伦比亚大学的兰德尔·奥尔索普博士是较早开始思考中国艺术教育语境与“民主”经验之联系的学者之一，他曾在论文中指出，汉语中至少有四个词与“democracy”有关，即“民主”“平民”“庶民”“民本”，每一个词都可以引发有关当代音乐教育实践的思考。[②] 新加坡南洋理工大学的李奥纳德·谭进一步指出：“儒家的‘民本’思想可以为器乐教育者提供很多参考，它将（教学关系）关注的焦点由指导者转向学生。”[③]笔者已在上文中论及孟子的美育思想与其“民本”立场之逻辑关系。下文将在儒家心性论的思想路线内部，寻绎能为当代中国美育实践提供准“民主”经验的鲜活案例。

今天，国人对儒家教育活动的印象，大多停留在众儒生摇头晃脑背诵四书五经这样的画面上，若要对此作一些较理性的概括，也往往认为其教学主要遵循单向度的强制灌输模式。这样的成见主要来自新文化运动以后各种传播媒介对科举制度下的旧式学堂（包括各种官学、乡学、私塾）的刻画。我们如果仔细研读下面这段有关孔子修习音乐的记载，则有可能会稍稍改变我们对儒家美

---

① 郑玄注、孔颖达疏：《礼记正义》，北京：北京大学出版社 1999 年版，第 1111—1112 页。

② Randall Everett Allsup, “Music Education and Human Flourishing: a Meditation on Democratic Origins,” *British Journal of Music Education*, 2012, 29 (2), pp. 171 - 179.

③ Leonard Tan, “Towards a Transcultural Theory of Democracy for Instrumental Music Education,” *Philosophy of Music Education Review*, 2014, 22 (1), pp. 61 - 77.

育教学实践的固有看法。

> 孔子学鼓琴师襄子，十日不进。师襄子曰："可以益矣。"孔子曰："丘已习其曲矣，未得其数也。"有间，曰："已习其数，可以益矣。"孔子曰："丘未得其志也。"有间，曰："已习其志，可以益矣。"孔子曰："丘未得其为人也。"有间，有所穆然深思焉，有所怡然高望而远志焉。曰："丘得其为人，黯然而黑，几然而长，眼如望羊，如王四国，非文王其谁能为此也！"师襄子辟席再拜，曰："师盖云《文王操》也。"[①]

这是一个生动的儒家美育教学案例，在笔者看来有两点值得引起注意：其一，孔子学习一阕琴曲（"游于艺"[②]的实践活动）的最终目标是从艺术审美活动中发现道德象征（具体体现为道德人格）的内涵。这一点上文已经有所论及，此处不再赘述。其二，在整个教学过程中，教师对学生的进阶方式和发展方向的把握并不是威权式的、不容辩驳的，而是有弹性的，他把相当一部分自主权让渡给了学生。这一点不妨再展开论述。孔子在本案中非常难得地扮演了学生的角色，以极其积极主动的态势学习琴艺，自始至终对自己所要达到的学习目标有着明确的认知。在经历了四个递进式的学习发展阶段之后，孔子参悟了这阕琴曲的伦理内涵，最终达到了他为自己制定的学习目标。之所以能形成这样一个结果，除了作为学生的孔子自身具有充分的自我认知、自我期待、自我规划和自我控制能力以外，作为老师的师襄子收束了自己的专业权威，灵活掌握并及时更改了教学"常规"和"标准"，为学生留下了极大的自我发展空间，也是极其重要的条件。如果师襄子傲然以"大师"自居，在教学过程中坚持自己对音乐的专业主义理解并强制学生依此学习，那孔子在这次美育事件中所获得的自我发展必将大打折扣。当然，老师师襄子在整个教学过程中并不是毫无促进作用的旁观者，他把奏琴的技艺传授给孔子，不时对孔子加以激励和督促，并且很有可能是因为面对孔子这样高度自知的学生才"有意"不对其施加结论性的指导，从而循循善诱地使之实现自我驱动，最终在孔子自觉达到了学习目标的时候给出了有关曲目的肯定性答案。所以说，这则案例中教师与学生的配合是恰到好处

---

① 司马迁：《史记·孔子世家》，北京：中华书局1999年版，第1551页。

② 子曰："志于道，据于德，依于仁，游于艺。"见杨伯峻译注：《论语译注》，北京：中华书局1980年版，第67页。

的，前者灵活指导，后者主动学习，构成了一组平等的教学关系。

我们很难确证这样的教学方式在先秦究竟是特例还是具有一定的普遍性。保守一点判断，我们姑且认为这是因为孔子这一特殊人物做学生而产生的特殊的教学关系。但无论如何，孔子的这一学习经历都向后世儒生及教育实践者提供了一个榜样，带来了重要的启示：学习者是与教师具有平等地位的主体，具有充分的自我发展潜能。尤其是当孔子站在教育者的角度提出“有教无类”[①]的时候，他不啻于在说，每一个个体都应该平等享有受教育的权利，每一个学生都必然具有一定的自我发展潜能，不能把各人的社会地位、身份作为其是否可以享有教育权利、是否具有发展潜能的依据。从哲学上看，孔子虽未直接提出心性论，但他的这一教育观念中已经包含了心性论的思想萌芽；从社会学上看，孔子虽未直接提出“民本”思想，但他的这一教育观念已经具有相当程度的“民本”色彩。

再来看另一则案例：

> 子路、曾皙、冉有、公西华侍坐。
>
> 子曰：“以吾一日长乎尔，毋吾以也。居则曰：‘不吾知也！’如或知尔，则何以哉？”
>
> 子路率尔而对曰：“千乘之国，摄乎大国之间，加之以师旅，因之以饥馑；由也为之，比及三年，可使有勇，且知方也。”
>
> 夫子哂之。
>
> “求！尔何如？”
>
> 对曰：“方六七十，如五六十，求也为之，比及三年，可使足民。如其礼乐，以俟君子。”
>
> “赤！尔何如？”
>
> 对曰：“非曰能之，愿学焉。宗庙之事，如会同，端章甫，愿为小相焉。”
>
> “点！尔何如？”
>
> 鼓瑟希，铿尔，舍瑟而作，对曰：“异乎三子者之撰。”
>
> 子曰：“何伤乎？亦各言其志也。”

---

① 杨伯峻译注：《论语译注》，北京：中华书局1980年版，第170页。

> 曰："莫春者，春服既成，冠者五六人，童子六七人，浴乎沂，风乎舞雩，咏而归。"
>
> 夫子喟然叹曰："吾与点也！"①

在这则案例中，孔子恢复了他作为老师的身份，与几名弟子一起讨论各自的志趣理想。这是《论语》所载孔子教育实践的常态，师生通过谈话表达各自的意见。孔子并没有要求学生以他的理想为人生理想，而是让学生畅谈各自的志向，也并不妨碍学生为实现自己的理想而努力。但孔子对各位学生的志趣仍是有他自己的评判的，对于子路、冉有、公西华或为政或司礼的社会理想，孔子既不加赞许，也不予否定。很显然，这样的社会理想虽符合孔子对弟子们往日的教导，但并不是孔子心目中人生的终极状态。只有当曾皙描述他"莫春者，春服既成，冠者五六人，童子六七人，浴乎沂，风乎舞雩，咏而归"的颇具人生审美化效果的志趣时，孔子才喟然叹曰："吾与点也！"台湾新儒家学者徐复观曾高度赞赏朱熹对曾皙这段话的阐释："按朱子是以道德精神的最高境界，亦即是仁的精神状态，来解释曾点在当时所呈现的人生境界。……由其体会所到的，乃是曾点由鼓瑟所呈现出的'大乐与天地同和'的艺术境界；孔子之所以深致喟然之叹，也正是感动于这种艺术境界。此种艺术境界，与道德境界，可以相融和。"②在徐复观看来，曾皙和孔子之言志，都达到了仁的道德精神与乐的审美精神相融合的至高人生境界。根据徐复观的理解，孔子的这次教育事件是一个典型的审美教育案例，通过曾皙的言行和对此的肯定，来向其学生施以审美人格的濡染与熏陶。在此孔子并没有向任何一个学生灌输什么理念，整体的教学氛围也极为平等融洽。尤可注意的是曾皙对孔子的回应，没有立即以语言作答，而是"鼓瑟希，铿尔，舍瑟而作"；从中我们可以看出曾皙在老师面前并不唯唯诺诺，而是敢于表现自己的个性；同时我们发现曾皙是以感性的音乐作导引，然后才开始用语言描绘他心目中至乐的人生审美境界，并且这种描绘亦非抽象语言的概括，而是形象化的对艺术人生的审美描摹。朱熹曾高度评价曾皙的这一理想境界，谓其"天理流行，随处充满，无少欠缺。……胸次悠然，直与天地万物上下同流，各得其所之妙，隐然见于言外"。③ 朱说不仅点出了曾皙之志意在

① 杨伯峻译注：《论语译注》，北京：中华书局 1980 年版，第 118—119 页。

② 徐复观：《中国艺术精神》，上海：华东师范大学出版社 2001 年版，第 11 页。

③ 朱熹撰：《四书章句集注》，北京：中华书局 1983 年版，第 130 页。

言外的艺术旨趣，还把这一境界与孟子“上下与天地同流”[①]的人生理想联系起来。这就提醒我们，曾皙和孔子所畅想的人生境界其实和孟子的“上下与天地同流”之境一样，乃是将“心源”“扩而充之”的结果，此外作为学生的曾皙能达到与孔子相似的精神境界，亦为孟子“人皆可以为尧舜”之说作了注脚——可见孟子的心性论美育思想与孔子的美育实践确是一脉相承的。

总之，从实际案例来看，孔子的美育行为并不像我们通常所想象的儒家教育模式那样充满专制或威权色彩，局限于单向度灌输和抽象说教，而是建立在师生相互尊重，给学生留下充分的自我发展空间的基础之上的，它导源了孟子的“民本”思想，是一种准“民主”的美育经验。

三、禅宗的佛性论思想与准“民主”的美育经验

在中国思想史上，心性论并非儒家学者的孤明独发，由印度传来的大乘佛教思想中也含有心性论的内容。佛教心性论在佛教内部被称为真常唯心论或如来藏思想，它强调，一切众生之烦恼身中都隐藏着能认识世界“空”之真理的自性清净心，这一自性清净心（如来藏）虽然暂时被烦恼所覆盖遮蔽，却并不被烦恼所染污，具足本来绝对清净的恒常本性，一旦解除遮蔽，便能见性成佛。在印度佛教史中，真常唯心论作为大乘佛教中某些“疑伪”经论所阐述的一种思想，被许多现代学者认为是结合了外道哲学而产生的。真常唯心论虽然在印度没有形成宗派，但传入中国后却迅速与儒家、道家思想产生共鸣，孕育了三个最重要的中国化佛教宗派——禅宗、华严宗、天台宗。其中，华严与天台两宗在真常唯心论的思辨与理论建构方面各擅胜场，而禅宗则在真常唯心论的实践应用方面最具特色。

对禅宗兴起起到重大推动作用的晋宋名僧竺道生，曾在细究六卷本《泥洹经》后，独自推导出“阿阐提人皆得成佛”[②]这一著名论断，在当时佛教界引起轩然大波。几年后四十卷大本《涅槃经》传入南京，果然明明白白载有“阐提悉有佛性”之说，与竺道生的见解合若符契，从此道生名闻天下，“一切众生悉有佛性”的思想也开始深入人心。“阿阐提人皆得成佛”“一切众生悉有佛性”的佛性

---

① 杨伯峻译注：《孟子译注》，北京：中华书局1960年版，第305页。

② 释慧皎：《高僧传》，北京：中华书局1992年版，第256页。“阿阐提”又作“一阐提”或“一阐提迦”，指断绝一切善根的极端邪恶之人。

论思想，正是对真常唯心论的鲜明概括。此说在中国文化语境中大受欢迎，缘于它与孟子“人皆可以为尧舜”的提法前后呼应，灵犀相通。从理论上看，两种说法均肯定了每一个人生来都平等地具备自我发展、自我完善的潜能；所不同的只是，孟子“人皆可以为尧舜”之说更强调人在伦理道德方面的发展潜能（趋于至善），而佛教“一切众生悉有佛性”“皆得成佛”之说则更偏重人在认识论方面的发展潜能（走向对佛法真理的觉悟）。总之，两者在理论上的大胆突破为儒家和佛教的教育活动输入了准“民主”的精神。

竺道生和《涅槃经》的佛性论思想堪称禅宗这一注重自性、倡导顿悟的平民哲学的先导。中国化佛教的八个主要大乘宗派均成熟于唐代，禅宗也不例外。一般认为，真正意义上的禅宗之建立始于六祖慧能。但禅宗系佛教中最注重传灯谱系的宗派，禅籍编撰者往往热衷于追溯、建构六祖之前的传法脉络，从而把东土祖师上溯至初祖菩提达摩，把西天祖师追溯至一祖摩诃迦叶尊者。据称，禅的初传始于释迦牟尼与迦叶尊者之间的一场著名教学事件：

> 世尊在灵山会上，拈花示众。是时众皆默然，唯迦叶尊者破颜微笑。世尊曰：“吾有正法眼藏，涅槃妙心，实相无相，微妙法门，不立文字，教外别传，付嘱摩诃迦叶。[①]

这是一个神话般的教学事件。台湾学者吴经熊曾如此评价此一事件：“禅便在一朵花和一个微笑之间诞生了。你也许以为这故事太美了，可能不是真的，而我却认为正因为它太美了，不可能是假的。”[②]此说甚妙！“至美”的感性形式必臻于“真理”（在事理而非事实的意义上）的至高境界。在禅宗的第一公案里，便已显现出禅宗传法活动的审美教育性质：它不立文字，从而也不可能向学生灌输抽象的理念或名相，更不作居高临下的道德说教，一切皆出于自然的逗引，借助于审美形象的暗喻，通过以心传心、心心相印，根本上依靠自性自悟。

自性即每一个生命主体本有的佛性（即上文所说的自性清净心或如来藏心）。六祖慧能所以能成为实际的禅宗创立者，就在于他对修佛途径予以彻底改革，提出依靠个人自身本有之佛性顿悟成佛。慧能论修佛法门曰：“见自性自

① 普济：《五灯会元》，北京：中华书局1984年版，第10页。
② 吴经熊：《禅的黄金时代》，海口：海南出版社2014年版，第3页。

净，自修自作自性法身，自行佛行，自作自成佛道。……世人性本自净，万法在自性。思量一切恶事，即行于恶；思量一切善事，便修于善行。如是一切法尽在自性。自性常清净；日月常明，只为云覆盖，上明下暗，不能了见日月星辰，忽遇惠风吹散卷尽云雾，万象森罗，一时皆现。”[①]按照慧能的思想，教人修佛的关键并非由掌管真理的大师向学习者传递或灌输现成的知识，而是启发他本来具足的自性清净心发挥作用，在刹那顿悟中破除覆盖其上的遮蔽物，使隐藏的佛性得以彰明显现。既然佛性为人所本有，去除一叶之障便能觉悟成佛，那觉悟的过程从本质上看当然应该是刹那完成的顿悟而非分阶段累积的渐悟，而禅师启发弟子使之顿悟的方法也必须具备超越常规的智慧。可以说，禅宗的教育方式在中国教育史上是一场空前的方法革命。

吴经熊认为慧能的自性说与孟子的心性论思想在根本上是相通的：“在慧能的眼中，见性就是成佛。他曾说：‘本性是佛，离性无别佛。’‘自性能含万法是大，万法在诸人性中。’‘三世诸佛，十二部经，在人性中本自具有。’在中国思想史上，慧能有关人性的见解，可以本之于孟子的‘万物皆备于我矣！反身而诚，乐莫大焉’。慧能正像孟子一样，认为我们的性和真实合一，即是他所说：‘一真一切真。’在慧能眼中，菩提就是悟，佛就是悟者，正如他所说的：‘我心自有佛，自佛是真佛。’传统佛学都归依佛、法、僧的三宝，但慧能却归依觉、正、净的三宝。这种解释是一个多么激烈的革命啊！”[②]

在这场激烈革命之下，禅僧的教育活动专注于师徒间一对一的问答、启发，而非满堂灌，不再一味拜佛念经（所谓“不假外求”），而是鼓励学僧自己净心、正念、觉悟。最重要的是，在这场以人人具备自性清净心为理论预设的准“民主”教育革命中，老师有机会充分发挥他的智慧，为他的教育案例设计种种带有丰富感性色彩的、常常借助隐喻或其他审美形式的启发手段或激励方式；学生也有机会展现他的悟性，对老师的启发或问难给予巧妙的回应甚至反诘。学者萧萐父、吕有祥曾对禅宗的教学方法予以概括：“他们认为，人的语言及理性思维都不能直接表达和把握佛性……他们对学人提出的什么是‘佛法’‘第一义’‘西来意’‘涅槃’等根本问题，都不正面回答，而通过似答非答、双关语、棒喝、隐语、念诗、竖拂子、擎拳举指等奇特的暗示方式让学人自己体悟。……在禅宗看来，

---

① 慧能著、郭朋校释：《坛经校释》，北京：中华书局1983年版，第38—39页。
② 吴经熊：《禅的黄金时代》，海口：海南出版社2014年版，第43页。

对学人的提问，不能正面回答，但也不能随便回答，而要根据学人根机的深浅而采取不同的施教方式，即所谓‘路逢剑客须呈剑，不是诗人莫献诗’，这就叫‘应机接化’或‘应机勘辨’。由于禅师们应机勘辨的方式方法不同，形成了不同风格，于是后期禅宗有‘五家七宗’之分。”①总之，禅宗的教学方法破除权威、摒弃说教、应机接化，体现了师生心性平等、相互尊重、共同成长的准“民主”精神，亦时常流露出审美教育的典型特征。且列举几个案例：

> 马祖居南岳传法院，独处一庵，唯习坐禅，凡有来访者都不顾。师往，彼亦不顾。师观其神宇有异，遂忆六祖谶，乃多方而诱导之。一日将砖于庵前磨，马祖亦不顾。时既久，乃问曰：“作什么？”师云：“磨作镜。”马祖云：“磨砖岂得成镜！”师云：“磨砖既不成镜，坐禅岂能成佛！”祖乃离座云：“如何即是？”师云：“譬牛驾车，车若不行，打牛即是？打车即是？”又云：“汝学坐禅？为学坐佛？若学坐禅，禅非坐卧。若学坐佛，佛非定相。于无住法，不应取舍。汝若坐佛，即是杀佛。若执坐相，非达其理。”马祖闻斯示诲，豁然开悟……②

这是发生在南岳怀让禅师与其弟子马祖道一之间的一则公案。怀让为使马祖从对坐禅的执着中走出，以磨砖作镜的奇异行为来诱导马祖突破思维成规，在马祖内心受到震动后，又以牛车不行该打牛抑或打车的譬喻予以启发，再继之以设问法的说理，终使马祖豁然开悟。怀让的教学方法是典型的“应机接化”，以感性教育来促使马祖主动开展自我反思，可谓循循善诱。

> 举：“世尊初生下，一手指天，一手指地，周行七步，目顾四方。云：‘天上天下，唯我独尊。’”师曰：“我当时若见，一棒打杀与狗子吃却，贵图天下太平。”③

这是云门文偃禅师与其弟子间的对话。关于佛陀释迦牟尼降生时的场景，多部佛经均有相似的记载：“到四月七日，夫人出游，过流民树下，众花开化、明

① 萧萐父、吕有祥：《前言》，载赜藏主编集《古尊宿语录》，北京：中华书局 1994 年版，第 23—24 页。
② 赜藏主编集：《古尊宿语录》，北京：中华书局 1994 年版，第 2 页。
③ 普济：《五灯会元》，北京：中华书局 1984 年版，第 924 页。

星出时，夫人攀树枝，便从右胁生堕地。行七步，举手而言：‘天上天下，唯我为尊。三界皆苦，吾当安之。’应时天地大动，三千大千刹土莫不大明。”①经中侧重描绘了释迦牟尼降生时的庄严宝相，具有一定的“美学”效果。然而在云门文偃眼中，佛陀的“神秘主义”行迹不过是佛经的善权方便之教，当他发现弟子满心执着于佛的神秘表象（外在的迷魅的审美形式）而津津乐道、乐此不彼时，立刻在第一时间以出人意料的颠覆偶像的语言打破弟子心中的迷执，使之在刹那间发生思维急转，使之有可能在深相迷信的审美形象被撕裂后蓦然窥见真实义的光芒。能以这样的方式教导学生的老师不仅得具备随机应变的机智，更要拥有彻悟世相人生的大智慧——尤其是颠覆权威话语的勇气和识见。

如果说，上述两则禅宗“审美（感性）教育”案例美得有些奇特，有意破除了和谐的审美形式的话，那么以下三则公案则是更加正面地利用审美效果来引导学生的例子：

> 有僧问赵州真际：“如何是祖师西来意？”云：“庭前柏树子。”
>
> 李翱问药山：“如何是道？”山以手指上下，曰：“会么？”李翱曰：“不会。”山曰：“云在青天水在瓶。”
>
> 道悟问石头希迁如何是佛法大意，希迁云：“长空不碍白云飞。”②

三则公案分别提供了三个自然喻象来喻示佛法。“庭前柏树子”乃是赵州真际被问及“祖师西来意”时当下即见、寓目辄书的视觉形象，暗含刹那即永恒、空不异色、不应舍离生活现象一味追求空理的意涵。“云在青天水在瓶”和“长空不碍白云飞”也都是直观可见的视觉形象，其中前者更强调安住尘世的各得其所之妙，后者更强调于自然中得自由的解脱境界。总体而言，三则公案都以诗的语言提供了自然审美的形象，蕴含了“一花一世界，一叶一菩提”的即现象即本质的禅理，暗示学禅者体悟真如佛法应从当下现前的每事每物出发，整个教学过程融化在一片云淡风轻的审美意境之中。其所以能如此，盖因禅宗教学的理论前提乃是学生与老师一样具备自性清净心，只需创设情境去逗引它、擦亮它，令其自然觉悟，无须施以荀子式的人为改造或道德训诫。

---

① 《修行本起经·菩萨降身品第二》，载台湾“中华电子佛典协会”制作《电子佛典集成》，2014年版。

② 赜藏主编集：《古尊宿语录》，北京：中华书局1994年版，第24页。

前面提到的云门文偃禅师也有类似的教法：

> 僧问："如何是佛法大意?"师曰："春来草自青。"
> 问："如何是学人自己?"师曰："游山玩水。"
> 问："如何是祖师西来意?"师曰："日里看山。"
> 问："如何是西来意?"师曰："久雨不晴。"
> 问："如何是佛?"师曰："干屎橛。"问："如何是诸佛出身处?"师曰："东山水上行。"[①]

此处前四句问答，一问佛法大意，二问学人自性之所在，三问、四问达摩祖师西来的意图，云门文偃一概以颇具审美意境的山水田园诗句作答，与上一组引文中的情形相似。唯最后一句问到"如何是佛"时，文偃径以"审丑"式的"干屎橛"作答(仍在感性教育的范畴内)，意在打破对佛之虚名的执着(当然也可以看成是对庄子"道在尿溺"[②]的呼应)，待回答诸佛出身处时，则又以"东山水上行"这样一句当前自然情景的描摹来表明佛就在当下现前，人人皆可以是佛。

可见，禅宗的教法需根据学生的具体情况和实际教学场景来及时调整、随机应变；其教学手段往往是感性的、审美的，但也不能囿于手段而妨碍了对真如佛性的揭示。如前引药山禅师回答李翱的问题时，曾先以手指上下，李翱表示不解，才改用诗句喻示——这说明，诗句和喻象只是以感性经验面貌出现的一种教学手段，在发挥作用之后是应该得意而忘言的，如果采用以手指作指示的手段，则一旦见真如，也应该"得鱼忘筌"，不必执着于手指之相，此即"指月"喻[③]所示的道理。

总而言之，禅宗的教学案例不仅充满了活泼的感性要素、生动的审美意境、山水田园诗一般的比喻句，对唐宋以后文人的教习和诗文写作产生了极大影响，是中国美育传统的重要资源之一；而且，其教法颠覆权威，尊重每一个个体的自性，摒弃了专权式的思想灌输和道德训诫，灵活采取各种超越常规的启发

---

① 普济：《五灯会元》，北京：中华书局1984年版，第928—929页。

② 郭庆藩撰：《庄子集释》，北京：中华书局1961年版，第749—750页。

③ 佛教《楞严经》《圆觉经》《指月录》等经籍中都有对"指月"喻的记载，以手指喻言教，以明月喻真如，强调应该循着手指的方向看明月而不必过多关注指月的手指，含有"得意忘言"的意思。

方式，创造条件和机会让学生自觉自悟[①]。这样的教育在俗见中当然也可以被视为准“民主”的审美教育，但在禅僧们看来，禅法的教习根本不该被称为“教育”，而应当称之为“接引”或“引渡”[②]——此般称谓在我等俗人看来不免又增添了一份“民主”“平等”的气息。相较之下，唐代大儒韩愈谓“师者，所以传道授业解惑也”[③]，显然把教师奉为真理的唯一合法的掌握者和诠释者，其教学姿态颇有居高临下、傲慢专断之意，学生在此语境下难免沦为被动接受“道”“业”和现成答案的容器，谈不上对个体自我心性的发掘与发展——这是典型的民主教育的反面案例。

四、阳明心学及其准“民主”的美育经验

禅宗发展成熟以后，在文人中引发了追捧热潮，迅速被吸收进中国文化的“大传统”[④]中。尤其在唐末毁佛运动以后，除了净土宗、禅宗以外的其他中国佛教宗派相继衰亡，禅宗则依靠它独特的审美品格在文人诗画创作中以艺术经验的形态续其慧命，而禅学也得以融入宋明新儒学的思想结构，成为理学和心学的重要哲学资源。下文重点考察受惠于禅宗的阳明心学所提供的美育经验。

明代思想家王阳明曾大胆论断：“人胸中各有个圣人，只自信不及，都自埋倒了。”“圣人为人人可到。”[⑤]此与孟子的“人皆可以为尧舜”以及道生的“阿阐提人皆得成佛”如出一辙，消除了凡圣之间不可逾越的天堑，为人的平等发展扫

---

① 由于特别强调自性自悟，禅僧甚至认为老师并不能“给予”学生什么，而只是设法让学生明白了自己本自具足佛性这一事实。如石头希迁早年追随六祖慧能，慧能寂灭后，希迁往慧能大弟子青原行思处学习。行思问希迁从慧能那里学来了什么。希迁表示未到慧能那里时就不缺少什么。行思又问希迁，既如此还去慧能处做什么。希迁回答说，若不到慧能处，怎能知道自己原来什么都不缺少。参见普济：《五灯会元》，北京：中华书局 1984 年版，第 253 页。

② 据传，五祖弘忍传法给六祖慧能后，秘密送慧能南行暂作隐蔽。在渡长江时，两人都争着摇橹，言语间就借用了“引渡”的譬喻。《坛经》惠昕本载：“五祖相送，直至九江驿边，有一只船子，五祖令慧能上船，五祖把橹自摇，惠能言：‘请和尚坐，弟子合摇橹。’五祖言：‘只合是吾度汝，不可汝却度吾，无有是处。’惠能言：‘弟子迷时，和尚须度，今吾悟矣，过江摇橹，合是弟子度之。’”见郭朋校释：《坛经校释》，北京：中华书局 1983 年版，第 21 页。如果说，弘忍还囿于师徒的“等级”观念，认为只有老师可以引渡学生，学生不能引渡老师的话，那么慧能则已经勘破师徒的世俗观念，把已经觉悟的自己放在与老师“平等”的地位上，提出今天可以由学生度化老师。禅宗的准“民主”精神于此可见一斑。

③ 韩愈：《师说》，载屈守元、常思春主编《韩愈全集校注》，成都：四川大学出版社 1996 年版，第 1508 页。

④ “大传统”与“小传统”之说最初由美国人类学家罗伯特·雷德菲尔德（Robert Redfield）所提出，今天一般用“大传统”指代上层（或知识阶层）精英文化传统，以“小传统”指代民间的通俗文化传统。

⑤ 陈荣捷撰：《王阳明〈传习录〉详注集评》，重庆：重庆出版社 2017 年版，第 238、301 页。

清了思想障碍。之所以能给予人的发展潜能以如此充分的信心，与王阳明对人的心性的高度肯定是分不开的。经历了著名的"龙场悟道"之后，王阳明参悟到"圣人之道，吾性自足，向之求理于事物者误也"[①]，开始讲论人的内在心性与外在天理之相即相通，他说："心即理也。此心无私欲之蔽，即是天理，不须外面添一分。""吾心之良知，即所谓天理也。"[②]在此王阳明把孟子的心性论与禅宗的佛性论融合了起来，孟子把心看作是善的发端，要达到至善还需经过修养使之发展扩充，王阳明则把此心看作是被私欲遮蔽的良知本体，不须添加任何东西，去除私欲之蔽即是天理。从本质上看，去除私欲之蔽的过程是学习主体参悟其自性的过程，所谓"道之全体，圣人亦难以语人，须是学者自修自悟"[③]。这种学习在方法上更近于禅宗（南宗禅）的顿悟，[④]在内容上则仍然保持在儒家孟学的伦理思域内。

禅宗以即现象即本体的思维，同时肯定现象（世间万事万物）与本体（真如佛性）的价值，但又要求不可执着于两者间的任何一端。王阳明则把人心的良知作为本体，以"体用关系"来沟通本体与现象，把本体的发用称为"致良知"，高度肯定本体价值的同时亦重视本体发用而成的现象。他说："良知者心之本体，即前所谓恒照者也。……虽妄念之发，而良知未尝不在。""至善是心之本体。……然亦未尝离却事物。""随事随物精察此心之天理，以致其本然之良知……心者，身之主也。而心之虚灵明觉，即所谓本然之良知也。其虚灵明觉之良知应感而动者谓之意，有知而后有意……知非意之体乎？意之所用，必有其物。物即事也。……物非意之用乎？""致吾心良知之天理于事事物物，则事事物物皆得其理矣。""良知是天理之昭明灵觉处，故良知即是天理，思是良知之发用。若是良知发用之思，则所思莫非天理矣。"[⑤]简言之，良知是人心至善之

---

① 吴光等编校：《王阳明全集》，上海：上海古籍出版社 1992 年版，第 1228 页。

② 陈荣捷撰：《王阳明〈传习录〉详注集评》，重庆：重庆出版社 2017 年版，第 23、137 页。

③ 陈荣捷撰：《王阳明〈传习录〉详注集评》，重庆：重庆出版社 2017 年版，第 84 页。

④ 孟子把人对善的直觉称为"良知"，他说："人之所不学而能者，其良能也；所不虑而知者，其良知也。"见杨伯峻译注：《孟子译注》，北京：中华书局 1960 年版，第 307 页。但要完全臻于至善之境，在孟子看来还必须有一个"尽心"的长期修养过程，即养护、扩充"善端"使之发展完善。王阳明则以类似禅宗的思维方式，把心等同于至善的本体也等同于良知，认定其本然完善，从而极大地缩短了扩充善端的过程，一念去蔽便即顿悟。他说："如一念发在好善上，便实实落落去好善；一念发在恶恶上，便实实落落去恶恶。……如此则吾心良知无私欲蔽了，得以致其极。"见陈荣捷撰：《王阳明〈传习录〉详注集评》，重庆：重庆出版社 2017 年版，第 299 页。

⑤ 陈荣捷撰：《王阳明〈传习录〉详注集评》，重庆：重庆出版社 2017 年版，第 172、22、141、137、194 页。

本体，其发用使人认识到天理流行于万事万物。

“天理流行”源自孟子“上下与天地同流”之语，是一个天人合一的审美境界。故此“致良知”的工夫也是一个审美教育意义上的自我修养过程。王阳明说：“良知妙用发生时……人心与天地一体。故‘上下与天地同流’。”“天地无人的良知，亦不可为天地矣。盖天地万物，与人原是一体。其发窍之最精处，是人心一点灵明。风雨露雷，日月星辰，禽兽草木，山川土石，与人原只一体。”“良知是造化的精灵。这些精灵，生天生地，成鬼成帝，皆从此出。真是与物无对。人若复得他，完完全全，无少亏欠，自不觉手舞足蹈，不知天地间更有何乐可代。”[①]前两句话的意思是说，天地万物得人心妙用，便是美的；此中思路与禅僧“青青翠竹总是法身，郁郁黄花无非般若”[②]的审美感悟是一致的。第三句话的意思是，去除私欲之蔽而一念向善，便能恢复人心本然具足的良知，进入伦理价值完满无缺的境界；这一价值境界至善至真同时也至美，宜于用“手舞足蹈”的艺术形式予以表达，此即《毛诗序》所说的“情动于中而形于言，言之不足，故嗟叹之，嗟叹之不足，故咏歌之，咏歌之不足，不知手之舞之、足之蹈之也”[③]。

我们来看王阳明的教学案例：

> 问：“‘逝者如斯’，是说自家心性活泼泼地否？”先生曰：“然。须要时时用致良知的工夫，方才活泼泼地，方才与他川水一般。若须臾间断，便与天地不相似。此是学问极至处，圣人也只如此。”[④]

在这段对话中，学生的提问援引了《论语》“子在川上，曰：‘逝者如斯夫！不舍昼夜。’”[⑤]的典故。该典故中本就包含了一个比喻，即以日夜川流不息的河水来比拟消逝的时光。该学生又以此来比拟主体心性，问心性是否也如时光与流水般生动活泼。王阳明对学生用他所开创的心学思想来阐释先秦经典的做法表示首肯，并进一步补充说，要保持心性的活泼，必须源源不断地加诸致良知的工夫，使之生机勃勃、绵延不绝，如此便达到了学问的极致，即步入了真知的堂奥。在

① 陈荣捷撰：《王阳明〈传习录〉详注集评》，重庆：重庆出版社 2017 年版，第 266、269、263 页。
② 张华释译：《景德传灯录》，北京：东方出版社 2017 年版，第 126 页。
③ 毛亨传、郑玄笺、孔颖达疏：《毛诗正义》，北京：北京大学出版社 1999 年版，第 6 页。
④ 陈荣捷撰：《王阳明〈传习录〉详注集评》，重庆：重庆出版社 2017 年版，第 260 页。
⑤ 杨伯峻译注：《论语译注》，北京：中华书局 1980 年版，第 92 页。

此，王阳明对工夫和学问的评价并非智识性的，而是审美化的，只有当其“与天地相似”即具备了生生不息、大化流行的自然的形态，才算达到超凡入圣的境地。

下面这一则教学案例更有代表性：

> 先生游南镇。一友指岩中花树问曰：“天下无心外之物，如此花树，在深山中自开自落，于我心亦何相关?”先生曰：“你未看此花时，此花与汝心同归于寂；你来看此花时，则此花颜色一时明白起来。便知此花不在你的心外。”①

友人的提问似乎借取了王维的名诗《辛夷坞》为典故：“木末芙蓉花，山中发红萼。涧户寂无人，纷纷开且落。”②王维此诗所描绘的自然图景是一个典型的参禅喻象，它打破了凡俗的时空逻辑(红花在诗人观赏的“片刻”中既开且落)，给人以超然出尘、杳无人迹的寂寥与空幻之感。这种空寂虚无于片刻中经历了花开花落的时光流逝，仿佛具有了恒久不变的性质，体现了刹那即永恒、“无常即常”的佛理。友人的问题即由此而来：孤寂的山花遗世独立，自开自落自生自灭，岂有凡俗的眷恋，岂待人心之观照? 王阳明的回答则否定了此一无依无待的寂灭禅境，将一种温暖的生机和光明赋予其间。以往有人根据这段记载将王阳明的心学判为主观唯心主义，这样的评判主要是从哲学认识论的角度做出的。其实这则公案不宜仅从认识论的层面去评判，而应该在价值论的层面予以探讨。“花色走出‘寂’境而一时明白起来”是一种审美判断，也是一种需要触动良知予以生命之同情的伦理判断，因而人心与花色乃是主客相依相待的关系，没有人心就无从肯定花色的价值，单一的主观或客观机制都不可能实现价值判断。可见王阳明哪怕在以美(具有审美色彩的比喻)育人时，也是将其心物体用论一以贯之的。

再举一例：

> 樾方自白鹿洞打坐，有禅定意。先生目而得之，令举似。曰：“不是。”已而稍变前语。又曰：“不是。”已而更端。先生曰：“近之矣。此体

---

① 陈荣捷撰：《王阳明〈传习录〉详注集评》，重庆：重庆出版社 2017 年版，第 270 页。

② 陈铁民校注：《王维集校注》，北京：中华书局 1997 年版，第 425 页。

> 岂有方所？譬之此烛，光无不在。不可以烛上为光。"因指舟中曰："此亦是光。"直指出舟外水面曰："此亦是光。"樾领谢而别。[①]

弟子徐樾尝试以坐禅的方式参悟心性，王阳明一看便知，命他用比喻阐说心体。在否定了徐樾不断变更的回答之后，王阳明终于对徐樾稍加肯定，并进一步解释说，心之本体并无固定的方位处所，就好像眼前的这根蜡烛，它的光无所不在，并非只存在于烛火之上，而是遍布于舟中的空间和舟外的水面。这则教学案例有以下两点值得引起我们的关注：其一，王阳明要求学生以形象思维代替禅定，自己也以比喻来阐发心体，说明在王阳明的思想中，仅仅依靠禅定和玄思是不能参悟心之本体的，因为心体之发用如光照四野般遍布各方，必须从映现着心体烛照之光的感性现象或具体事物上去感受、体会心体的灵明及其大化流行——这是经由感性现象到达本体的美育方法。其二，王阳明并没有直接把现成的答案抛给学生，而是不断追问、循循善诱，待学生的回答接近自己的想法时，再以审美化的譬喻作进一步的喻示，使之彻底了悟并印象深刻——这样的教学注重引导学生以自性自悟，颇有准"民主"教育的精神。

众所周知，王阳明的另一个标志性学说是其"知行合一之教"。在王阳明看来，"致良知"不仅是伦理认知的理论问题，同时也是实践的工夫，真正意义上的"致良知"必须体现于行为之中，所谓"致知之必在于行，而不行之不可以为致知""知是行的主意，行是知的工夫，知是行之始，行是知之成"。[②] 此说的直接后果是，阳明后学将百姓的日用生活及触目可见之现象都当作心体流注的审美对象来看待。如泰州学派的王襞有两句名言："鸟啼花落，山峙川流，饥餐渴饮，夏葛冬裘，至道无余蕴矣。""着衣吃饭，此心之妙用也。"[③]生活现象何以具有审美效果？盖其作为心(道)之妙用，贯穿着主体的价值。类似的说法既可以看成是禅宗"行住坐卧无非是道，纵横自在无非是法"[④]等话语的延续，也应当被视为王阳明心性论美育的思想成果。

---

① 陈荣捷撰：《王阳明〈传习录〉详注集评》，重庆：重庆出版社 2017 年版，第 337 页。

② 陈荣捷撰：《王阳明〈传习录〉详注集评》，重庆：重庆出版社 2017 年版，第 145、26 页。

③ 王襞：《明儒王东厓先生遗集》，载王艮：《王心斋全集》，南京：江苏教育出版社 2001 年版，第 214、218 页。

④ 张华释译：《景德传灯录》，北京：东方出版社 2017 年版，第 126 页。

“知行合一之教”与数百年后西哲约翰·杜威的“从做中学”[①]前后应和，奏响异曲同工之妙。无论是王阳明之谓“知”，还是杜威之谓“学”，都并不仅仅指智识性的认知，而是兼及价值论中的伦理与审美范畴；至于王阳明的“行”与杜威的“做”，则都与日常生活及艺术实践密切相关。尽管所处社会环境天差地别，但他们不约而同地倡导以实践促进知识与价值认知，尊重并注重发挥学生的自主学习能力，充分反映了“民主美育”是一个具有普世意义的学术领域。

五、沟通与展望

从孔子、孟子到禅僧、王阳明，以心性论为思想底色的中国先哲们串联起一条有关美育的准“民主”经验的历史线索。之所以呈现出准“民主”的特点，端赖其在理论上预先设定了每一个个体本自具足趋于完善的心性亦即自我学习、发展、成长的潜能。美国思想家约翰·杜威在其教育学名著《民主与教育》中指出：“如果民主具有道德和理想的含义，那便是，人人都被要求回报社会，人人都被赋予发展其独特潜能的机会。”[②]中国古人还没有建立起公民社会，没有确立公民的公共责任和义务，但已朦胧认识到“人人都具备各自的发展潜能，人人都应享有发展其独特潜能的机会”这一现代民主教育思想的人文主义前提。心性论预设使得社会地位本不平等的中国古人在某个理想的领域内获得了理论上的平等，从而激发起自主探索、自我认知的热情，极大地推动了人的积极发展。尤其是大乘佛学，倡导“众生等无差别”，在终极意义上构建起与人类不平等现实相对抗的乌托邦世界。中国的心性论者就是在此般激进思想的指导下开展有关生命价值的教育实践，灵感所到之处，其教学事件随机应变、灵活巧妙，尽显智慧之光与审美色彩，极大地保障了学生的人格尊严和自主学习空间，足以扭转我们误认为中国古代美育尽是威权压迫、强制灌输的固有看法。

巴西教育家保罗·弗莱雷指出：“任何一种‘A’客观上利用了‘B’或是阻碍了他/她作为责任人追求自我肯定的情形，都是一种压迫。”[③]“要明白如何教

---

① 〔美〕约翰·杜威：《明日之学校》，载《学校与社会·明日之学校》，赵祥麟等译，北京：人民教育出版社2004年版，第361页。

② John Dewey, *Democracy and Education: An Introduction to the philosophy of Education*, New York: Macmillan, 1916, p. 129.

③ Paulo Freire, *Pedagogy of the Oppressed*, trans. Myra Bergman Ramos, New York: Continuum, 1990, p. 37.

育，就是要为知识的建构和生产创造可能性，而不是简单地从事知识传输的游戏。”[①]前一句指明了阻碍学习者追求自我肯定乃是一种社会压迫，要解放教学关系必须承认并保障学生自我发展的价值；后一句提出现代民主教育应该减少知识灌输，充分发挥学习者自主建构与生产知识的可能性。中国的心性论美育传统通过对个体心性之平等性的理论论证把学习者从压迫式的社会关系中解放出来，在教学实践中也能够有效激发学习者（学习者既指学生，在某些条件下也可以指老师）的创造性和可能性，其教育实况在很多方面已经接近现代民主教育所要求的内容。

然而，心性论美育传统在中国历史上毕竟只是一个隐约的、一定程度上被边缘化的文化教育脉络，它的思想和方法尽管一度得到有识之士的张扬，但对比中国教育史的主流经验，仍显得十分稀有，因而也弥足珍贵。此外，从内容上看，中国的心性论美育传统主要围绕个人人格的培养而展开，在艺术技能的规模性、体系性教学方面比较缺乏有说服力的成绩；从整体教育方式上看，它采取师徒间个体交流的形式（典型如所谓“以心传心”），不可能像现代公民教育那样承担起社会公共责任。就此而言，中国心性论美育传统所提供的经验与现代民主教育相比仍有很大差异。

有鉴于此，中国当代的审美教育一方面不必妄自菲薄，要积极从中国自己的历史中，尤其是心性论美育传统中汲取准“民主”教育经验的养分；另一方面则需以多元、开放的态度，努力学习西方美育和艺术教育的先进理念、方法，参考他们的民主课堂经验。唯有当我们以现代民主教育的要求和未来人类发展的理想方向为导引，以国外的先进经验为参照，才有可能重新激活我们自己的心性论美育传统，使之与当下、未来接续流通，成为真正意义上的“活的传统”。

---

① Paulo Freire, *Pedagogy of Freedom: Ethics, Democracy, and Civil Courage*, trans. Patrick Clarke, London: Rowman and Littlefield, 2001, p. 49.

从人文教育到审美教育再到公共艺术教育

——西方美育史的话语变迁

“美育”(Aesthetic Education)作为一个学术术语,起源于西方,更确切地说,诞生于欧洲启蒙运动的哲学语境。可见,“美育”是在西方文化的土壤中获得了完整的、成熟的发展并取得了其内涵与外延的概念化过程。但能被这一概念概括为“美育”的实际教育行为其实早就存在于欧洲的前启蒙运动时期,以及广泛的世界其他文明地区的教育历史之中。因此,当这一带有普适性的概念受到现代化、全球化进程的推动而进入世界各国的学术话语体系后,就纷纷产生了世界各国自己的“美育史”,这些国别美育史所上溯的时间很多都会早于欧洲启蒙运动。这一情形与“文学”“哲学”“美学”等概念的历史发展状况非常相似。因此,要阐明中国当前的美育问题,首先要回看“美育”土生土长的西方文化教育传统,然后再清理中国古代美育史,继而从“美育”的西方原生语境和中国本土语境中分别汲取思想资源。本书专注于广义的西方美育史,勾勒西方文化教育语境中由人文教育向审美教育继而向公共艺术教育转化的话语变迁史,并着重梳理这一变迁过程中不断传承发展、使得这几个阶段得以前后贯通的思想内核。

一、重访人文教育的家园

现代意义上的“民主”“科学”和“学校”最初都起源于古希腊城邦。“民主”和“科学”的兴起为作为公共教育机构的“学校”的出现奠定了社会基础。在古希腊的学校里,实施的是一种被称为“paideia”的教育,我们现在一般把它译成通识教育、通才教育,或人文教育(即拉丁语的 humanitas)。概括而言,古希腊的人文教育具有以下特点：首先，以学科分类的方式对关于有关人类文化和客观世界的知识进行系统的解释和传授，七门学科（俗称“七艺”）分别是语法、修辞、逻辑、算术、几何、天文和音乐。其中，修辞和音乐这些属于后来称之为“美育”的内容已经被用来作为学校常规教学科目——这一点与中国先秦“六学”教育体系将《诗》教和《乐》教作为贵族子弟必修科目非常类似。其次，“paideia”教育的主要方式并非照本宣科，并非教条式的知识灌输和模仿式的技术训练，而是民主氛围下的辩论，强调自主思考、平等交流和自由对话。对话和辩论源自古希腊哲学家探讨哲学问题的方式，当苏格拉底用一种类似“助产术”的方式与雅典广场上的民众及智者展开民主对话时，他的目的是让与谈者在对话过程中“解开蒙蔽”，自己发现自己内心中本有的“真理”或与客观世界本原相符合的主观原则，从而真正地“认识你自己”——这种思路本身就已经预设了每一个人内心中本有平等的发现真理的主观能力。对话与辩论造就了民主的学术氛围，造就了柏拉图的对话式哲学著作和他的雅典学园（Academy），造就了亚里士多德“吾爱吾师，吾更爱真理”的学术品格，深刻影响了古希腊学校的教学方式。最后，“paideia”教育的目标是培养优秀的人，更具体地说是养成理想的“人性”，包括个性、品德和从事公共事务所必备的品质。从这些要点来看，古希腊的人文教育已经具备若干现代民主教育的特征。其实，我们毋宁说，现代民主教育之滥觞就是古希腊的人文教育，其“民主”内核正是秉承了古希腊人文教育的传统。

中世纪的学校教育保留并发展了自古希腊传承下来的教学科目，传授“四艺”（代数、几何、天文、音乐）和“三科”（语法、修辞、逻辑）。到了 12 世纪后期，欧洲城市中出现了大学这一高等教育机构。据记载，欧洲中世纪大学中的艺学院和神学院以“授课”和“争辩”作为主要教学方法，其中“授课”包括学生阅读教材和教师解释教材，“争辩”包括在课堂上由教师引导的问题争辩和在公开场所进行的自由争辩。① 这是一种奇特的教育现象，一方面因教会的压力而施行类似“释经学”的有统一思想标准的“授课”法，另一方面却秉承古希腊的“异教”传统开展思想开放的“争辩”教学法。这表明，欧洲中世纪人文教育的民主特性不仅没有被湮灭，而且还在顽强、茁壮地成长。

14—16 世纪的文艺复兴运动被公认为是欧洲人文主义的兴盛期。文艺复

① 赵敦华：《西方哲学简史》，北京：北京大学出版社 2001 年版，第 132—133 页。

兴人文主义的特点主要表现在两方面：一是追求个性解放，在反对压抑普遍人性的同时提倡发挥个体的潜能和创造力；二是对多元文化持宽容的态度。文艺复兴时期的教育就孕育在这样一种开放的文化氛围中，并形成了人文教育的两个典型特征——通才教育和唤醒式教育。布洛克指出："（文艺复兴时期意大利公办学校的）教育的目的就是要培养精英，而不是生产专门人才。这里所说的'精英'就是当时的人们理想中的'全才'，也就是像达·芬奇、阿尔伯蒂和米开朗琪罗那样的人物。"[①]这种可追溯自古希腊的通才教育观后来经过康德启蒙哲学的淬炼从而构筑了席勒追求完整人性的美育理想。布洛克复又指出："人文主义的核心主题是人的潜能与创造力，这些能力是潜藏于人的身上的，需要外部力量加以唤醒，从而使其显现并进一步得到发展，而实现这一目的的手段就是教育。人文主义者认为教育是让人从自然的状态中脱离出来，并且发现自己的 humanitas（人性）的过程。"[②]这种教育思想强调受教育者的先天潜能（生而平等的人性）和教育者的引发、唤醒功能，与苏格拉底的对话式教育有相通的地方。19 世纪德国民主教育家第斯多惠有句名言："教学的艺术不在于传授的本领，而在于关于激励、唤醒、鼓舞。"[③]其内在的理论预设实可追溯自这一人文主义的教育思想。简言之，人文主义的唤醒式教育思想是现代"发展性教学"的哲学基础。

二、审美教育的启蒙话语

17—18 世纪的启蒙运动是欧洲社会进入新时代的分水岭，而启蒙思想家卢梭的教育思想则是西方教育史上"新教育和旧教育的分水岭"[④]。在社会思想方面，卢梭认同斯宾诺莎的"天赋人权"说并将它进一步系统化。在教育学方面，卢梭在《爱弥儿》中提出了自然教育的原则，强调教育要遵循自然发展规律，顺应儿童的"天性"的自然发展。卢梭的教育思想和他的社会思想是相辅相成的，按照卢梭的思想逻辑，之所以顺应儿童的"天性"自然发展能培养出理想的人，是因为每一个人都生而平等地具有一种"可完善性"，这种"人终其一生持续

---

① 〔英〕阿伦·布洛克：《西方人文主义传统》，董乐山译，北京：群言出版社 2012 年版，第 34 页。
② 〔英〕阿伦·布洛克：《西方人文主义传统》，董乐山译，北京：群言出版社 2012 年版，第 35 页。
③ 张焕庭主编：《西方资产阶级教育论著选》，北京：人民教育出版社 1979 年版，第 367 页。
④ 单中惠主编：《西方教育思想史》，太原：山西人民出版社 1996 年版，第 194 页。

完善自身的能力"[①]在当代哲学家费希看来就是卢梭思想中人的自由之源。卢梭宣称:"有一种区分二者(人与禽兽)的非常显明的特质则是无可争辩的,这种特质就是自我完善化的能力。这种能力借助于环境的影响,继续不断地促进所有其他能力的发展,而且这种能力既存在于个人身上,也存在于整个种类之中。"[②]可以说,卢梭的自然教育学说和人的"可完善性"思想,通过深刻的哲学论证,为文艺复兴人文主义的唤醒式教育发展过渡到现代"发展性教学"提供了理论上的可能性。

启蒙运动的思想成果之一是以人为目的的人本主义,这种人本主义因为包含了对卢梭所提出的人人具有"可完善性"的认知而具有鲜明的理想色彩,康德哲学就是这种理想的启蒙人本主义的代表性论述。对此费希概括道:"这种'第二自然性',这种打着整体价值之名借由人类自由意志所发现并产生的和谐性,康德称之为'目的之支配'。为什么他这么说?纯粹是因为在这个由意志而非自然所构成的'新世界'中,人终于被视为'目的'而不再只是手段;其所具有的绝对尊严,不再用于实现所谓更高的目的。"[③]无论康德美学,还是席勒的美育哲学,都建立在这种理想的启蒙人本主义之上,都是以人的发展完善为目的,探讨理想人性的实现方式。席勒把理想人性的实现方式认定为"审美游戏",他在《审美教育书简》中指出:"应在形式冲动与感性冲动之间有一个集合体,这就是游戏冲动,因为只有实在与形式的统一、偶然与必然的统一、受动与自由的统一,才会使人性的概念完满实现。……在人的一切状态中,正是游戏而且只有游戏才使人成为完全的人,使人的双重天性一下子发挥出来……人同美只应是游戏,人只应同美游戏。"[④]所以说,席勒的美育哲学建基于启蒙运动的人性论与自由论,是对启蒙人本主义的实践性探讨,先天具有民主教育的一些重要思想内涵。他的审美教育思想继承了自古希腊以来的人文教育传统,不以专业主义的艺术技能掌握为最终目的(技能培养只是手段),而是以培养完全的人、促进人性的和谐、实现人的自由解放为最终目的。

---

① 〔法〕吕克·费希:《人生难得是心安:另类西方哲学简史》,孙智绮、林长杰译,北京:北京大学出版社 2016 年版,第 107 页。

② 〔法〕卢梭:《论人类不平等的起源和基础》,李常山译,北京:商务印书馆 1962 年版,第 83 页。

③ 〔法〕吕克·费希:《人生难得是心安:另类西方哲学简史》,孙智绮、林长杰译,北京:北京大学出版社 2016 年版,第 125 页。

④ 〔德〕弗里德里希·席勒:《审美教育书简》,冯至、范大灿译,上海:上海人民出版社 2003 年版,第 119—123 页。

康德和席勒的启蒙美学—美育思想除了受到卢梭思想的影响，还与当时德国本土的人文教育大环境相关。事实上，德国的启蒙运动主要体现在思想和文艺界，它的具体表现是新人文主义运动。之所以称之为“新人文主义”，是因为它是继文艺复兴人文主义之后欧洲大陆的第二度人文主义思潮。当时著名的德国新人文主义者，如文克尔曼、莱辛、赫尔德、歌德、费希特、沃尔夫、洪堡等人，都比较一致地推崇古希腊的思想文化和艺术，同时又对卢梭的自然教育理想十分认可，于是把两者结合起来，视古希腊人为自然教育的完美典型；继而又在德国古典哲学话语的熏染下，把古希腊人的完美人性诠释为主观与客观的统一、理性与感性的和谐——席勒的美育哲学就诞生于这样一片带有理想主义色彩的思想和话语的土壤中。

席勒美育思想的缺憾之一在于有一定的精英教育倾向(或至少容易给人留下这样的印象)——这是传统人文教育或多或少具有的特点。这种偏限在德国新人文主义者、教育家洪堡的努力下得到了大幅度的纠正。洪堡在普鲁士的文化和公共教育部门主政期间，大力推行“普通人的教育”，在邦国境内建立起初等教育、中等教育、高等教育三级衔接的学校教育体系，并把新人文主义塑造“完全的人”的“全面教育”思想贯彻到公共学校的教育体系中去，形成了初等教育“锻炼能力，发展理性，陶冶纯洁的道德情操，培养宗教感情”、中等教育“兼顾‘知识’和‘技能’……学会如何学习”、高等教育“给学生以充分发挥其创造性潜力的余地”的公共教育格局。① 作为长年和歌德、席勒一起游艺问学的同道好友、康德哲学的推崇者，洪堡在席勒发表《审美教育书简》(1795 年)的 14 年后(1809 年)推行全国教育改革，审美教育的理念和内容均成为洪堡公共教育改革的重要资源。而在创办柏林大学的过程中，洪堡更是直接把新人文主义者“从古希腊的语言、文学和艺术中寻求完美人性的典范”②的理论主张贯彻到该校的教学实践中去，使席勒的美育理想在公共教育机构中开始生根发芽。

的确，美育只有落实到公共领域，成为“普通人的教育”，其培养“完全的人”的教育理想才有可能成为社会现实；美育也只有走理性与感性并重、知识文化与技能并重、道德情操与创造力并重的道路，才有可能培养出具有较强适应性和可持续发展能力的社会公民。这是美育作为现代民主教育的题中应有之意。

---

① 单中惠主编:《西方教育思想史》,太原:山西人民出版社 1996 年版,第 323 页。

② 梁展:《欧洲近代人文教育:起源、理念及其内涵》,《中华读书报》2017 年 10 月 11 日第 13 版。

三、作为现代社会公共事务的学校艺术教育

洪堡的"普通人的教育"使得德国的学校教育开始走向平民化、公共化；而在洪堡教育改革之后不久，另一位德国教育家第斯多惠提出了"全人类教育"，要求把公共教育进一步扩展为无阶层差别、无种族歧视的全民性教育，从而在民主教育的道路上又迈出了坚实的一步。第斯多惠指出："人民的教育，从最广义来说乃是人民的解放。""没有人民的教育，没有自由的人的教育，就不可能有健全的发展。"[①]不难发现，第斯多惠的教育思想延续了启蒙哲学的传统，把教育的目的设定为人的健全发展。这里有一个要点值得引起注意：健全的人性主要不是依靠塑造而是通过受教育者获得良好的自我发展来实现的。此即前文曾提及的注重受教育者在教育过程中发挥自主学习能力的"发展性教学"。对此第斯多惠谆谆告诫："科学知识是不应该传授给学生的，而应当引导学生去发现它们，独立地掌握它们。……一个坏的教师奉送真理，一个好的教师则教人发现真理。"[②]

应该说，第斯多惠的"发展性教学"上承古希腊、中世纪的辩论式教育、文艺复兴人文主义的唤醒式教育、卢梭的自然教育学说和人的"可完善性"思想，为作为现代民主教育的美育开启了方法论的大门。20 世纪以来的美育学者所追求的"人的审美发展"和"对话式教学""互助协作式教学"等，都是以"发展性教学"为理论前提的。

在杜威的教育学著述中，也有一个近似于"发展性教学"的观点，叫作"教育即成长"(或译"教育即生长")。杜威的推理过程是这样的："教育是生活的过程"，[③]"生活即发展，而发展与成长即是生活"，所以"教育即发展""教育即成长"。[④] 杜威对教育中的"发展"概念作了专门论述，并指出："成长能力的大小取决于对他人的需求多寡与本人的可塑性。"[⑤]在此杜威把人的发展与成长的

① 〔苏〕娥·美·杰普莉茨卡娅编：《教育史讲义》，华师大教育系教育学研究班译，上海：华东师范大学出版社 1958 年版，第 195 页。

② 张焕庭主编：《西方资产阶级教育论著选》，北京：人民教育出版社 1979 年版，第 356 页。

③ 〔美〕约翰·杜威：《我的教育信条》，载《学校与社会·明日之学校》，赵祥麟等译，北京：人民教育出版社 2004 年版，第 6 页。

④ 〔美〕约翰·杜威：《民主与教育》，薛绚译，南京：译林出版社 2012 年版，第 45—48 页。

⑤ 〔美〕约翰·杜威：《民主与教育》，薛绚译，南京：译林出版社 2012 年版，第 48 页。

决定性因素归结为人的“可塑性”。人的“可塑性”在杜威“教育即成长”思想中的地位，相当于人的“可完善性”在卢梭自然教育学说中的地位。可见杜威的现代民主教育思想是建立在古希腊、文艺复兴、启蒙运动的人文教育思想遗产的基础上的。

作为西方教育史上最杰出的思想家之一，杜威对20世纪以来北美乃至全世界的公共教育体系及其现代教育理念的构建做出了重要贡献。在杜威看来：“教育主要是一桩公众的事务，其次才是一种专门职业。”[①]所以他要提出“学校即社会”，言下之意，既然教育是生活的自然延伸，那么学校教育就应当是公共性的社会生活的自然延伸，而在现代民主社会中，学校教育当然应该实践民主的生活方式，培养对话、沟通、协同合作、互相参照的民主经验。当学校建立起民主的教学环境，教师就不再是专制的“知识权威”，他的工作应该是引导学生“从做中学”[②]，通过充分实践和自主探索获得自我成长与发展。这就摆脱了“以教师为中心”的传统教育模式，转换为“以儿童为中心”或“以学生为中心”的现代教育方式。

尽管对20世纪西方美育与艺术教育产生了深远的影响，杜威本人却并没有撰写过专论美育或艺术教育的著作，个中原因与他的美学思想和教育思想的特点有关。杜威哲学的关键词是“经验”，更准确地说是“经验的连续性”(experiential continuum)。杜威所说的“教育即生活”“学校即社会”从经验的角度理解，就是把学校当成促进学生经验生长和改造从而使之适应社会生活的实验室。所以杜威宣称：“在某种意义上，每种经验都应该提供某些东西，使人做好准备去获得未来的更深刻更广泛的经验，这正是经验的生长、经验的连续性和经验的改造的含义。”[③]杜威所说的“从做中学”，其实也就是“从经验中学”。而在他的美学著作《艺术即经验》中，他把审美经验(包括艺术经验)定义为与日常生活经验相连续同时又更加丰富、完整、独立的“一个圆满的经验”；换句话说：“艺术产品来自于后者，来自日常经验得到完全表现之时。”[④]既然如

① 〔美〕约翰·杜威：《教育中的道德原理》，载《学校与社会·明日之学校》，赵祥麟等译，北京：人民教育出版社2004年版，第133页。

② 〔美〕约翰·杜威：《明日之学校》，载《学校与社会·明日之学校》，赵祥麟等译，北京：人民教育出版社2004年版，第361页。

③ 〔美〕约翰·杜威：《经验与教育》，载《我们怎样思维·经验与教育》，姜文闵译，北京：人民教育出版社2005年版，第264页。

④ 〔美〕约翰·杜威：《艺术即经验》，高建平译，北京：商务印书馆2010年版，第12页。

此,以促进经验生长与改造为鹄的的教育,不仅应该包括旨在促成“一个圆满的经验”的审美教育,而且必须将它作为其重要组成部分。

如此看来,教育必须包含审美教育,而审美或艺术活动作为对日常生活经验的提升、淬炼与改造,其本身对于参与其中的人而言也具有“教育”功能。正是在这个意义上,杜威于1929年发表了一篇与美育和艺术教育相关的文章《教育中的艺术和艺术中的教育》,把艺术活动与教育在经验发展理论的基础上相互贯通起来。该文指出:“艺术从其内在本质而言是一种教育,教育也可以成为艺术。……为了实现艺术的教育功能,必须开展与之相应的合适的教育。”①对经验的连续性的理解使得杜威的美学思想与教育思想也成为一个贯通的连续体,审美活动的经验提升与教育活动的经验生长你中有我、我中有你,两者的问题和方法是相通的,这就没有必要在既有的教育学著作和美学著作之外再另写一部专门性的美育著作了。杜威在《艺术即经验》中表述他的美学思想时触及了深刻的美育问题:“正是通过交流,艺术变成了无可比拟的指导工具,但是,它所使用的方式与我们通常所理解的教育相距甚远,它将艺术远远地提升到我们所熟悉的指导性观念之上,从而使我们对任何将艺术与教学联系起来的提法都感到不愉快。但是,我们的反感实际上是对那些拘泥地排斥想象,并且不触及人的欲望与情感的教育方式的反思。”②换言之,美育和艺术教育的核心内容是想象力的培养,正是想象力将日常生活经验熔炼成为“一个圆满的经验”亦即审美经验。杜威曾说:“柯尔律治使用‘融为一体’(esemplastic)这个术语来表示艺术想象作用的特征。如果我的理解不错的话,他指的是将各种成分,不管它们在普通的经验中是多么的不同,结合成一个新的、完全统一的经验。……一种想象的经验是在各种各样的感性材料、情感与意义集合到一起,成为一个标志了世界新生的联合时发生的。”③想象力是审美经验的黏合剂,也是杜威心目中的美育和艺术教育的根本动力。

回顾杜威之前的整个西方人文教育传统(包括西方美育史在内),不难发现,杜威的前辈所着眼的是“人性的解放”,而杜威则把“人性的解放”进一步具体化为“人的经验的解放”。杜威曾断言:“教育的定义应该是经验的解放和扩

---

① John Dewey, “Art in Education and Education in Art” in *The Later Works*, *1925 - 1953*, vol. 2, Carbondale: Southern Illinois University Press, 1984, p. 113.

② 〔美〕约翰·杜威:《艺术即经验》,高建平译,北京:商务印书馆2010年版,第401页。

③ 〔美〕约翰·杜威:《艺术即经验》,高建平译,北京:商务印书馆2010年版,第310—311页。

充。……抽象思维就是在经验中用新眼光看待熟悉的事物，进行想象，开拓新的经验的视野。”[①]按照杜威的看法，审美教育甚至不能偏限在感性教育的狭隘范围内，想象力意味着要把经验从日常感性状态中抽离出来，给予抽象的反思和转换视角的观照，这样才有可能使人的经验获得解放与扩充。这是杜威对传统美育思想的重要革新。

在明确了杜威美育或艺术教育思想的内容之后，我们再来考察杜威的教育方法。杜威在《我的教育信条》中宣称：“教育过程有两个方面：一个是心理学的，一个是社会学的。它们是平列并重的，哪一个也不能偏废。”在这两个方面中，“心理学方面是基础的。儿童自己的本能和能力为一切教育提供了素材，并指出了起点。除教育者的努力同儿童不依赖教育者而自己主动进行的一些活动联系以外，教育便变成了外来的压力。……如果对于个人的心理结构和活动缺乏深入的观察，教育的过程将会变成偶然的、独断的。……束缚了儿童的天性。”[②]受到卢梭自然教育学说影响的杜威把受教育者的可塑性视为个体发展的基础，在此哲学前提下，他立足儿童心理学，提倡在教育过程中释放与发挥学生的主动性和创造性，反对教学过程中的教条主义、权威主义，反对教师通过强制灌输来遏制学生的主动性和创造性、扭曲孩子的天性。他所倡导的教学关系呈现出典型的“民主”特性。

谈到教学关系中的“民主性”问题，其实已经把话题引向了教育的社会学方面。我们继续杜威在《我的教育信条》中的论述：另一方面，“儿童具有自己的本能和倾向，在我们能够把这些本能和倾向转化为它们的社会对应物之前，我们不知道它们所指的是什么。我们必须能够把它们带到过去的社会中去，并且把它们看作是前代人类活动的遗传。我们还必须能把它们投射到将来，以视它们的结果会是什么。”[③]通过这段话我们了解到，杜威的民主教育思想不仅要求学生充分发挥自主性，还要求学生开放个体经验，向着过去和未来的人类社会经验开放；换言之，民主教育不仅主张以民主方式解决个人发展问题，更力求以民主方式解决人类文明传承和未来发展方向，即社会进步的问题。总之，“民主”

① 〔美〕约翰·杜威：《我们怎样思维》，载《我们怎样思维·经验与教育》，姜文闵译，北京：人民教育出版社2005年版，第168页。

② 〔美〕约翰·杜威：《我的教育信条》，载《学校与社会·明日之学校》，赵祥麟等译，北京：人民教育出版社2004年版，第3—4页。

③ 〔美〕约翰·杜威：《我的教育信条》，载《学校与社会·明日之学校》，赵祥麟等译，北京：人民教育出版社2004年版，第4页。

是杜威理想中的教育的核心方法。

杜威的美学思想是和他的民主教育思想综合起来共同发挥其社会影响力的。杜威的学说广泛流播以后，对于西方的艺术教育界而言，如何改变千百年来以艺术大师为权威（教学主体）、以学生为学徒（教学客体）、以前者的教条式经验压制后者的创造性经验的教学模式，开始逐渐成为重要的研究课题。尤其在 20 世纪下半叶以来，北美涌现出诸多公共艺术教育和美育方面的教学实验和研究成果，把关注的焦点集中到了教学关系的“民主性”上面。

在杜威之后，无论是西方人讨论美育与艺术教育的话语，还是他们开展美育与艺术教育的方式，都发生了深刻的变化。一方面，美育和艺术教育越来越突显其作为社会公共事务的定位，不再崇尚个体作坊式的私相传授或是小圈子内部充满贵族气的精英培养；另一方面，美育和艺术教育的学术研究开始脱离单纯的旨在说明其自身重要性的哲学论辩，而逐渐深入到心理学和社会学层面去探索究竟该怎么做。可以说，杜威及其追随者改变了美育的气质，使之走上了一条务实的、与社会发展接轨的现代民主事业之路。

“创造力”美育话语的源与流

一、“创造力”美育话语溯源

自20世纪下半叶至今，最能代表西方美育文化特色并得到了大量艺术教育教学实践的一项内容，当属通过美育促进人的创造力发展问题。许多美育学者直接以创造力培养作为其著作的核心论题，如维克多·罗恩菲德的《创造与心智成长》①、Susmita Lakhyani 的《艺术、创造力与艺术教育：一项通过艺术教育提升创造力的研究》②、Nava R. Silton 的《探索教育、媒介、艺术中创造力的益处》③、Kerry Thomas 的《艺术教育中的创造力悖论》④、帕梅拉·伯纳德的《实践中的音乐创造》⑤等，层出不穷。从逻辑上看，创造力的基础在于想象力。正如“想象力”美育话语总是从单纯的审美活动出发而一跃进入广阔的想象空间一样，当代西方的“创造力”美育话语也总是以艺术创作为起点，而迁移、扩展至更为广泛的人类创新能力。

据说，有关“创造力”的美育话语始于出生于奥地利的犹太哲学家、教育学家马丁·布伯在1925年海德堡第三届国际教育大会上的演讲。英国美育学者

---

① 参见〔美〕罗恩菲德：《创造与心智成长》，王德育译，杭州：浙江人民美术出版社2019年版。

② 参见 Susmita Lakhyani, *Art, Creativity and Art Education: A Study on Promoting Creativity Through Art Education*, LAP Lambert Academic Publishing, 2012.

③ 参见 Nava R. Silton, *Exploring the Benefits of Creativity in Education, Media, and the Arts*, IGI Global, 2017.

④ 参见 Kerry Thomas, *The Paradox of Creativity in Art Education*, Palgrave Pivot, 2020.

⑤ 参见〔英〕伯纳德：《实践中的音乐创造》，喻意译，上海：上海音乐出版社2015年版。

赫伯·里德曾对布伯有关通过艺术活动发展儿童创造力的思想做出梳理：

> 布伯先缜密地考虑"创造力(creativity)"的概念，他说，现代教育家依赖创造力概念之处甚多。他指出在历史上这一概念原限用于上帝创造宇宙的活动，只有晚近才以比喻的方式移用于人类的活动，特别是用于艺术界天才的作品。而此，大家才认识到这种创造的倾向，在天才的人可达到最高的表现，而所有的人都有之，只是程度不同而已。所有的人都有一种造物的本能冲动，这种本能无法以性基力(libido)或权力欲的学说来解释，但可以公正的实验。……布伯完全承认，儿童创造力的释放是教育的必需条件。但在要创新的特别冲动和较普遍的自发性之间仍有区别。[①]

创造力概念起源于西方宗教的创世神学，对于西方学界和教育界人士具有天然的亲和力，在此话语环境和文化环境下受到特别多的关注甚至专注完全可以想见。布伯超越了弗洛伊德的性力学说，通过教育学实验来论证创造性是人类在性欲和权力欲之外的另一种独特的本能冲动，并有可能发展成为较普遍的自发性。在里德看来，布伯的教育学实验就力图在艺术活动中引导儿童将其创造的特别冲动发展成为普遍的主动的自发力量。

费德曼则提到，对布伯而言，创造力教育并不止步于一种自发的原始本能，"教学的正确职能就是引导这种本能去分享一种承诺并成为相互关系的一部分"，换言之，创造力教育是在"教我们学习表达'你'的一种'共享本能'"。[②] 费德曼解释说：

> 仅仅"释放"原始的本能只不过比表现"性欲"或"权力欲望"略胜一筹。而这是教育学的智慧：布伯不想让我们忽略了人类创造的各种形式的公共环境。创造力为自身名副其实的圆满和现实所要求的是"与他人一起工作的责任感"。[③]

① 〔英〕里德：《通过艺术的教育》，吕廷和译，长沙：湖南美术出版社2002年版，第273—274页。

② 〔美〕费德曼：《艺术教育哲学》，马菁汝译，杭州：浙江人民美术出版社2018年版，第88页。

③ 〔美〕费德曼：《艺术教育哲学》，马菁汝译，杭州：浙江人民美术出版社2018年版，第88页。

这就是说，现代美育学的创造力发展观已经从康德、歌德、席勒以及浪漫主义诗人的“天才论”话语传统中超脱出来。在作为公共教育的美育教学活动中，更重要的不再是创造力的“原创性”“独创性”和“不可教性”，而是它的“协同性”“互助性”与“可培养性”。因此，尽管还有“很多人是从准上帝的角度来看待创造力的”，但最重要的一点，是看到“我们所有人都为这个世界的持续更新做出了自己的贡献”。①

费德曼还指出，“创造力”的美育话语在不同身份的教育主体那里会侧重于不一样的内容：

> 每当谈及创造力的定义，教育家和心理学家的分歧就无从避免。对美术教师而言，创造力主要体现在一件艺术作品的技巧、表现力和质量上。对心理学家来说，创造力更倾向于指性格的某个方面，或是一组精神特质，如对问题的敏感度、灵活性、自发性，对模棱两可的容忍度等。众所周知，这些特征或多或少与智力有关。②

很显然，前一种意义的“创造力”美育话语更多出现在专业艺术教育的课堂上，后一种意义的“创造力”美育话语则更多出现在普通艺术教育或大众美育的研究论著中。美国学者维克多·罗恩菲德的“创造力”美育话语即属于后一种类型。

二、普通艺术教育中的“创造力”美育话语举隅

罗恩菲德的代表作《创造与心智成长》正是一部从发展心理学角度探讨艺术创造活动之教育意义的美育专著。他在书中指出：

> 近来一些实验显示，决定个人一般创造力的属性与任何创造过程的属性相同。我们也可以说，艺术创造的过程启发了一般的创造力。这个重要的事实明白地显示了艺术教育在民主社会中的重要性，而基于此点，艺术教育的哲学也有别于一般的所谓美术。艺术教育着重创造过程

① 〔美〕费德曼：《艺术教育哲学》，马菁汝译，杭州：浙江人民美术出版社 2018 年版，第 88 页。

② 〔美〕费德曼：《艺术教育哲学》，马菁汝译，杭州：浙江人民美术出版社 2018 年版，第 87 页。

> 对个人的影响，以及从美感经验所得到的感受能力，而美术所强调的则是美感的成品。当然，随着个人创造的增加，对经验感受能力的增强，以及融合此二者能力的增长，其作品的美感品质也就水涨船高。……在艺术教育里，艺术本身并非目的，而只是达到目的的手段。艺术教育的目标是借创造过程促使个人更有创意，而不管如何应用创意。①

对罗恩菲德来说，艺术本身的创意只是一种教育手段，其目的是为了在艺术创造过程中启迪心智，发展可用于社会文化生活其他领域的普遍创造能力，因而不必十分在意教学活动中所造就的艺术成品的审美品质。这一思想至少具有两点理论预设：第一，艺术创造力并不属于少数天才，而是人皆有之，且并非天赋如此便永久如此，而是在先天禀赋基础上可发展、可培育、可增进。第二，创造力并非独属于艺术活动，而是具有人类社会文化生活其他领域的普遍适用性，可以从艺术活动中培育，而迁移、应用于其他领域。

此理论预设在罗恩菲德的教学实验中逐步得到证实。《创造与心智成长》就是罗恩菲德教学实验的经验记录与理论总结。该书在大量教学实践基础上，总结了艺术创造活动对人心智发展的意义，指出其能够促进儿童的情感成长、智慧成长、生理成长、感受成长、社会成长、美感成长、创意成长。其中创意成长是对其他各种成长因素的统合。罗恩菲德指出：

> 自由而独立地应用前述六种成长因素来统合表现，就形成创意成长。创造力是每个人与生俱来的直觉。我们依赖这种直觉以解决和表现生活的问题。……最近的心理学研究显示，探索和研究的能力是创造力，是人类基本的驱策力量之一，人类如果缺乏这种力量就无法生存。……创意的性质是直觉，而且是在未经控制时最能自由发挥。因此，创意成长并不一定与个人的年龄成长成正比。的确，比起受到社会规范约束的成人，一个尚未被社会规范所局限的儿童显现出较强烈的创意直觉。大多数的成人失去了他们的创意直觉，只有少数还能保有。保有创意直觉，并使之与成熟的心智配合，正是艺术教育最高的宗旨之一。②

---

① 〔美〕罗恩菲德：《创造与心智成长》，王德育译，杭州：浙江人民美术出版社 2019 年版，第 3—4 页。

② 〔美〕罗恩菲德：《创造与心智成长》，王德育译，杭州：浙江人民美术出版社 2019 年版，第 54—55 页。

罗恩菲德把创造力归结为"每个人与生俱来的直觉",并认为成人的创造力会受到更多约束,因此他的艺术创造力培养活动主要围绕儿童展开。按照罗恩菲德的艺术教育设定,在创意直觉被培养得日益敏锐自觉的同时,儿童的心智也得到了充分发展,从而造就出身心健全、各方面均衡发展的人类个体。如其所说:

> 任何创造过程均同样强调思考、情感和感受,艺术可以为儿童的智慧和情感提供所必需的平衡。……艺术教育对教育系统和社会的最大贡献是在于强调个体和自我创造的潜能,特别在于强调以艺术的力量把成长的各个因素结合在一起,以期成为均衡发展的个体。[①]

不难发现,罗恩菲德的"创造力"美育话语在育人目标方面仍然秉承了席勒乃至欧洲启蒙哲学的理想主义传统,期望造就感性与理性、身体与心灵等各方面均衡成长、全面发展的"完整的人";但同时他在实现手段方面则更加务实,增加了更多以科学实验为基础的实证方法,体现了他在心理学方面所受到的系统训练和重大影响。

罗恩菲德不仅从心理学角度反复验证创造性艺术教育在儿童成长过程各阶段所体现出的促进儿童全面发展的丰富意义,而且对创造性艺术教育的方法也有所思考。他倡导一种既能带给个人以自由表现空间,同时又有充分的教育学导向与规范的教学法:

> 在考虑教学法以前,先要说明好的教学法的特征。不能使个人自由自在而强加限制的方法绝不是好的教学法。但另有一种美术教育的极端,主张推翻所有的教学法,认为完全不受拘束的创造才是唯一的好教学法。虽然这种方法可以适用一些人,但却无法成为美术教育的基础。[②]

---

① 〔美〕罗恩菲德:《创造与心智成长》,王德育译,杭州:浙江人民美术出版社 2019 年版,第 9 页。
② 〔美〕罗恩菲德:《创造与心智成长》,王德育译,杭州:浙江人民美术出版社 2019 年版,第 267 页。

可见，罗恩菲德心目中的创造并非天才式的天马行空，而是可被凝结了充分教育考量的教学设计所引导的、具有普遍教育意义的艺术创作学习活动。罗恩菲德还十分强调教师通过自己的创作来体验并认同儿童的创作意图，他指出：

> 在艺术教学里，良好的启发有两个前提，一是教师体验创作者之意图的心理行为，另一是教师依据创作者表达其意图的媒材来思考的能力。……任何刻板的标准都会使创造制作无疾而终。如果教师能通过自己体验并认同学生的创造意图，就不致陷入这种刻板的原则而不可自拔；而且，教师自己对创造媒介的经验也使他们不至于采用这种特定的标准。优秀的艺术教师必须亲自创作……教师尝试创造媒材以找寻自己的表现方式，其过程远比完成品来得重要。同时，即使结果极簋陋，只要制作时诚心诚意，远比技术娴熟却缺乏自我认同体验的演练有较大的教学价值，而自我体验和认同是健全的创造教学极为重要的部分。①

在这段话中可以看到，罗恩菲德的“创造力”美育话语并不仅仅围绕意义论展开，其中也包含了深刻的方法论思考，对于教师应该如何开展艺术创造教学、如何设计课程、如何启发学生的创造性、如何探查和引导学生的心理发展，都有深入思考并形成了独具特色的见解。比较而言，中国现代美育思想家的修养式美育话语，一来过多集中于意义论，二来在方法论方面较少关注对主动创造力的开发和对教学过程的思考，三来比较欠缺实验论证和实证精神。这些话语特点的形成，或许与中国现代美育思想家更多秉持了儒家文人身份传统，而没有向现代教育家身份转换有关。

三、专业艺术教育中的“创造力”美育话语举隅

从整体上看，罗恩菲德的艺术创造力教育思想有一个缺陷，即不太重视艺术创作的形式品质和文化表现力，因而对于青少年学生中以艺术为专业职志的那部分学生而言，其教学所能提供的专业支持不够充分有力。从这个方面来看，美国

① 〔美〕罗恩菲德：《创造与心智成长》，王德育译，杭州：浙江人民美术出版社 2019 年版，第 70—71 页。

学者兰德尔·埃弗里特·奥尔索普的美育哲学及其课堂实践对学生的一般创造力和艺术专业能力(包括形式创意能力和文化表现能力)这两方面都给予了兼顾。奥尔索普本人既是音乐教师,又是美育学者,他的课堂针对的是音乐教育专业的研究生和大学生,其潜在教育对象是这些音乐教育生将来走上教师岗位以后所面对的普通学生——其中不乏以音乐艺术为专业职志的学生。奥尔索普的创造力美育话语其实结合了费德曼所说的艺术教师和心理学学者所各自偏重的那些意义(即前者强调创造力体现于艺术技巧、表现力和质量,后者着眼于人的性格、精神特质、心智等方面),不仅如此,他还特别注重在艺术形式技巧基础上的文化创新。这就是说,奥尔索普并不像罗恩菲德那样把创造力看成是在儿童身上更加丰富、更易于发展的直觉能力,而是将之作为可以终身发展的并且融入了人的一般经验与专业能力、单纯感性直觉与复杂人文思想的综合性文化建构力量。

奥尔索普致力于一种开放式的音乐课堂实验和美育话语叙述。作为在哥伦比亚大学教育学院取得博士学位并留校任教的教授,奥尔索普的学养深受哥大教育学院约翰·杜威、玛克辛·格林的美育传统的沾溉。这是一支注重哲学和教育实践的美育传统,对心理学成果持开放态度,但在研究方法上以课堂教学实践而非心理学实验为根本。在其代表作《重组音乐课堂——走向开放的音乐教育哲学》[①]中,奥尔索普操演着具有高度开放性特征和浓郁颠覆性色彩的美育话语,探讨了作为美育施教者的音乐教师的美育问题。笔者作为该书中译本两位译者之一,曾在译者序中指出该书的写作特点:

> 读奥尔索普的写作或许就像奥尔索普自己开展教学探索时的体验一样,会感到奇怪、陌生,甚至带一点格格不入,尽管时不时会遇见惊喜,但大多数时候都像是跟随作者在从未涉足过的沼泽地中游历,前方是不可预知的,充满风险、挑战,当然也隐藏着能激发你灵光闪现的机遇。这听起来不像是一本能带给读者现成的音乐教育哲学知识、能指导读者迅速成长为音乐教育专家的权威著作。的确,作者更希望读者能把本书当作一个开放的“文本”而非封闭的“作品”,它吁请读者跟随作者进入一个自主探索的空间,在这个空间里作者与读者、教师与学

---

① Randall Everett Allsup, *Remixing the Classroom: Toward an Open Philosophy of Music Education*, Bloomington: Indiana University Press, 2016.

> 生的关系是平等互动的，在这个空间里传统不是作为权威而是作为思想和经验的资源在"资助"着每一个个体发挥想象、尝试创造，在这个空间里道德不是作为一个口号、一种压迫性的意识形态话语而是作为人与人之间的实际交往方式存在着，在这个空间里主流价值必须放下身段并与得到伸张的边缘价值一起共同参与当下和未来生活的建设。①

从这段描述中不难看出，奥尔索普的美育哲学鼓励一种极具开放性、探索性、灵活性、主动性、平等交互性和文化包容性的创造力美育教学。实际上，《重组音乐课堂——走向开放的音乐教育哲学》正是奥尔索普基于其艺术创造力课程而撰写的一部美育哲学著作。奥尔索普在哥伦比亚大学教育学院开设了两门前后相续的主干课程——"民主音乐创作课堂"(Composing Democratic Music Classroom)和"音乐教育中的创造力和解决问题的能力"(Creativity and Problem Solving in Music Education)。对奥尔索普而言，其课堂既是他探索学校音乐教育中师生创造力发展方式的实验室，同时又是他个人美育哲学的实践场所。奥尔索普深受杜威"民主教育"和"从做中学"思想的影响，他这两门课作为哥大音乐教育研究生项目中音乐教育哲学和音乐教学法的替代性课程，在一种平等对话的师生关系中吁请学生开展互助合作与音乐创作探索，并在创作实践基础上反思、交流和研读美育哲学中的一些理论性问题。课程部分借鉴了建构主义的教学手段，同时贯彻杜威和弗莱雷的民主教育理念，推动具有多元文化背景的学生在课堂上随机建立学习共同体，在共同体内部开展互助学习、知识探究、身份认同、集体创编(音乐作品乃至微型音乐剧)等任务，并进行不同小组间的比较性表演或合作表演。值得注意的是，奥尔索普并没有教条化地使用建构主义方法，而是把包括德国奥尔夫(Orff)教学法、匈牙利柯达伊(Kodály)教学法、美国本土的综合音乐素养(Comprehensive Musicianship)教学法等强调身体操练和创造力培养的音乐教学法体系融入课堂，并在罗兰·巴特的"研讨班"(Seminar)观念的影响下时时把课堂活动转换为研讨形式，带领学生交流、反思他们的合作创编与表演活动以及对各种音乐教学法的理解和运用。

---

① 〔美〕兰德尔·埃弗里特·奥尔索普：《重组音乐课堂——走向开放的音乐教育哲学》，徐承、刘荞玮译，上海：上海音乐学院出版社 2023 年版，译者序。

美国的大学生往往在民族背景和文化身份方面具有高度多元性，奥尔索普的课堂实验利用了这一得天独厚的条件，鼓励这些来自五湖四海的学生在课上随机建立互助学习小组，组员在执行一个共同音乐创作任务的过程中相互激发灵感、提供互补的知识与技能、奉献源自各自民族和文化传统的音乐艺术经验。任务往往以重奏、合奏乃至微型音乐剧的形式作为成果，各个小组需要在全班同学面前表演他们的创作成果，然后以创作过程和创作成果为依托开展音乐教育、艺术教育、审美教育等理论话题的研讨。这些成果并非封闭式、终结性的，而是可以在新的理论话题的引导下重新组合、补充、完善，或者增添超出音乐范畴的他类艺术形式来形成综合性艺术成果。于是，贯穿整个学期的教学过程就成为一系列开放的、循环发展的艺术创作活动以及穿插其中的理论研讨。奥尔索普自己如此论述其课程的组织原则：

> • 一次调查研究（一次相遇），始于一个有意思的想法或音乐文本，包含着与参与者紧密相关的问题（或是会让相关性浮现出来的问题），为实现有目的的长期或短期成长而加以组织。
>
> • 通过对话，新事物得到了解，平凡的事物被重新看见或听见，通过探究点燃想象的火花。
>
> • 环境为探索活动提供了土壤：产生了音乐和话语的集思广益。教师激发起大家的新思维，正如学生也激发起大家的新思维一样。异彩纷呈的音乐和话语的彼此呼应获得激赏。
>
> • 挑战来临（对限度进行协商）。
>
> • 学生做出回应——首先是通过实验和排练，然后通过表演和分享。
>
> • 通过以小组为单位的自我反思来开展评价。
>
> • 寻找建基于先前知识的新问题。
>
> • 整个过程重新开始并自我更新。①

奥尔索普受到他的老师玛克辛・格林的影响，深信创造力在各艺术门类之间是可以相互启发、彼此联通的，因此他的音乐创造力课堂始于音乐，却并不终

---

① Randall Everett Allsup, *Remixing the Classroom: Toward an Open Philosophy of Music Education*, Bloomington: Indiana University Press, 2016, p. 95.

于音乐,而是广泛吸纳他种艺术形式进入他的课堂创作任务。得益于多元的艺术形式和文化背景的学习环境,他课上的学生往往能创造出极富想象力、包容力和表现力,在形式、主题和风格上往来穿越、远近混融,充满奇思异想的表演艺术作品。奥尔索普把他的创造性音乐课堂比作博物馆和实验室,以此强调多元交融和主动探索对创造力发展的重要性。他说:

> 把复制当作正规音乐教育的目标是行不通的。我强调必须同时呼求"教师—学校"这个二律背反中的两个对立面,就好像传统把我们往一个方向拽而革新把我们往另一个方向拽一样。创造性就处在这样两股力量之间的张力当中。为了在音乐课堂中造就更多创造性和学习者之间的相互关联性,我分别用字面的和隐喻的方式来指涉博物馆和实验室:(1)作为保护、建构和赞助新知识的实体场所;(2)作为用以检验新的经验并理解其效果的内心生活的主体特性。教师可以拒不接受界定了他们的工作的重重张力,很多教师都是这样做的。但是我们所有人——而不仅仅只有大师(Master)——都要肩负起接纳新事物所带来的不安这一重担。[①]

对奥尔索普而言,创造力的获得来源于多元开放的心态,来源于对边缘的、未知的领域的好奇与探索,来源于不再迷信权威与标准,来源于对不确定性的坦然接受,来源于克服故步自封并长久保持主动发展、自我更新、合作学习和批判性反思。这林林总总早已超出单纯音乐教育的专业范畴,而进入了广义上的审美教育领域。在《重组音乐课堂——走向开放的音乐教育哲学》一书前言的结尾段落里,奥尔索普以一种略显存在主义的语调宣说了他的生活态度——同时也是他的创造性教学主旨:

> "我为新奇的事物做好了准备。"每当我们开始新的一堂课、排练一首新歌,或回家面对熟悉的朋友或爱人的时候,我们能在心中保持那一观点吗?这并不容易做到。生存的急务和工作的惯例自有对

① Randall Everett Allsup, *Remixing the Classroom: Toward an Open Philosophy of Music Education*, Bloomington: Indiana University Press, 2016, p. 74.

> 我们进行封闭与隔绝的办法。我们所能做的最好的事情就是对之进行不神圣的混融。我认为，生活更像一块沼泽，而不是一条陈旧的道路，我们已经为了舒适和控制的缘故抽干了太多的湿地(这又是一个不神圣的隐喻)。走吧，读者们！要注意新的声音频率和新的乐趣。[①]

自马丁·布伯以来，欧美国家的"创造力"美育话语日趋繁盛，其在早期所显示出来的心理学支流与专业艺术教育支流之间的分化也逐渐模糊，不同学科之间的交叉与互融变得越来越频繁、深入。从某种意义上说，专业要具有能符合社会现实的专业性，就必须摒弃"专业主义"，充分吸收相关专业内容甚至看似不相关的人类文化经验，跨文化与跨学科因此成为创造力教育的题中应有之意。与中国现代美育话语相比，西方"创造力"美育话语尽管在对艺术传统的理解性教育方面显得有些深度不足，但它在促进教学参与者的思想活跃度、参与协作度和素质宽广度等方面具有明显优势。此外，西方尤其是美国的"创造力"美育话语往往把传统作为"活的经验"而非"文明的美容院"(杜威语)，这一学术姿态尽管不讲求对传统艺术经验的反复涵泳，但更注重把传统艺术经验中仍然鲜活的部分和层面结合进当代社会关系之中，由此而引发创造、促成文化更新与繁荣。这一做法使得传统不再是前行的包袱，而成为创新的资源。

① Randall Everett Allsup, *Remixing the Classroom: Toward an Open Philosophy of Music Education*, Bloomington: Indiana University Press, 2016, p. xiii.

“想象力”美育话语的公共性诉求

在西方现代美育话语中，对“想象力”的论述与对“创造力”的论述几可等量齐观。想象是艺术创作和欣赏过程中必不可少的主体内在活动。在模仿论占据文艺理论话语核心的时代，“想象”并不受人重视。浪漫主义文艺运动及其表现论美学的兴起，使得“想象”的理论地位大为提升。现代西方美育话语在论及美育的价值、方法等问题时，逐渐把想象力作为一种可以通过教学来予以促进和发展的主体能力。一般而言，美育过程中所涉及的审美想象力既涉及形式层面也涉及内容层面；尤其是，要使想象力变丰富，便不可能仅仅局限于形式层面，必须加强在内涵方面的挖掘与联想，造就丰饶的意义。纯形式想象毕竟相对单薄，要克服想象力的匮乏必然要调动对形象、事件、情境、伦理关系等人文内容的广泛联想。以下将以两位美国女性思想家玛克辛·格林（Maxine Greene）和玛莎·努斯鲍姆（Martha C. Nussbaum）的“想象力”美育话语作为主体内容展开研讨，中途间以与朱光潜、宗白华、丰子恺等中国现代美学家的相关美育话语的比较，以此突显前者所具有的强烈的公共性诉求。在此可以明确的是，上述诸家都不囿于形式主义立场，他们对艺术活动中想象问题的论述都主要围绕作品的人文意义而展开。

一

玛克辛·格林作为当代西方世界最重要的教育哲学家之一，生前长期执教于纽约哥伦比亚大学教育学院，并在晚年创办了如今以她名字命名的“玛克辛·格林美育与社会想象研究中心”。从这个机构的名称不难想见，格林美育思想所关注的主要问题就是艺术活动的社会想象功能及其在教育中的运用。

格林的文风深受欧陆存在主义哲学的影响，她对审美教育的定义借用了存在主义的“在场”概念：

> 审美教育可以被称为在场的教育，个人面对艺术作品作为想象的、感受的、知觉的、思考的、存在的、在场的教育。

> 审美教育是指我们要有意识地努力促进学生与艺术之间发生越来越深入全面的相遇。我们要使学生既能够作为一名创作者进行艺术活动，又能够欣赏体验既有艺术作品的关键是，释放他们，让他们在与艺术的相遇中完全地在场。①

在格林看来，“释放想象”是审美教育借艺术活动而发挥的首要功能。她援引存在主义哲学的“在场”概念，旨在强调教育过程中师生应与艺术觌面“相遇”；这也就是杜威所说的“投身进艺术中”，即以亲身参与的方式投入“活的经验”。有的时候，格林也把“相遇”“在场”的概念置换为“即时性的参与式介入”，比如她说：“所有这些即时性的介入都会让学生形成一种参与性的认识模式，形成一种他们自己对于诸多艺术形式的参与式介入。”②美育的过程实质就是促成学生与艺术之间发生“全面的热切相遇”，并在相遇中“完全地在场”。如何才能使与艺术的相遇变得全面而热切？如何才能使“在场”变得充分从而实现“完全地在场”？格林把“释放想象”作为获得“完全地在场”的必要条件。她说：“当我们能够理解眼前这部作品有什么是应该需要注意的，当我们能够在所感知的领域中释放想象、生成秩序，能够允许我们的感觉去了解，去阐明有什么是可以理解的，那么我们就是在与艺术的相遇中完全地在场。”③可见“释放想象”正是格林美育哲学的关键所在。那么，与艺术相遇中的想象是怎样的，应该采取什么方式、具有哪些内容？格林指出：

---

① 〔美〕格林：《释放想象：教育、艺术与社会变革》，郭芳译，北京：北京师范大学出版社 2017 年版，第 2、188 页。

② 〔美〕格林：《释放想象：教育、艺术与社会变革》，郭芳译，北京：北京师范大学出版社 2017 年版，第 188 页。

③ 〔美〕格林：《释放想象：教育、艺术与社会变革》，郭芳译，北京：北京师范大学出版社 2017 年版，第 189 页。

> 审美体验需要有意识地参与到艺术作品之中，需要能量的输出……通过想象建构一个虚拟世界，并从知觉、情感，以及认知等层面进入这个世界。教给学生以这样的方式来介入艺术作品，就是要在促进学习者去关注——比如关注形状、图案、声音、节奏、隐喻、轮廓与线条等——与促进解放学习者以获得特定作品的意义之间，争取微妙的平衡。[①]

格林认为，审美体验需要主体的充分“参与”和“介入”，即在实际操作过程中投入对艺术作品的知觉与情感，由此展开虚拟的想象，学习和教育就在想象过程中完成；并且，通过想象所关注到的不只是艺术的诸般形式要素，而是形式与意义相互平衡所造就的想象空间。艺术正是因为能够释放主体的想象，造就促进其肢体、情感、知觉、伦理判断等主动发展的新机遇，故而才被作为教育的必要手段：

> 艺术通过想象带给我们的无论是新视野，还是建立起来的新联系，都是我们能够经验到的现象，都会让我们觉得仿佛是与这个世界初次相遇。……我们可以借助这新的透镜来观察并解释那些使得人类及其文化保持生机的教育性行为。

> 我们都要坚持必须把艺术置于学校课程的中心，这是因为与艺术相遇将会使我们拥有一种释放想象的独特力量。……我们也不能指望欣赏了艺术作品，就能拥有仁慈之心，就会感受到安慰的温暖或得到任何明确的道路指引。……艺术并不仅仅只表达什么是善，什么是恶。这些作品通过唤醒想象使我们的肢体活跃起来，使我们的情感兴奋起来，同时也打开了一扇扇知觉的大门。……想象的作用并不是解决问题，不是指出道路，不是提高与完善。想象是要唤醒，要揭示那些通常未曾见过、未曾听过、出人意料的世界。[②]

借助艺术开展教学是格林教育哲学的核心，通过释放想象来促成人的“全面觉醒”是格林美育哲学的核心。“释放想象”的美育哲学与中国美育传统对待

---

① 〔美〕格林：《释放想象：教育、艺术与社会变革》，郭芳译，北京：北京师范大学出版社 2017 年版，第 171 页。

② 〔美〕格林：《释放想象：教育、艺术与社会变革》，郭芳译，北京：北京师范大学出版社 2017 年版，第 24、37—38 页。

艺术的方式很不一样。无论是以孔子、荀子为坐标的中国古典美育传统，还是以王国维、梁启超、朱光潜、宗白华为坐标的中国近代美育传统，几乎都把艺术看作是道德的载体、人生道路的指引，似乎欣赏了好的艺术，欣赏者的心性就能得到提高与完善，创作者的人格力量就会借由艺术这一容器注入欣赏者的身心当中，社会上的道德人心问题就会迎刃而解。对格林而言，这样的想法过于简单化了，既不符合艺术的事实，也不符合人的身心发展状况。在格林看来，艺术的作用在于释放想象，至于在想象的过程中主体得出了怎样的思想结论、做出怎样的道德判断和行为选择，都是因人而异的，主体须根据自己的经验、际遇和心智主动而自由地获取自身的认知与发展。所以格林认为，艺术想象是有风险的，唯其有风险，才显示出其建立在现实性、复杂性基础上的可贵价值——为人的主动发展提供新的可能性：

> 我们感受到超越边界去看的可能性，这时想象的重要作用再次体现出来。……我认为从某种意义上来说，意识往往是通过超越自身去追求一种从未实现过的完满与完整的方式而定义的。一旦我们实现了完满与完整，就会出现故步自封、僵化停滞，再也无须去追求。

> 当艺术与现存事物和既定现实之间发生矛盾时，艺术会超越现存事物，引领那些愿意冒变革风险的人们塑造一个新的社会愿景。……如果我们能够意识到艺术作品自身的呈现，在我们和作品之间就一定会有一个生动的、有意识的、反思性的相互作用发生。①

格林并不否认艺术在教育过程中的道德功用。但在格林看来，道德判断是主体的自由选择，因而艺术作品并不是道德规训的尺度和标准，它只是提供一个具有伦理境遇的想象空间；与艺术相遇的教育主体并不是在被动接受艺术所蕴含的道德规范，而是在想象中与艺术发出的各种声音和观念进行平等的对话、交流、反思、辩论，在相互作用中取得自身道德心智的主动发展。质言之，格林美育哲学对道德问题的看法与儒家伦理美育思想最大的不同在于，格林更强

---

① 〔美〕格林：《释放想象：教育、艺术与社会变革》，郭芳译，北京：北京师范大学出版社 2017 年版，第 35、41—42 页。

调"反思"与"批判",不提倡对既有道德准则的无条件接受与单向度汲取。格林曾反复申说美育过程中立足于伦理情境的反思与批判。[①] 对格林而言,道德并不是由权威所预先设定的思想标准和行为规范,它体现在具体的生活情境(或现实或想象)中,体现在个体遭遇道德困境时促使他/她做出克服一己私利之行为选择的共情能力。在格林看来,艺术想象力的一种重要的教育性意义就在于能够发展出处理伦理关系的共情能力:

> 正是想象的能力使我们能够体验不同观点之间的共情,包括那些表面看来与我们背道而驰的立场。想象是我们去除自我中心性的一种新方式,通过想象我们可以打破个人主义与利己主义的禁锢,从而进入一个新的世界,在那里我们可以与他人一起面对面地呼唤,"我们在这里"。[②]

格林在此描述了一种共情的想象,这种想象具有道德上的积极意义,能够帮助人包容异己,突破自我中心主义的局限而融入公共社会。格林的这一想法与玛莎·努斯鲍姆不谋而合,后者也是在这一意义上提倡美育,尤其是经由艺术教育所引发的同情式想象和批判性思维。努斯鲍姆的"想象力"美育话语以及审美同情论的跨文化比较且容稍后论述,现在暂且聚焦于格林的美育话语。

当美育中的道德想象要被应用到课堂这样一个教学空间中的时候,就引发了造就具有共同发展目标的教学群体这一空间伦理学问题。在这方面,格林提出了在美育课堂中通过道德想象来培育民主共同体的想法,展示了她美育思想背后更宏阔的社会学愿景。[③] 格林之所以要在美育过程中培养批判的、自我反思的、主动的学习者,其更远大的目标在于为造就适应民主社会的公民共同体做准备。对格林而言,课堂不是与社会隔绝的象牙塔,而是一个局部社会空间,其中所做的所有的社会想象都可以延伸、应用于更广阔的现实社会生活。应该说,这一思想秉承了杜威的精神传统。杜威的教育哲学强调经验的连续性,认

---

① 参见〔美〕格林:《释放想象:教育、艺术与社会变革》,郭芳译,北京:北京师范大学出版社 2017 年版,第 172—202 页。

② 〔美〕格林:《释放想象:教育、艺术与社会变革》,郭芳译,北京:北京师范大学出版社 2017 年版,第 42 页。

③ 参见〔美〕格林:《释放想象:教育、艺术与社会变革》,郭芳译,北京:北京师范大学出版社 2017 年版,第 45—47 页。

为在学校里培养出来的经验经过延伸、扩展之后，就能成为现实的社会生活的经验，所以他提倡“教育即生活”“学校即社会”，并积极推广具有社会学意义的民主教育方式。[①] 正因为具有这样一种深切的社会关怀，所以格林的民主共同体设想秉持社会公正的价值观，对边缘群体和少数族裔文化给予了充分的开放与包容。在格林为社会非主流人群争取文化想象权利的话语中，我们常常能听到巴西教育哲学家保罗·弗莱雷“被压迫者教育学”[②]和“解放教育学”[③]思想的回声。在格林影响下，许多北美美育教师也纷纷致力于在艺术课堂中造就多元开放的民主共同体，赋予边缘群体和少数族裔以充分的文化创造权利。

从方法逻辑的角度考虑，对于课堂这样一个局部社会空间而言，要充分调动其参与者的想象，首先要使教师成为善于想象、善于推促学生开展想象的教学引导者。在这方面，格林对美育教师提出了殷切的期望与要求，吁请教师凭借丰富的想象力来理解学生，同情学生，感受学生之间的差异，引导和激发学生通过想象获得成长。[④] 所以对格林而言，“释放想象”不仅是美育过程中学生的重要发展目标，同时也是美育教师的基本素养之一。师生在课堂空间中共同想象、分享经验，才能够沟通交流，形成即便不能一致至少也能够相互认同和包容的价值观，从而在共同成长、共同发展的过程中形成或预备形成民主共同体。

让我们再转换到学生的角度。对于学生而言，要在借助艺术的教育活动中做出怎样的社会想象，才能达到格林所谓的“全面觉醒”的发展目标呢？换言之，美育课堂中的“想象”是怎样推动学生“全面觉醒”的？格林在这方面的论述极为丰富。[⑤] 在格林反复强调的声音中，我们大约能整理出两个要点：一是依靠艺术想象跨越边界，超越个人局限（即超越以自我为中心的狭隘的惯常的经验局限），发现事物新的可能性；二是依靠艺术想象发现他者的存在意义和价值，从而在与他者的联结中实现自身的完整和共同体的形成。所以美育既是个体的完成，也是社会群体的整合，具有个体与整体辩证统一的社会学意义，关键

---

① 参见〔美〕杜威：《学校与社会·明日之学校》，赵祥麟等译，北京：人民教育出版社 2004 年版，第 326—329 页。

② 参见〔巴〕弗莱雷：《被压迫者教育学》，顾建新等译，上海：华东师范大学出版社 2014 年版。

③ 参见 P. Freire, *A Pedagogy for Liberation—Dialogues on Transforming Education*, South Hadley, Mass.: Bergin and Garvey Publishes, Inc. 1987.

④ 参见〔美〕格林：《释放想象：教育、艺术与社会变革》，郭芳译，北京：北京师范大学出版社 2017 年版，第 46—49、56—57 页。

⑤ 参见〔美〕格林：《释放想象：教育、艺术与社会变革》，郭芳译，北京：北京师范大学出版社 2017 年版，第 46—52 页。

在于利用想象来获得个体超越与相互认同。

二

格林“想象力”美育话语中的这种双重性体现了她哲学思想来源的双重性。

首先，在个体想象方面，格林大量援引了“现象学—存在主义—人道主义”这一哲学脉络的思想资源，强调通过主体意识的自我认知(反思)来达到个人的意识唤醒与思想启蒙。其中，认知(反思)的场域在于生活世界及其想象情境，认知(反思)的结果是主体做出行为选择，选择的自由性与伦理性彰显了存在的意义，同时也是整个美育过程的教育意义所在。在格林的“想象力”美育话语中，我们至少可以辨识出胡塞尔的“主体意识”和“生活世界”，萨特的“想象意识”“生活情境”“选择”与“自由”，梅洛—庞蒂的“知觉意识”或“原初的意识”，加缪的“唤醒”，舒茨的“内部时间”和“反思意识”等源自“现象学—存在主义—人道主义”学脉的概念术语和思想观念。也正是在存在主义—现象学哲学的熏陶下，格林的“想象力”美育话语尤其倡导一种主动的、创造性的、意义建构式的想象。譬如她反复提及：“进行富于创造力地想象未来的教学”“提供更多的情境让儿童自由地创作”“主动学习者能够有意识地去追求意义，并赋予生活经历以意义”“我们最终能够认识到艺术对于成长，对于创造性以及问题解决的意义”“只有凭借想象力才能完成与艺术作品创造性、欣赏性的相遇”。[①]

其次，在公共想象方面，格林汲取了大量社会学和政治哲学的思想资源，如“主体间性”的概念，阿伦特的“人际关系网”思想，杜威的经验连续性思想和“教育即生活”“学校即社会”观念，福柯的“权力空间”思想等，借此倡导教师与学生在公共空间中的共同参与和意义建构。尽管格林的美育话语中充满了存在主义色彩，但她的运思和表达绝不囿于存在主义和现象学，而是广泛吸纳各种与公共问题相关的哲学、社会学、教育学思想为其所用，最终形成她自己独特的美育思想。当然，即便是现象学学派内部的哲学家，也并不都如先验唯心主义时期的胡塞尔那般固执地强调自我意识的绝对主体性。如现象学家舒茨以胡塞尔晚年的“生活世界”思想作为哲学思考的起点，结合了韦伯的社会学思想，从

① 〔美〕格林：《释放想象：教育、艺术与社会变革》，郭芳译，北京：北京师范大学出版社 2017 年版，第 68、73、180、181、199 页。

主体间性的角度分析考察意义与理解、社会行为与行动等问题，写就了《社会世界的意义构成》一书[①]，后来又在美国汲取了实用主义哲学、芝加哥社会学派的思想，创造出一套融现象学方法与社会学关注于一体的社会意义建构理论。格林的美育哲学深受舒茨的影响，非常清晰地彰显出一条由存在主义—现象学向社会学拓展的思想进路。

所以说，格林的"想象力"美育话语既强调个人的主动学习、探索与意义建构，又注重人与人之间的相互对话和共同创造，个体的"全面觉醒"取决于公共意识的养成以及意义的相互激发与共同建构。在公共想象中实现个体发展，这既是格林的美育愿景，也是她对教师、学生乃至教育机构、社会环境提出的殷切期望。

三

与格林相似，玛莎·努斯鲍姆的"想象力"美育话语也主要围绕个人如何突破自我中心主义，如何参与民主社会的公共性建设等问题而展开。努斯鲍姆作为"当代哲学界最具创新和最有影响力的学者之一"，具有开阔的学术视野和丰富的跨学科背景，现为芝加哥大学哲学系、法学院、神学院合聘的法律和伦理学教授，并同时在古典学、政治学、南亚研究等学科任教。尽管她并不是一位专治美育的专业型学者，但其美育话语充满了独特的思想力量、深切的人文关怀和极具辨识度的美学风格，可以看作是对格林的"想象力"美育话语的跨学科呼应。

努斯鲍姆在教育学方面的代表作是《功利教育批判：为什么民主需要人文教育》。在这部著作中，努斯鲍姆对当代民主社会所应有的教育作了"应然"的勾画，她希望教育的决策者和参与者都能够抛弃以经济增长为导向的功利主义教育发展模式，同时投入对人文教育的重视，通过人文教育尤其是艺术教育来培养具有独立思考能力和想象力的民主公民。与格林一样，努斯鲍姆把美育当作造就民主公民的一种重要手段，她指出："遗漏了艺术教育，就遗漏了造就民主理解的根本契机。"[②]造就适应民主社会的公民，主要就是培养公民参与社会公共活动的素质与能力，其中被努斯鲍姆重点论述的就是一种同情式的想象力。努斯鲍姆提出：

---

① 参见〔奥〕舒茨：《社会世界的意义构成》，游淙祺译，北京：商务印书馆 2012 年版。

② 〔美〕努斯鲍姆：《功利教育批判：为什么民主需要人文教育》，肖聿译，北京：新华出版社 2017 年版，第 139 页。

> 培养同情心，这是最现代的民主教育理念的关键部分，在西方国家和非西方国家，都是如此。这种教育……学校甚至学院和综合大学也都起着重要作用。各级教育机构如果想很好地发挥这种作用，就必须让人文学科和艺术教育课程成为核心内容，以发展一种参与性的教育，它能培养和提高学生的一种能力——通过另一个人的眼睛观察世界的能力。

> 艺术教育培养出来的同情之心正是冷漠之敌。①

格林在论艺术活动中的社会想象时也曾论及同情式的想象，但她对“想象”的理解显然并不止于“同情”这一点，而是有着更为丰富的内涵，尤其在意义的创造性建构方面对想象力给予了厚望。努斯鲍姆则主要是在“同情”的意义范围内谈论想象问题，对她而言道德上“同情”的能力是比天马行空的创造性想象力更为重要的公民素质。在努斯鲍姆看来，创造性想象力已经为那些以经济增长为目标的商业教育者所清楚认识到，因而已无需她再多作强调；她现在的主要任务是强调和阐明艺术教育对同情性想象能力的培养作用，从而改变现行教育环境对艺术教育的重视程度和使用方式，将美育和艺术教育的社会职责和作用方式定位于民主公民素质培养方面。

努斯鲍姆认为，艺术教育的同情性想象功能源于艺术的游戏本性：

> 一个人究竟怎样才会以这种方式看待世界，而不再将世界看作那样的所在：其他形体都围着他自己转、满足他的要求？……这个问题的另一部分答案却来自游戏。游戏为关心他人的能力提供了第三个重要的前提，那就是想象出他人体验的能力。

> 在培养民主公民素质方面，游戏起着重要作用。……游戏教会了人们与其他人共同生活……离开了儿童嬉戏的世界以后，成年人怎样保持和发展自己的游戏能力？……艺术能在这方面发挥关键作

① 〔美〕努斯鲍姆：《功利教育批判：为什么民主需要人文教育》，肖聿译，北京：新华出版社 2017 年版，第 122、27 页。

> 用。……艺术的首要功能就是维持并促进“游戏空间”的发展。……艺术的首要作用就是培养和发展人的移情能力。①

努斯鲍姆作为一位伦理学家和政治哲学家,她的主要哲学论题及其内在逻辑是这样的:人类对于善的追求是脆弱的,极易受到运气的影响而导致悲剧的命运。要降低运气对人类生活的影响,可以在两个方面开展努力:第一是通过公正合理的社会政治制度建设来缓解生存竞争,避免人与人之间的冲突与灾难;第二是通过培养同情等社会情感,来造就相互关心、相互信任、相互宽容的公民群体。后者其实就是一种情感教育的过程,通过培养和发展公共性情感,帮助个人克服以自我为中心的欲望,使之成为社会生活中高素质的民主公民,从而进一步营造公正合理的社会政治环境。努斯鲍姆的“想象力”美育话语就是在这一核心思想的基础上发展出来。对她而言,游戏就具有这种帮助人克服自我中心主义,使之具有想象出他人的生存境遇并以同情的(或移情的、互易的、感同身受的)方式给予理解的能力。她严肃而信心满满地指出:“游戏和想象力的自由扩展为人类生活所带来的贡献并不仅仅是工具性的,而是构成了有价值的人类生活的重要组成部分。”②而艺术作为在形式上更加精致完美、在精神内涵上更加丰富多彩的“文化游戏”,在培养共情式想象能力方面具有无以伦比的资源优势,因而成为努斯鲍姆培养民主公民素质的首选教育方式。

四

努斯鲍姆曾梳理了约翰·斯图亚特·穆勒(又译密尔)、约翰·杜威、泰戈尔等前辈在倡导以培养同情想象力为要旨的艺术教育方面所做出的思想贡献与实际成就,然后在此基础上提出她自己的美育思想。其实不仅在欧美国家和印度,即便在中国现代美育思想史中,也有不少以同情性想象为中心概念的美育话语。譬如朱光潜曾说:

---

① 〔美〕努斯鲍姆:《功利教育批判:为什么民主需要人文教育》,肖聿译,北京:新华出版社 2017 年版,第 124、129—130、131 页。

② Martha C. Nussbaum: *Creating Capabilities: The Human Development Approach*, Cambridge: The Belknap Press of Harvard University Press, 2011, p. 36.

> 道德起于仁爱，仁爱就是同情，同情起于想象。比如你哀怜一个乞丐，你必定先能设身处地想象他的痛苦。诗和艺术对于主观的情境必能“出乎其外”，对于客观的情境必能“入乎其中”，在想象中领略它，玩索它，所以能扩大想象，培养同情。这种看法也与儒家学说暗合。儒家在诸德中特重“仁”，“仁”近于耶稣教的“爱”、佛教的“慈悲”，是一种天性，也是一种修养。仁的修养就在诗。儒家有一句很简赅深刻的话：“温柔敦厚，诗教也。”诗教就是美育，温柔敦厚就是仁的表现。[①]

不难发现，朱光潜就同情性想象的心理机制及其与道德修养之关系的论述，在主要内容上与努斯鲍姆的同情式想象美育思想是十分接近的。不同之处在于，朱光潜是在儒家“仁”学的话语域中阐发其造就同情性想象的美育思想的，他对美育作为德育基础的定位也是基于儒家诗教的美育逻辑。

无独有偶，宗白华也发表过以“同情”及与之相关的“想象”（宗白华谓之为“空想”）为逻辑中心的美育话语：

> 同情是社会结合的原始，同情是社会进化的轨道，同情是小己解放的第一步，同情是社会协作的原动力。我们为人生向上发展计，为社会幸福进化计，不可不谋人类“同情心”的涵养与发展。……真能结合人类情绪感觉的一致者，厥唯艺术而已。……美感的动机，起于同感。……“同情”本是维系社会最重要的工具。同情消灭，则社会解体。艺术的目的是融社会的感觉情绪于一致……是谋社会同情心的发展与巩固。

> 艺术世界的中心是同情，同情的发生由于空想，同情的结局入于创造。于是，所谓艺术生活者，就是现实生活以外一个空想的同情的创造的生活而已。[②]

宗白华有关同情对于维系社会协作之功用，以及艺术对发展社会同情心的

① 朱光潜：《谈修养》，载《朱光潜全集》第4卷，合肥：安徽教育出版社1987年版，第146页。

② 宗白华：《艺术生活——艺术生活与同情》，载《宗白华全集》第1卷，林同华主编，合肥：安徽教育出版社2008年版，第317—318、319页。

美育作用的论述，同样也与努斯鲍姆的美育思想有相通之处。宗白华这一层社会美育思想主要出自法国美学家居友(Marie Jean Guyan)的著作《艺术为社会现象》。不过，与居友以及努斯鲍姆十分不同的是，宗白华的艺术同情论不仅涉及社会建设问题，还包含了另一层对自然之同情想象的含义：

> 本来，艺术的起源，就是由人类社会"同情心"的向外扩张到大宇宙自然里去。……我们这种对于人类社会的同情，还可以扩充张大到普遍的自然中去。因为自然中也有生命，有精神，有情绪感觉意志，和我们的心理一样。

> 艺术的生活就是同情的生活呀！无限的同情对于自然，无限的同情对于人生，无限的同情对于星天云月，鸟语泉鸣，无限的同情对于死生离合，喜笑悲啼。这就是艺术感觉的发生，这也是艺术创造的目的！[①]

把艺术活动中的"同情心"扩展至大自然，这种思想的哲学基础在于万物有灵论，也就是所谓"自然中也有生命，有精神，有情绪感觉意志，和我们的心理一样"。万物有灵论在世界多个文化传统中有着各种各样的变体，也与自然主义思想的某些形态有着千丝万缕的联系。另一位中国现代美学家丰子恺也曾在相近的意义上扩展"同情论"的想象范围：

> 普通人的同情只能及于同类的人，或至多及于动物；但艺术家的同情非常深广，与天地造化之心同样深广，能普及于有情非有情的一切物类。

> 艺术家的同情心，不但及于同类的人物而已，又普遍地及于一切生物无生物，犬马花草，在美的世界中均是有灵魂而能泣能笑的活物了。诗人常常听见子规的啼血，秋虫的促织，看见桃花的笑东风，蝴蝶的送春归，用实用的头脑看来，这些都是诗人的疯话。其实我们倘能身

① 宗白华：《艺术生活——艺术生活与同情》，载《宗白华全集》第1卷，林同华主编，合肥：安徽教育出版社2008年版，第318—319、316页。

> 入美的世界中，而推广其同情心，及于万物，就能切实地感到这些情景了。①

丰子恺把及于自然万物的“同情”又称之为“万物一体”或“感情移入”的内心活动方式。在中国现代美学史上，这种“万物一体”“感情移入”的“同情”常以“移情”这一心理学术语的形式出现，比如朱光潜就曾从文艺心理学的唯物论角度分析了“移情”的心理机制：

> 移情的现象可以称之为“宇宙的人情化”，因为有移情作用然后本来只有物理的东西可具人情，本来无生气的东西可有生气。从理智观点看，移情作用是一种错觉，是一种迷信。但是如果把它勾销，不但艺术无由产生，即宗教也无由出现。艺术和宗教都是把宇宙加以生气化和人情化，把人和物的距离以及人和神的距离都缩小。它们都带有若干神秘主义的色彩。所谓神秘主义其实并没有什么神秘，不过是在寻常事物之中见出不寻常的意义。这仍然是移情作用。从一草一木之中见出生气和人情以至于极玄奥的泛神主义，深浅程度虽有不同，道理却是一样。②

可见，中国现代文艺思想家有关同情性想象的美育、美学话语是非常丰富的，虽然他们相互之间也有一些细微的思想差别，但总体而言都具有典型的东方文化和语言的特征。

五

由于文化语境的不同，努斯鲍姆的同情式想象的美育话语与朱光潜、宗白华、丰子恺等中国现代美学家的“同情/移情”论话语相比，表现出了明显的差异。首当其冲的一点，就是努斯鲍姆的同情式想象的美育话语是以培养世界公民为教育目标的，因此尤其重视移情想象过程中对人与人之间的平等、他人的

---

① 丰子恺：《艺术趣味》，载《丰子恺文集》艺术卷二，丰陈宝、丰一吟、丰元草编，杭州：浙江文艺出版社、浙江教育出版社 1990 年版，第 581、582—583 页。

② 朱光潜：《谈美》，载《朱光潜全集》第 2 卷，合肥：安徽教育出版社 1987 年版，第 24 页。

尊严、社会公正、跨文化理解等价值观念的引导。这一特点的形成与美国社会的多元化构成直接相关。请看努斯鲍姆的论述：

> 我们需要培养学生的“内心视点”，这意味着艺术和人文学科教育中仔细、熟练的指导，使学生接触到性别、种族、民族问题和跨文化的体验和理解。这种艺术教育能够并且应当与培养世界公民的教育结合起来……中小学校和大学中的艺术有两种作用。首先，艺术能培养学生游戏和移情的总体能力；其次，艺术能消除具体的文化盲点。……为使这两种作用与民主的价值观建立稳固的联系，它们都要求学生以一种标准的观点去看待人类之间的关系，那就是将他人看作与自己平等的人，有尊严的人，有内心世界的人，有价值的人。……移情想象如果不结合平等的人类尊严的观念，就可能成为胡思乱想，有失公正。……还有大量的艺术作品助长了不公正的同情。……各种反民主的运动也懂得如何利用艺术、音乐和文学，以进一步贬低和污蔑某些群体和民族。民主教育中的想象力培养，要求认真地选择作为教材的艺术作品。①

努斯鲍姆的美育思想在教育哲学方面的先导是约翰·杜威的民主教育论，他俩都把美育当作造就民主社会公民的重要手段。杜威曾对西方教育哲学的发展史做出批判性梳理，指出：柏拉图的教育理想中“以阶级为社会单元”的做法是一大败笔；18世纪启蒙运动的教育理想把范围扩展至全人类，但还欠缺促成其发展的成熟机制；19世纪德国的制度性唯心论教育哲学则把教育的社会目标窄化了，以“国民”取代“人类”，将世界主义置换为民族主义。② 就此而言，杜威的民主教育思想所欲造就的民主公民具有典型的“世界公民”的意义。他提出：“民主社会……只能凭教育来制造。……民主并不只是一种政治形态，主要乃是一种共同生活的模式，一种协同沟通的经验。本来是空间距离相隔的人们，因为参与共同的兴趣利益而彼此行为互相参照，自己的行为因考虑到他人行为而有要点与方向，这等于打破原来存在阶级、种族和国家领土之间的屏障，

---

① 〔美〕努斯鲍姆：《功利教育批判：为什么民主需要人文教育》，肖聿译，北京：新华出版社2017年版，第139—141页。

② 〔美〕杜威：《民主与教育》，薛绚译，南京：译林出版社2012年版，第79—89页。

使人们能看见他人行为的重要性。"[①]简言之,杜威理想中的民主公民是能够突破空间距离等隔阂,"打破原来存在阶级、种族和国家领土之间的屏障"的世界公民。努斯鲍姆的民主美育话语继承了杜威思想的全球视野和世界性格局,要求把民主的价值观运用于全人类的交往,通过同情性想象来消除地理、阶级、种族、民族、宗教信仰、性别等方面的隔绝,促成人类社会个体与个体间的相互尊重。正因为以民主的价值观作为美育过程中的意识形态导引,故而努斯鲍姆所呼求的艺术所引发的同情性想象必须是一种"公正的同情"。以"公正的同情"为前提的跨文化想象就不再是毫无约束的极端多元化想象,而是有着明确的价值论原则与道德底线的差异性想象。努斯鲍姆这种带有社会学甚至政治哲学色彩的同情理论与中国现代美学家那种充满文学意味甚至自然神论色彩的"同情/移情"话语在话语风格和思想倾向方面呈现出明显的差异。

努斯鲍姆同情式想象美育话语与中国现代美学家"同情/移情"论美育话语相比的另一个不同点在于,前者更强调在激发想象力的同时培养学生的批判性思考的能力。努斯鲍姆指出:

> 艺术是道德冷漠的大敌,而艺术家(除非他们被彻底吓到或彻底腐败)也不是任何一种意识形态的忠仆,哪怕是基本上良好的意识形态。他们总是让想象超越其通常的界限,以新的方式去观察世界。

> 培养我所描述的想象力,紧密地联系着苏格拉底式的、对僵死的或不适当的传统的批判能力,并从根本上支持了批判活动。[②]

努斯鲍姆对苏格拉底的对话式、论辩式教育极为推崇,其缘由之一就是这种教育方式有益于批判思维的训练与培养。从逻辑上看,注重学生的批判性思考,是由她的教育目标——造就独立的民主公民——所决定的。努斯鲍姆一方面对多元文化持开放态度,要求学生能够同情地想象他者尤其是边缘人群与少数族裔的文化境遇;另一方面又要求对各种文化传统给予时刻警醒和深入反思,避免对传统的盲从和对权威的无条件顺从。她反复强调:

---

① 〔美〕杜威:《民主与教育》,薛绚译,南京:译林出版社2012年版,第78页。

② 〔美〕努斯鲍姆:《功利教育批判:为什么民主需要人文教育》,肖聿译,北京:新华出版社2017年版,第28、141页。

> 苏格拉底的质疑令人不安，掌权者往往喜欢顺从的追随者，不喜欢能独立思考的独立公民。

> 人类往往倾向于服从权威和同伴的压力；为防止暴政，我们需要反抗这两种倾向，必须造就一种尊重个人异议的文化。……只有充满活力的、批判性的公共文化，才有可能遏止这种有害的倾向。

> 作为起点，批判性思维应当融入各式各样的课堂教学法，使学生学会探究，学会评估论点……

> 顺从态度，不但对他们的人生极为不利，更是对民主的致命威胁，因为没有警醒的、积极主动的公民，民主制度就不能生存。

> 培养独立思考能力，培养文化和政治选择的积极参与者，而绝不是培养遵从传统的人。①

努斯鲍姆列举了从卢梭、佩斯特拉齐、福禄培尔、奥尔科特、贺瑞斯·曼直到杜威、泰戈尔、李普曼等教育家的思想方法与教学案例，积极主张改变灌输式、接受式教育，倡导对话式、游戏式的艺术教育，努力推动学生在坚持主动探索和批判性思考的同时开放同情式想象，从而在保持独立人格的前提下充分合理地参与社会公共生活。从下面这段努斯鲍姆对泰戈尔艺术教育方法的分析、评价中，我们可以了解到努斯鲍姆是怎样考虑批判思维教学与同情式想象教学之间的关系的：

> 泰戈尔激发苏格拉底式提问的另一个设计，是角色扮演。让儿童走出他们自己的观点，将自己想象成另一个人。这能使儿童自由地体会他人的心思，从自己的内心理解他们。在此，我们就看到了泰戈尔在

① 〔美〕努斯鲍姆：《功利教育批判：为什么民主需要人文教育》，肖聿译，北京：新华出版社 2017 年版，第 18、68—69、70、83 页。

> 苏格拉底提问教学法与想象性同情之间建立的联系：以苏格拉底的方式辩论，要求从自己内心理解他人的心思，而这种理解常能提供一些新动机，促使人们以苏格拉底的方式挑战传统。①

鼓励对传统和权威的批判与质疑，培育独立思考、主动参与政治的民主公民，这一教育愿景，既体现了古希腊、启蒙运动以降的反思性、批判性哲学的精神基因，又是现代民主社会的革命性思想成果之一。努斯鲍姆在这方面的论述其实也是许多欧美现当代美育倡导者和人文学者的共识。比较而言，中国古代的治学者长期遵从孔子"述而不作，信而好古"②的传统；而王国维、梁启超、朱光潜、宗白华、丰子恺等中国现代美学家由于自幼浸淫于古典教育，对待中国古代的思想文化传统即便已经不再像旧式文人那样"述而不作"，也往往是"述多于作"，他们的美育话语在谈及礼乐教化传统时，也往往是以赞同、阐发、传承为主，较少给予深入反思和批判。

面对如此学术背景，笔者认为，我们中国当代的美育建设在吸取传统经验的同时，更应该加强对传统的反思与批判，"取其精华、去其糟粕"，作一种批判式的继承。对中国当代美育学而言，自身古典传统资源带来的影响其实有些负担过重了，有必要不时清理减负，更轻快也更坚定地走向世界、走向未来。

---

① 〔美〕努斯鲍姆：《功利教育批判：为什么民主需要人文教育》，肖聿译，北京：新华出版社 2017 年版，第 92—93 页。

② 杨伯峻译注：《论语译注》，北京：中华书局 1980 年版，第 66 页。

后　记

本书是一本艺术美学研究论集，是我应单位学科建设平台的工作要求，对近年学术成果进行选编修订而成。当然我的求学之路还远未到需要做整体回顾总结的地步，既然工作有要求，就权且做一次阶段性小结吧。现在看来，我历经多年所撰写的这些文字，尽管话题林林总总，但也并非没有共同的性质。从选题上看，所论均系与各类艺术相关的美学论题，兼有对美育实践与艺术批评实践的省思，那也主要是从美学的视角与思想资源出发；从研究方法上看，无不借重于对传统（包括思想传统和艺术传统）的研习，同时又加诸古今中西的比较视域；从学术姿态上看，均在写作中尽量对研究材料保持“主观上的客观”，对他者经验坚持“不失信仰的多元开放”。虽然说不上有理论建树，但也提出了若干在我自己看来或许还有些实际意义的思想见解。我向来认为，学术研究当然不是全无现实意义与价值可言，不过也并非什么“经国之大业，不朽之盛事”；就“不朽”这个形容词而言，艺术似比学术更有资格享用。

衷心感谢一众师友在我工作陷入困顿之际对我的选择给予援助与支持。正是师友们的情谊，让这个冷漠的年头尚存几许融融暖意。

徐　承

2022 年 5 月 30 日于杭州杨梅山麓